A. M. D. G.

CHATEL-SUR-MOSELLE

Pendant la

RÉVOLUTION

PAR

l'abbé C. OLIVIER

PROFESSEUR AU PETIT SÉMINAIRE DE CHATEL-SUR-MOSELLE

Membre de la Société d'Archéologie lorraine.

Membre et Lauréat de la Société d'Émulation des Vosges

CITEAUX
(Côte-d'Or)
IMPRIMERIE SAINT-JOSEPH

1896

Lk 7
30299

CHATEL-SUR-MOSELLE

Pendant la

RÉVOLUTION.

IMPRIMERIE DE CITEAUX (*Côte-d'Or*).

A. M. D. G.

CHATEL-SUR-MOSELLE

Pendant la

RÉVOLUTION

PAR

l'abbé C. OLIVIER

PROFESSEUR AU PETIT SÉMINAIRE DE CHATEL-SUR-MOSELLE

Membre de la Société d'Archéologie lorraine.

Membre et Lauréat de la Société d'Émulation des Vosges

CITEAUX
(Côte-d'Or)
IMPRIMERIE SAINT-JOSEPH

1896

IMPRIMATUR :

† Alphonse-Gabriel,

Évêque de Saint-Dié,

Saint-Dié, le 3 Juillet 1896.

Lettre de Monseigneur SONNOIS,
Archevêque de Cambrai.

Monsieur l'Abbé,

Je viens de rentrer hier à Cambrai après une absence de deux mois consacrés à la visite pastorale de la région Tourcoing, Roubaix, Lille, Armentières,..... région du mouvement sans fin.

Je trouve sur mon bureau votre volume arrivé en même temps que moi. Pour me reposer, je viens de le parcourir : votre travail me paraît bien compris et bien ordonné, largement documenté, rédigé avec une aisance naturelle de style qui facilite la lecture.

C'est bien. — Je ne puis que vous encourager à poursuivre ainsi l'étude de l'histoire locale des Vosges. Mais j'y souhaiterais quelques gravures historiques afin que vous puissiez plus facilement faire circuler votre travail dans les maisons d'éducation pour les distributions de prix.

Bon courage et persévérance.

† Marie-Alphonse,
Archevêque de Cambrai.
Cambrai, le 10 juillet 1896.

AVANT-PROPOS.

Châtel pendant la Révolution ne devait être qu'un simple chapitre de l'*Histoire de Châtel*. Comment le chapitre est-il devenu un volume, c'est ce que nous devons dire au lecteur curieux.

D'abord ce n'est pas notre faute si l'auteur des *Vosges pendant la Révolution* (¹) a fait une place à part à la population de Châtel, calomniant les hommes et travestissant les faits. Si telle était sa « mission », la nôtre est de défendre les uns et de rétablir les autres. Pour cela, il fallait tout simplement rendre la parole aux acteurs de ce drame qui dura plus de dix ans, leur permettre de développer toute leur pensée ; c'est ce que nous avons fait, et le chapitre primitif est devenu un livre.

Faut-il en demander pardon au lecteur ? Non pas, car « l'historien sérieux, dit un bon juge, M. Louis Jouve, bibliothécaire de l'Arsenal, est celui qui, animé du sentiment de la justice, doué

(¹) *Les Vosges pendant la Révolution*, par Félix Bouvier, Berger-Levrault, 1885. — Nous répondons à M. Félix Bouvier parce que lui a été pris au sérieux, s'il ne l'était pas.

de l'esprit de méthode et armé d'une logique solide, puise à toutes les sources, et, ne songeant qu'au vrai, contrôle tous les documents, démêle les causes des faits et en déduit les vraies conséquences ; qui enchaine toutes les parties de son œuvre dans un ensemble lumineux, ne se contente pas de plaire, mais veut instruire et faire penser.... Celui-là seul peut faire une œuvre vivante et non une machine de guerre ».

M. Bouvier n'a fait « qu'une machine de guerre » ; aussi son œuvre ne vivra pas : M. Louis Jouve, que l'auteur appelle son « maitre ès-arts et sciences vosgiens », nous affirme qu'il a eu « le succès de la nouveauté et de la camaraderie, mais qu'il en est resté là. (¹) »

Malheureusement la « camaraderie administrative a semé le volume de M. Bouvier, aux frais des contribuables, dans toutes les bibliothèques scolaires du département, et nous devons compter avec lui.

M. Bouvier n'ayant puisé qu'à une source, ne peut faire entendre qu'un son. Nous puiserons à toutes les sources et le lecteur entendra tous les sons.

Nous avons scrupuleusement dépouillé les archives départementales pour recueillir l'écho du monde officiel qui malgré son parti-pris, rend souvent hommage à la vérité (²).

Les archives municipales sont plus précieuses encore : si les personnages principaux y jouent un rôle officiel et sont trop souvent obligés de déguiser leurs sentiments intimes sous un civisme de convention, ils sont moins habiles que leurs maitres et la vérité transpire facilement des procès-verbaux consignés dans les registres municipaux.

La mémoire des anciens n'est pas moins féconde ; mais nous n'y avons puisé qu'avec une extrême circonspection et un sévère contrôle : l'imagination populaire est tellement portée à

(¹) *Biographie générale des Vosges*, par Louis Jouve. p. 6 et 7.

(²) La série L des Archives des Vosges n'étant pas classée définitivement, mes renvois pourront manquer de toute la précision que je désirerais moi-même leur donner.

grossir les scènes comme celles de la Révolution ! Nous lui avons demandé certains détails cependant. « Quand on écrit l'histoire, on ne doit rien négliger. » C'est M. Louis Jouve qui le rappelle à M. Bouvier ; nous pensons qu'il n'aura point à nous le rappeler, car nous n'avons « rien négligé » pour nous éclairer.

Pour ne pas surcharger notre récit par des renvois toujours fastidieux, nous avertissons le lecteur que la plupart des pièces citées sont extraites des registres de délibérations de la municipalité : les dates étant une indication suffisante, nous ne renvoyons pas à la page. Chaque fois que nous puiserons à une autre source, nous la citerons en note.

Donc il n'est pas une ligne de cette histoire que le lecteur ne puisse vérifier et contrôler.

On trouvera peut-être nos citations un peu longues, mais l'analyse et les coupures travestissent si facilement une pièce, que nous préférons la citer in-extenso. C'est plus loyal : quand on donne la parole aux acteurs, on ne peut être accusé de mal interpréter leur pensée, puisqu'ils l'expriment eux-mêmes devant le public.

Nous aurions pu négliger plus d'un détail, le récit y aurait gagné ; mais nous nous sommes dit que l'intérêt est relatif : un fait secondaire pour moi devient capital pour mon voisin. Et puis quand on *choisit* parmi les détails, on devient plus ou moins partial : au fond nous ne sommes *partiaux* que parce que nous sommes *partiels*. La crainte d'être partial nous a fait tout prendre, sans négliger un seul document : le lecteur jugera mieux, ayant sous les yeux toutes les pièces du procès, de quel côté était le droit et la part de responsabilité qui revient à chacun des acteurs du drame révolutionnaire à Châtel.

Quand à la division du récit, elle était indiquée par le sujet lui-même. La Révolution, à Châtel comme partout, fut le triomphe d'un parti, c'est-à-dire d'une minorité, mais nulle part peut-être la lutte ne fut plus vive et plus prolongée.

De là trois phases bien distinctes : les premières hostilités, la bataille et la victoire définitive des révolutionnaires, puis les excès du parti vainqueur s'acharnant sur les victimes : trois chapitres et un épilogue.

>I. — *Le souffle de la Révolution.*
>
>II. — *Le culte constitutionnel.*
>
>III. — *La Terreur.*
>
>Epilogue. — *Les Victimes de la Révolution.*

CHAPITRE I.

LE SOUFFLE DE LA RÉVOLUTION

LE SOUFFLE DE LA RÉVOLUTION.

Quelques mots sur Châtel avant la Révolution.

Les grands traits de l'histoire de Châtel avant la Révolution ne sont ignorés d'aucun Lorrain. Successivement sous la puissance des comtes de Vaudémont, des seigneurs de Neufchâtel et des ducs de Lorraine, la petite ville acquiert, au point de vue militaire, une importance de premier ordre.

Richelieu avec sa main de fer n'ose l'anéantir, et, sentinelle vigilante au sein de la Lorraine, elle s'oppose au projet d'annexion que Louis XIV médite sur notre province. Il faut donc l'annihiler et lui enlever ce qui fait sa force : son château et ses remparts.

Le maréchal de Créqui en est chargé (1670). Hélas ! il ne s'acquitte que trop bien de sa mission ; les murs d'enceinte disparaissent complètement, le château est abattu, et si les derniers vestiges de ses fortifications ne subissent pas le même sort, c'est que leur ruine entraînerait celle d'une partie considérable de la ville.

Sur l'emplacement, deux monastères viennent bientôt s'établir : un couvent de la Congrégation de

Notre-Dame (1706), et un couvent de Capucins (1707). Ces citadelles de la prière auront, elles aussi, à résister à des sièges en règle; elles tomberont, avec non moins de gloire que leur aînée, sous la pioche des vandales Révolutionnaires, sans que l'opprobre d'une capitulation honteuse vienne ternir la mémoire d'aucun de leurs défenseurs.

Comme siège de baillage, Châtel attire en outre dans son sein une foule de familles anoblies. Celles-ci communiquent à toute la population je ne sais quel caractère de distinction qui va jusqu'à porter envie aux villes voisines, mais qui, au moment de la Révolution, lui aliénera la sympathie des farouches démagogues.

Tel est en quelques mots l'histoire ancienne de notre petite ville, histoire pleine de vie et d'intérêt que nous espérons bientôt offrir à nos lecteurs.

Depuis la Révolution, Châtel est devenu le chef-lieu d'un des six cantons de l'arrondissement d'Epinal : c'est le seul honneur qu'on lui ait accordé après un passé aussi glorieux.

Le cahier des doléances.

Pendant que toute la France subit le contre-coup des premiers bouleversements causés par les idées révolutionnaires, Châtel résiste à l'entraînement général. Aucune trace des désordres qui éclatent dans plusieurs villes du département des Vosges, ne vient attirer l'attention.

Les élections qui ont lieu pour choisir soit les délégués chargés de présenter le *Cahier des doléances* de la ville, soit ceux qui se rendront à Mirecourt pour la nomination des députés du Tiers-État, s'accomplissent dans le plus grand calme. L'institution de la garde citoyenne et la réorganisation des conseils communaux laissent encore la population assez indifférente; mais parle-t-on de la suppression possible du baillage, aussitôt naissent des inquiétudes qui se traduisent jusque dans un des derniers articles du Cahier des doléances.

Ce Cahier, rédigé dans les premiers mois de 1789, est présenté, le 10 mars, au Lieutenant général du baillage de Châtel, par MM. Joseph Tanant, avocat et échevin receveur, Georges-Nicolas Colin, avocat et notaire royal, Antoine-Philippe, Jean-Louis Renaudin, procureur au baillage. En voici la teneur :

Cahier des doléances, plaintes et remontrances du Tiers-Etat de la ville de Châtel-sur-Moselle (¹).

« Les très humbles et très fidèles sujets exempts et non exempts qui composent le Tiers-État de la ville de Châtel-sur-Moselle, pour se conformer aux ordres de Sa Majesté, et désirant unir aux vœux de la Nation les sentiments d'amour et de respect dont

---

(¹) Archives communales. D. 8.

ils sont pénétrés pour leur Maître et Seigneur Roy, n'ayant enfin rien de plus à cœur que de concourir de tout leur pouvoir à la gloire et à la félicité du Souverain et de l'État, chargent leurs représentants aux États-Généraux :

1° De demander le rétablissement des États-Généraux en Lorraine, lesquels seront composés des députations de tous les baillages, formées comme celles à envoyer aux États-Généraux, lesquels États-Provinciaux auront la répartition des impôts, connaîtront des affaires des communautés et seront chargés des objets d'administration particuliers à la province dont le détail surcharge le gouvernement, et ne pourront, lesdits députés, donner aucun consentement qu'après avoir obtenu le rétablissement desdits États.

2° De solliciter une seconde tenue des États-Généraux en l'année 1791 afin de faire aux premiers réglements les changements et augmentations dont l'expérience aura montré la nécessité ou l'utilité.

3° Qu'après l'année 1791 les États-Généraux se tiennent régulièrement de cinq ans en cinq ans au jour qui sera indiqué sans qu'il soit besoin d'autre convocation, sauf à Sa Majesté à les convoquer extraordinairement et à la Nation à les demander dans les cas urgents.

4° De remontrer l'excès des impôts dont le Tiers-État est surchargé ; demander en conséquence que toutes les contributions pécuniaires soient réparties sur les trois ordres, à proportion des facultés de chaque individu, le clergé et la noblesse ne pouvant s'offenser de cette demande qui ne donne pas atteinte aux autres distinctions, honneurs et prérogatives de leurs États.

5° Demander que les exemptions des contributions pécuniaires attachées à certains emplois et à certaines villes soient supprimées ; en effet, ces priviléges des grandes villes sont un grand mal en ce qu'ils appauvrissent les campagnes pour attirer dans leur sein beaucoup de personnes d'une fortune aisée qui cherchent à se soustraire aux charges. D'ailleurs les grandes villes ont par elles-mêmes assez d'avantages à raison de leurs tribunaux, de leur commerce, de leurs ouvrages de luxe, de la résidence des seigneurs et des grands propriétaires et riches bénéficiers, de l'affluence des étrangers que tant d'objets y appellent, enfin par la facilité qu'ont les parents de faire instruire à peu de frais les enfants dans toutes les sciences et les arts.

6° De remontrer combien la multitude des colombiers est nuisible à l'agriculture, en conséquence supplier Sa Majesté de renoncer à ce droit dans les Hautes-Justices de son domaine, attendu qu'il est regardé comme nul dans le prix des Baux ; de remontrer aussi que MM. les curés seront bien dédommagés de la suppression de ce droit par l'augmentation du produit de leurs dîmes ; demander en conséquence que ce droit ne soit conservé qu'aux seigneurs haut-justiciers, à charge de restreindre le nombre des Boulins à cinquante, et de retenir les pigeons dans les temps de semaille et de moisson, et qu'il ne pourra y avoir qu'un colombier dans une communauté, le tout à peine de perdre du droit.

7° De demander la suppression des tribunaux d'attribution et des Jurés-priseurs, et que le remboursement de leurs finances se fasse par la Province et soit pris dans le montant de sa cotisation aux charges de l'Etat.

8° La réunion des Maîtres des eaux et forêts aux Baillages, l'augmentation rapide du prix du bois faisant voir la nécessité de veiller de plus près à la conservation des forêts.

9° Demander que chaque province proportionnellement à ses facultés et ressources soit taxée pour sa contribution aux charges de l'État, que la levée des deniers se fasse aux moindres frais possibles, que leur emploi ait une destination certaine sans pouvoir être diverti à d'autres usages, de quoi les ministres seront tenus de rendre compte devant les États-Généraux.

10° De remontrer que la plus forte partie de l'impôt devant tomber sur les biens-fonds, il est du plus grand intérêt que le prix de ces biens se soutienne dans l'état actuel, en conséquence, lesdits députés se réuniront aux autres députés de la Province pour aviser aux moyens les plus propres pour parvenir à ce but.

11° De demander que l'entretien des ponts et chaussées soit confié aux communautés et les trois Ordres tenus d'y contribuer.

12° De demander la suppression des gages du Parlement de Nancy et le rétablissement des droits de sièges, conclusions et espèces, n'étant pas juste que l'État paye une partie des frais qui ne regardent que les particuliers.

13° De demander la suppression des gabelles, droits de passage et de péage et autres impôts qui gênent le commerce et l'industrie et dont la plus grande partie du produit est absorbée en frais de régie et de s'opposer à la prorogation d'aucun impôt.

14° De supplier Sa Majesté de consentir au réachapt des cens dûs à son Domaine qui n'excèderont pas trois livres chacun, et de fixer le capital à quarante fois la valeur du cens pour ceux qui n'excèderont pas dix sols ; à trente-cinq fois pour ceux au-dessus jusqu'à vingt sols, et à trente fois pour ceux au-dessus jusqu'à trois livres. Et d'autoriser les officiers de ses baillages à passer en son nom les contrats de réachapt.

15° De supplier aussi Sa Majesté de ne plus laisser ses domaines à des fermiers généraux qui font un profit clair sur les sous-fermiers, qui gagnent à leur tour sur les arrières-sous-fermiers ; mais d'ordonner que l'enchère sera faite en détail par devant les officiers de ses baillages, pour que le produit en passe net dans la caisse destinée à le recevoir.

16° De se concerter avec les autres députés du royaume pour demander la réforme des abus et la suppression des lettres de cachet et pour établir un ordre fixe et durable dans toutes les parties de l'administration, et de se concerter en particulier avec les députés de cette province pour concourir efficacement à tout ce qui pourra en assurer la prospérité.

17° Ils remontrent en particulier pour cette ville de Châtel que n'y ayant aucune grande route qui y aboutisse, elle est privée des ressources que procurent le commerce et la consommation qui se fait par les voyageurs; que l'on ne peut craindre la suppression de son baillage, parce que ce serait exiler de la ville les personnes les plus aisées, que le sort des habitants qui resteraient serait d'autant plus malheureux qu'ils n'auraient pas comme dans les campagnes la commodité de nourrir du bétail, que la ruine des maisons et la dégradation totale de son territoire qui de lui-même est fort stérile et dont une grande partie est exposée aux incursions de la Moselle deviendraient inévitables, que les villages voisins ne trouveraient plus le débit de leurs comestibles et autres denrées; que l'ancienneté de son baillage, son défaut de ressources et sa position doivent en assurer la conservation, que le plus grand intérêt des communautés demande qu'elles aient à portée un point de réunion où viennent se terminer des affaires qui les concernent; que presque toutes les communautés de son ressort étant des Hautes-Justices du Domaine du Roy qui y possède de grands biens de même qu'une forêt immense aux portes de la ville, ses officiers sont dans la position la plus avantageuse pour veiller à la conservation de ses droits et pour rendre justice à ses sujets ; qu'on ne peut voir sans gémir qu'une communauté ressortisse à une ville pour ses affaires contentieuses, à une autre pour ses affaires de maîtrise, et à une autre encore pour les affaires de municipalité ou de subdélégation, espèce de tribunal qui excite des réclamations de toutes parts.

18° De demander aussi la reconstruction du pont de ladite ville sur la Moselle qui était autrefois totalement à la charge du Souverain, mais dont un tiers dans la main-d'œuvre seulement a été mis à la charge de la ville par arrêt du Conseil de 1733.

Fait et arrêté dans l'auditoire du baillage royal de Châtel, le premier mars mil sept cent-quatre-vingt-neuf. »

Suivent 122 signatures.

Comme on le voit, le cahier des doléances comprend des réformes générales, réformes sages et nullement subversives, réclamées sur tous les points de la France. Leur mise en pratique n'eût pas manqué de satisfaire complètement toutes les classes et d'amener sur notre pays une ère de prospérité garantie par la réelle affection de Louis XVI pour son peuple et par sa volonté de tout entreprendre pour le bonheur de ses sujets.

Les deux dernières remontrances concernent tout spécialement notre petite ville ; elle nous font voir combien nos Châtellois tenaient à l'ancien état de choses ; comme on devine, surtout dans la dix-septième, les appréhensions de cette sympathique popupulation qui craint de perdre, avec son baillage, son rang, sa notoriété et son aisance !

Le Cahier fut porté à Mirecourt à l'assemblée des Trois-États, le 16 mars 1789, par les délégués suivants :

1° Pour le clergé : JEAN-ANTOINE SYMON, *curé de Châtel.*

2° Pour la noblesse : CHARLES-GASPART DE HOURIÈRES, *comte de Viermes.*

3° Pour le tiers-état : GEORGES-NICOLAS COLIN, *avocat.*
ANTOINE PHILIPPE, id.

Après une assemblée générale des trois Ordres, tenue le 31 mars, les ecclésiastiques des différents baillages se réunirent dans une salle de l'Hôtel-de-Ville et procédèrent à la nomination de leurs députés aux État-Généraux. L'abbé Jean-Antoine Symon, curé de Châtel, y assistait comme scrutateur, et le choix se porta sur MM. les curés de Charmes (l'abbé Joseph-Nicolas Galand) et de Nonville (l'abbé Louis Godefroi).

La garde nationale.

C'est au mois d'août 1789 que la municipalité s'occupe d'organiser la garde nationale qui, dans le début, se contente de monter la garde et de faire quelques patrouilles contre des ennemis imaginaires. Le premier commandant est un sieur Dumas, ancien officier de gendarmerie et chevalier de Saint Louis. Les autres sont :

23 juin 1791 — Grandpére.
Novembre 1791 — Martin.
20 Mai 1792 — Grégoire Nirel.
1ᵉʳ Juillet 1793 — Jean-Baptiste Martin.
16 Prairial, an III — Jean Vincent.
9 Floréal an VII — Antoine-Félix Martel.

Cependant des ordres sont envoyés à la municipalité relativement à la Fédération de toutes les gardes nationales de France. Il faut que Châtel figure honorablement; c'est pourquoi, le 16 février 1790, on délibère : « 1° d'acheter les armes nécessaires pour la garde citoyenne; 2° de faire confectionner deux petits drapeaux dont l'un blanc et l'autre rouge pour l'exécution de la loi martiale, si le cas échéait; 3° un troisième drapeau pour la garde citoyenne portant les armes du roi et celles de la ville, avec les emblêmes relatifs à la restauration de la liberté. »

Le 15 avril, trois officiers de la garde sont désignés pour aller à la Fédération de Nancy, et, le 26 juin 1790, onze autres délégués se rendent à Rambervillers pour l'élection des députés de la Fédération générale de Paris; il leur est alloué à chacun six livres pour leurs frais de voyage. Déjà lors de la Fédération d'Épinal (7 mars), une dépense analogue avait été votée en faveur de la délégation de Châtel.

Les gardes nationaux qui, depuis leur organisation, n'ont eu aucune insurrection ni aucun désordre à réprimer, rendent cependant service à la cause publique en cumulant les fontions de bangards et de sergents de ville.

Dans la nuit du 19 au 20 juillet 1790, une patrouille surprend à 3 heures du matin le nommé Hubert Truchelut sortant de la vigne de Joseph Châtelain et chargé d'une hottée de carottes dérobées. Il est appréhendé, jeté en prison, et le lendemain on le promène en plein midi, à travers les rues de la ville, un paquet de carottes lui pendant sur le dos et sur la poitrine; puis il est reconduit en prison où il pourra méditer pendant quarante-huit heures sur les inconvénients de tomber entre les mains de la nouvelle police.

Un autre jour, c'était un dimanche de septembre de la même année, deux individus sont surpris sur un jeu de quilles pendant les vêpres paroissiales. Les quilles sont aussitôt saisies, transportées au greffe comme pièces à conviction, et les délinquants condamnés à vingt-quatre heures de prison ([1]).

En dehors de la garde nationale, on juge bon d'instituer encore un comité de surveillance « pour l'administration de la police et du bien public, » attendu que « dans les temps calamiteux où l'on vit, l'ordre public exige une vigilance extraordinaire pour remédier aux abus et pourvoir aux besoins des peuples. » Pour le constituer, la ville est divisée en quatre quartiers aussi égaux que possible ; chaque quartier nomme deux électeurs qui choisissent eux-mêmes huit adjoints. Les membres élus sont :

MM. Antoine Symon, curé de Châtel.
Joseph Collardel, conseiller au baillage.
Jean-Baptiste Gerbaut, avocat.
Pierre-Charles Drouot, conseiller.
Georges-Nicolas Colin.
Nicolas Mathieu.

([1]) Le scandale donné par les contempteurs de la loi du repos et de la sanctification du dimanche paraît si extraordinaire, que l'activité de la garde nationale à faire respecter cette loi s'exerce même en pleine Révolution. Le 25 septembre 1791, procès-verbal est encore dressé contre huit garçons de Châtel qui se sont permis de jouer aux quilles pendant les vêpres paroissiales. Après pourparlers, la police se contente de saisir le jeu. Le 4 septembre 1792, c'est une condamnation à une demi-journée de travail portée contre le Sr Joseph Bigelot, pour avoir pressuré ses pommes le dimanche précédent. Enfin, le 4 avril 1793, Jean-Baptiste Dodinaire, lieutenant de la garde nationale, fait condamner à quarante sols d'amende Claude C... et la veuve M... qu'il a surpris un dimanche à bêcher leur jardin.

Jean-Claude Raidot.

Georges Mengin (12 novembre 1789) (¹).

Mais ce comité ne semble pas avoir fonctionné longtemps.

La garde nationale était, on l'a vu, animée d'un beau zèle ; néanmoins l'enthousiasme de la première heure passa vite et le premier feu, provoqué par la nouveauté de l'institution, faillit presque s'éteindre sous les givres de l'hiver.

C'était une nuit de décembre 1790. Quatre garçons de Châtel, peu soucieux de monter la garde à la belle étoile, profitent d'un moment d'absence du factionnaire, enlèvent lestement sa guérite et vont la précipiter dans la Moselle. Malgré leur diligence, ils ont été aperçus. Appréhendés et conduits au poste, ils sont condamnés à purger deux jours de prison et à réinstaller une autre guérite.

La garde nationale ne devait pas, hélas ! s'en tenir à des parades inoffensives ; commandée plus tard par un véritable bandit, le trop fameux Grégoire Nirel, nous la verrons se laisser entraîner aux excès les plus déplorables et les plus répréhensibles.

La famine.

Comme partout ailleurs, la population de Châtel eut à souffrir, durant la période révolutionnaire, des

---

(¹) Archives municipales BB. 26.

cruelles atteintes de la faim, et il faudrait relever à
chaque page les délibérations alarmantes des municipalités successives pour se faire une juste idée de
la détresse générale.

L'hiver de 1788 avait anéanti la récolte de blé ; les
boulangers, sur le point de manquer de farines, refusent de vendre du pain, et pendant toute l'année
1789, le conseil est obligé de prendre des moyens extraordinaires, même des mesures de rigueur, pour
les obliger à user jusqu'à leur dernière réserve.

Aucun sac de blé ne paraît plus sur les marchés de
Châtel, et les boulangers vont s'approvisionner soit
à Épinal, soit à Rambervillers, non pas quelquefois
sans risquer leur vie, comme on va le voir.

C'était au mois d'août 1789 ; les quatre boulangers
de Châtel s'étaient rendus sur le marché de cette dernière ville et s'en revenaient tout joyeux d'avoir fait
de bonnes provisions. L'un d'eux, dont le cheval
allait bon train, prend les devants et arrive à Moyemont. Là il attend quelque peu les autres, puis se
remet en route. Il n'a pas fait trois kilomètres que
tout à coup deux hommes et deux femmes sortent
d'un fourré, se précipitent sur lui et ne parlent de
rien moins que de le pendre. Mais pendant qu'il joue
des coudes et que, dégagé de la première attaque, il
manie vigoureusement son fouet et tient en respect
ses agresseurs, d'autres individus sortent du même
fourré et prêtent main-forte aux premiers.

La partie n'est plus égale, et le pauvre homme sent

déjà la corde lui passer autour du cou, quand ses compagnons de route, attirés par les cris de la bagarre, pressent la marche et arrivent juste à temps pour le délivrer (¹).

Malgré les approvisionnements et les emprunts faits par la municipalité pour subvenir aux plus nécessiteux, la gêne qui se faisait déjà si cruellement sentir fut poussée, à certains jours, jusqu'à la dernière extrémité, par suite des réquisitions incessantes levées pour les armées de la République.

La ville sait trop dans quelle effrayante nécessité elle s'est trouvée à plusieurs reprises pour ne pas profiter de la moindre baisse sur le prix du blé. Le 5 juillet 1790, et je pourrais citer cent autres faits semblables, elle envoie des charretiers jusqu'à Nancy se fournir de farine pour l'entretien des pauvres ; le 9 février 1793, c'est un emprunt fait à divers particuliers pour remplir de blé les greniers de l'Hôtel-de-Ville. Enfin le 8 octobre de la même année, le Conseil général de la commune veut contraindre les cultivateurs des localités voisines à conduire sur le marché de Châtel les grains nécessaires à la nourriture des habitants. Vaine tentative, la halle reste

---

(¹) La faim, cette terrible conseillère du crime, fut pour Vaxoncourt, village situé à 3 kilomètres de Châtel, la cause d'une épouvantable catastrophe. Les habitants, sous prétexte que leur curé gardait du blé qu'il refusait de vendre, mirent le feu à la cure ; mais l'incendie se propagea, et malgré les secours organisés, 22 maisons et l'église paroissiale furent la proie des flammes. (Chatrian Kd. 70. p. 97.)

déserte ! Il faut supprimer toutes les bouches inutiles, et c'est aux chiens qu'on s'en prend : un décret, signé de tous les membres du Conseil général de la commune, ordonne leur exécution dans les vingt-quatre heures. (5 pluviose an II, 24 janvier 1794).

Nouvelle organisation civile.

Elles n'étaient que trop fondées les appréhensions des Châtellois relativement au maintien de leur baillage, car il fut bientôt supprimé malgré les représentations consignées dans leur Cahier des doléances.

Au commencement de l'année 1790, les députés des Vosges à l'Assemblée Constituante arrêtaient la répartition en districts et cantons, des communes qui devaient former le département des Vosges. Châtel fut déclaré chef-lieu de canton et rattaché au district de Rambervillers.

C'est toute une nouvelle organisation civile qui s'annonce. Le 7 février 1790, a lieu l'élection de la première Assemblée communale, composée du maire, des officiers municipaux et des notables. En voici les membres :

Maire. . . . . . . Antoine Philippe, avocat.

Officiers municipaux. Jean-Claude Raidot, commerçant.

Joseph Tanant, avocat et notaire. (¹)

Jean-Louis Renaudin, procureur au baillage.

Georges Mengin, chirurgien.

Jean-Baptiste Vaudel.

Georges-Nicolas Colin, avocat et notaire.

Notables . . . . . Nicolas-Charles Bertrand, huissier.

Joseph Moinel, rentier.

Dominique Husson, tailleur d'habits.

Nicolas Micard, boulanger et marchand de fer.

François Husson, commerçant.

Laurent Cocher, aubergiste.

Dominique Cosserat, ci-devant échevin.

François Laurent, huissier audiencier.

Claude-Joseph Génin, greffier au baillage.

Claude Ponsin, chirurgien.

(¹) Joseph Tanant mourut le 8 mars 1828, après avoir été juge de paix à Châtel et s'être attiré l'estime de tout le monde. L'inscription gravée sur sa pierre tombale est pleine de louanges et se termine ainsi : « Il mourut en vrai chrétien. »

Nicolas Vinot, l'aîné, maître serrurier.

Joseph Charles, ci-devant procureur du Roi de la municipalité.

Le secrétaire est un abbé Antoine-Nicolas Marchal, clerc tonsuré et natif de Châtel. Il remplit ses fonctions jusqu'au 7 août 1791, date de sa dernière signature comme greffier.

Dès le 24 juin 1790, le conseil subit des modifications importantes. Le maire Antoine Philippe et le procureur de la commune, Georges-Nicolas Colin (¹) sont élus membres du Directoire du district de Rambervillers; en conséquence, le 29 juin, ils donnent leur démission de maire et de procureur, et le 4 juillet on procède à l'élection de leurs remplaçants Les suffrages se portent sur Dieudonné-Henry-Joseph Cosserat de Rouverois qui devient maire, et sur Joseph Collardel, procureur.

Cette première municipalité ne reste pas longtemps en fonctions : le 14 novembre, l'abbé Antoine-Nicolas Marchal est nommé secrétaire de l'assemblée qui va élire les nouveaux officiers et les nouveaux notables. Il semble que tous les membres de l'ancienne municipalité rentrent en fonctions, car le registre des délibérations ne signale aucun change-

---

(¹) Né en 1733, il mourut à Châtel à l'âge de 84 ans; il avait été marié à Céline de Bruyères morte, en 1806, âgée de 76 ans.

ment survenu ; cependant le résultat de ces nouvelles élections n'est pas sans provoquer certaines récriminations, car à peine est-il proclamé, que quatre membres viennent donner leur démission « pour des causes qu'ils révéleront s'il en est besoin. » La démission est retirée quelques jours après sur l'avis du Directoire du district de Rambervillers.

Dieudonné-Henry-Joseph Cosserat de Rouverois ayant été nommé juge de paix à Châtel, donne sa démission de maire. (1ᵉʳ Décembre 1790).

Si notre petite ville est rattachée au district de Rambervillers, ce n'est pas sans protestation des habitants. Le 24 octobre 1790, ceux-ci pétitionnent pour obtenir que le canton de Châtel soit réuni au district d'Épinal, étant donnés les relations et le commerce plus actifs qui ont toujours existé avec cette dernière ville. Mais la pétition n'est pas accueillie et, pendant toute la Révolution, Châtel fait partie du district de Rambervillers.

Terminons la série de ces innovations administratives en citant plusieurs notabilités qui entrèrent au Conseil général des Vosges et en donnant la liste des maires en fonctions pendant la période révolutionnaire.

Conseillers généraux.

1° Jean-Baptiste Gerbaut, avocat à Châtel, élu le 6 juin 1790.

2º Joseph Tanant, officier municipal et notaire à Châtel, élu le 2 septembre 1791.

3º Jean-Claude Martel, notaire à Châtel, élu le 11 novembre 1792 (¹).

Liste des Maires.

1789.	— Jean-Baptiste Thomas.
1790.	— Antoine Philippe.
1790.	— Dieudonné-Henri-Joseph Cosserat de Rouverois.
1791.	— François Thouvenin.
1791.	— Georges Mengin.
18 *Frimaire an II.*	— Georges Briguel.
25 *Brumaire an IV.*	— Georges-Nicolas Colin.
27 *Fructidor an V.*	— Georges Briguel.
1ᵉʳ *Messidor an VIII.*	— Jean-Baptiste Martin, maire provisoire.
30 *Messidor an VIII.*	— Jean-Baptiste Gerbaut.
1814.	— François Lasselle.

Les Volontaires de la République.

Pour être traitée à fond, la question des volontaires demanderait de notre part des développements

---

(¹) Les électeurs chargés de nommer les députés à la Convention nationale (août 1792), furent pour notre canton :
Charles-François-Xavier Clément, curé de Châtel — Charles Tocus, curé de Frizon. — Jean-Claude Martel, notaire à Châtel. — Jean Mongel d'Igney. — George Philippe, curé d'Igney. — Joseph Hurant de Pallegney.

qui à eux seuls feraient une brochure. Les documents sont nombreux dans nos archives communales et ils sont encore amplement complétés par les différentes délibérations du District et du Département.

Il faudrait donc, en abordant sérieusement le sujet, sortir du cadre que nous nous sommes proposé, et nous y serions d'autant plus contraint que l'exposé des faits nous amènerait à reléguer dans la catégorie des légendes les assertions dithyrambiques de certains auteurs.

Mais après la longue et savante dissertation de M. Camille Rousset sur les Volontaires de la République, après les aperçus plus restreints et plus locaux de MM. les abbés Thomassin et Pierfitte, une nouvelle étude de notre part serait peut-être superflue.

M. l'abbé Pierfitte, qui vient de publier dans le bulletin de la Société Philomatique Vosgienne (année 1895-1896) ses « Volontaires Vosgiens en 1792 », a suffisamment puisé dans les notes que nous lui avons communiquées sur Châtel pour que nous nous croyons dispensé de reprendre le sujet en sous-œuvre et de le compléter.

D'ailleurs c'est bien la note juste et impartiale qu'il nous donne sur la question quand il s'écrie : « Oh ! Dieu nous garde de mettre en doute le patriotisme de nos pères et encore moins la bravoure française : ils firent leurs preuves sur le champ de bataille, l'histoire le proclame bien haut ; mais qu'ils se soient levés spontanément pour y « voler, » c'est une légende que nous pouvons supprimer sans les amoindrir. Celui qui a fait son devoir n'a pas besoin de piédestal; c'est du moins l'opinion du colonel Pion des Loches, qui raconte dans son livre intitulé « *Mes Campagnes* (1792-1815), » qu'après avoir été jeté en prison comme royaliste, il fut mis en surveillance jusqu'à ce que la réquisition, en l'envoyant aux armées, le mit à l'abri de la persécution révolutionnaire. Le 4 octobre 1793 il se fait inscrire comme soldat au bataillon de réquisition du district de Lons-le-Saunier.

— Vous partez donc, citoyen, lui dit le municipal chargé de recevoir les enrôlements?

— Il faut bien.

— Alors vous ne partez pas de bon gré?

— Non ; l'état militaire ne me plaît pas.

— Allons, donc! Vous êtes jeune, la place de tous les jeunes gens est à la frontière.

— Et vous ? Vous êtes jeune aussi et célibataire.... que ne donnez-vous l'exemple, vous qui faites sonner si haut votre patriotisme?

Le municipal se mordit les lèvres. Il continua de prêcher le patriotisme aux autres; mais le « volontaire » devint un héros. Voilà l'histoire de la plupart de nos fameux volontaires. »

Tous ceux de Châtel ne devinrent pas des héros, mais plusieurs y gagnèrent leurs galons d'officier; d'autres, et ils sont nombreux, revinrent au pays avec les glorieuses cicatrices de leurs blessures.

Aussi sommes-nous fiers de proposer à l'admiration de la génération présente le courage et les vertus militaires qui transformèrent nos timides conscrits en soldats pleins d'action et d'audace sur le champ de bataille. C'est donc pour nous une joie autant qu'un devoir de terminer ce chapitre par un souvenir particulier donné à chacun de nos braves.

Officiers en activité de service pendant les guerres de la République.

Nicolas-Philippe VOIRIN. Né à Châtel le 1er mai 1758, soldat au régiment de Navarre-Cavalerie de 1779 à 1787, il devint capitaine de la 2e compagnie du 6e bataillon des Volontaires des Vosges.

Nicolas MICARD. . . . Lieutenant détaché à l'artillerie de Vendée, même bataillon.

Claude MARCHAL. . . Né le 27 février 1765, sous-lieutenant au même bataillon.

Nicolas-Jh. GRANDPÈRE. Capitaine d'artillerie légère.

Joseph MANGIN. . . . Lieutenant de ligne.

Antoine-Félix MARTEL. Sous-lieutenant le 20 août 1791, lieutenant le 16 décembre 1792, au 3ᵉ bataillon des Volontaires des Vosges.

Joseph DÉTANG. . . . Lieutenant de ligne.

Joseph MONGEL. . . . Lieutenant de grenadiers.

Dominique-Laurent MAIRE Né à Châtel en 1768, il fut réquisitionné en 1791 et envoyé comme Volontaire des Vosges à l'armée du Rhin. Sa pierre tombale nous fait connaître ses campagnes : Allemagne et Ouest : 1792, 1793, an II, an III, an IV. Italie : an VIII.
Nord et Brabant : 1809, 1810, 1813. 1819.
A cette date il revint à Châtel, jouir d'une retraite bien méritée ; il était alors capitaine et chevalier des ordres de la Légion d'honneur et de St Louis. Il mourut le 19 juin 1856, âgé de 88 ans et fut inhumé près de sa femme Adélaïde Girard, morte depuis 20 ans.

Claude-Henri AIGRETTE. Né à Châtel le 15 juillet 1770, capitaine au 94ᵉ régiment d'infanterie de ligne, chevalier de la Légion d'honneur.

Sous-officiers et soldats en activité de service pendant les guerres de la République.

Joseph EVROT. . . . Il sert huit ans dans le régiment d'Orléans, six ans dans la Garde-Suisse, et se trouve incorporé en 1792 à la 6° compagnie du 1ᵉʳ bataillon de la 84° demi-brigade, infanterie de ligne. Agé de 60 ans, il reçoit son congé définitif « comme récompense militaire » (21 Thermidor an II), après avoir passé toute sa vie dans les camps et avoir reçu des blessures aux jambes qui le mettaient dans l'impossibilité de marcher.

Jacques VAUTHIER. . . Engagé au 1ᵉʳ bataillon, 6° compagnie, 37° demi-brigade, reçoit en l'an IX son congé définitif.

Sébastien LAFORGE. . Enrôlé à la 37° demi-brigade, infanterie de ligne.

Jean-Dominique VINCENT.	Soldat au 14ᵉ régiment de chasseurs, rentre dans le courant de l'an III avec son congé définitif.
François COCHER. . .	Caporal à la 61ᵉ demi-brigade, blessé au siège de Dunkerque de deux coups de feu dont l'un au côté droit et l'autre à la cuisse gauche. Il reçoit son congé le 6 frimaire an XI.
Laurent POULAIN. . .	
Laurent GOVILLOT. . .	Prend part aux guerres de la Vendée. — An V.
Charles MARTEL. . .	
Joseph CHERRIÈRE. . .	Sergent-major de volontaires.
Jean-Baptiste COLIN. .	Chasseur.
Dominique GOVILLOT. .	Cavalier au 1ᵉʳ Régiment de Hussards. — An V.
Charles NIREL. . . .	Musicien à la 18ᵉ demi-brigade d'infanterie légère, reçoit son congé définitif le 20 thermidor an VIII.
Jean-Baptiste MARCHAL.	Prisonnier en germinal an II.
Laurent PAGE. . . .	Prisonnier en Franconie à la même époque — et an V.

ROUSSELOT.	Prend part aux guerres de la Vendée.
Jean-Joseph VILLEMIN	Item.
Dominique LAURENT.	Item.
CHARLES.	Enrôlé à l'armée des Alpes.
François CHATELOT.	Item.
Louis PLAYE	
Joseph MOINE.	Au service en l'an V.
Nicolas DENIS.	Fusilier à la 37ᵉ demi-brigade ; il reçoit, en l'an X, son congé définitif.
Antoine PLAYE.	
Charles PERRIN.	
Antoine DULOT.	Fusilier à la 7ᵉ demi-brigade.
Pierre DULOT.	Enrôlé au 7ᵉ bataillon des Vosges.
Joachim CORDIER.	Décédé à l'hôpital militaire le 8 ventôse an II à l'âge de 68 ans. Il était incorporé au 2ᵉ bataillon de la Moselle.
Charles GOVILLOT.	Caporal à la 2ᵉ compagnie du 3ᵉ bataillon de la 87ᵉ demi-brigade, reçoit son congé définitif le 29 floréal an VIII, à cause de plusieurs coups de sabre reçus à la tête et d'une blessure à la jambe gauche.

Dominique CHERRIÈRE. . Tambour à la première compagnie de la 61ᵉ demi-brigade, est blessé au pied. Arrivé au corps le 11 avril 1792, on le renvoie dans ses foyers le 17 germinal an VIII.

Nicolas GERARD. . . . Soldat à la 6ᵉ compagnie de la 37ᵉ demi-brigade, infanterie légère, reçoit son congé le 1ᵉʳ prairial an VIII, à cause d'une hernie « provenant des fatigues de la guerre. »

Joseph EVROT. . . . . Volontaire blessé d'un coup de feu à la main droite, est renvoyé le 20 floréal an VIII.

Joseph MARTEL. . . . Enrôlé au 6ᵉ bataillon des Vosges.

RICHARD. . . . . .
Pierre GOVILLOT, . . Rentré en l'an V.
Claude-François BOURBON.

Tous ceux qui suivent sont au service en l'an V.

Dominique LEJEAU.
Dominique HENNEQUEL.
Jean-Baptiste LÉGER.
Laurent LÉGER.
Laurent RAVOUX.
Claude-François NINOT.
François LACHAUX.
Jean-Joseph BOURBON.
Nicolas RAVOUX.
François EVROT.
Jean-Baptiste MICARD.
Dominique DODINAIRE.
Jean-Baptiste COVILLAT.
Nicolas LAFORGE.
»» GRANDCOLAS.
Nicolas MENGIN, — Chasseur à cheval au 13ᵉ régiment; blessé d'un coup de fusil.
Claude-Joseph CLAUDE.
Charles POISSON.
Jean JACQUEMIN.
François BRISCOIN.
Jean-Baptiste MARTIN.
Maurice GOVILLOT.
Antoine CONTAL.
»» TRUCHELUT.
»» TRUCHELUT.
Jean VILLAUME.
Jean DÉTANG.
Mathieu JEANNOT.
Jean-François SANTENOISE.
Nicolas MICARD.
Nicolas CHATELOT.
Nicolas-J.-B. GERBAUT.
François TROMPETTE. — Enrôlé au 23ᵉ régiment de chasseurs à cheval.

Officiers retirés à Châtel après leur retraite.

François CHATELOT, (¹) — capitaine au 2ᵉ régiment d'infanterie de ligne, par décret du 20 janvier 1810 ; chevalier de la Légion d'honneur, par autre décret du 6 décembre 1819.

Né à Fréménil (²) en 1770, le capitaine Chatelot fit

(¹) Renseignements obligeamment communiqués par M. Didon, maire de Châtel.

(²) Département de la Meurthe.

comme simple soldat les premières campagnes de la République et comme sous-lieutenant la campagne d'Egypte, au 3ᵉ bataillon de la 25ᵉ demi-brigade. Sa brillante conduite sur le champ de bataille des Pyramides le fit citer à l'ordre du jour et lui valut un *sabre d'honneur*.

Le 24 nivôse an IX (10 janvier 1801) il est à Menouf où l'un de ses amis lui écrit du Caire pour lui annoncer que s'il n'a pas encore reçu le sabre d'honneur que lui a décerné le général Lagrange, c'est par suite de la maladie contagieuse qui règne à Gizeh où ils sont confectionnés.

A son retour en France, des affaires de famille l'obligent à démissionner, à son grand regret et à celui de tous les officiers du régiment. C'est ce qui ressort du certificat suivant qui lui est délivré par le général au moment de son départ :

8ᵉ Division militaire.   25 1/2 Brigade de ligne.

Le chef de Brigade Cassagne,

Je certifie que le citoyen Chatelot, sous-lieutenant au corps que je commande, a, dans toutes les circonstances, tenu une conduite aussi morale que régulière; qu'il a fait toutes les campagnes de la dernière guerre avec honneur et probité, ayant obtenu un sabre d'honneur en récompense de sa conduite distinguée et de sa bravoure dans les différentes affaires. Ledit Chatelot eût été conservé en activité dans la demi-brigade s'il n'eût fixé l'attention du juri, par le besoin urgent qu'il a dit avoir d'être au sein de sa famille. Cet officier a toute mon estime et celle de ses camarades.

Marseille, le 1ᵉʳ thermidor an X.

Signé : Cassagne.

Quelques mois après, il demande à reprendre du service ; il est alors incorporé au 2ᵉ régiment d'infanterie de ligne, et c'est comme officier de ce régiment qu'il prend part à toutes les campagnes de l'Empire d'où il revient couvert de gloire et de blessures.

La dernière, (un coup de feu à la jambe gauche), le met dans l'impossibilité de supporter la marche ; il lui faut donc, bien malgré lui, demander sa mise à la retraite (12 janvier 1812). Il se trouvait alors à l'armée de l'Elbe.

Pendant que sa requête arrive aux bureaux du Ministère de la Guerre, on apprend la formation de la Grande Armée, dans laquelle son régiment est reversé. Comment donc ! on va entrer en campagne et lui se retirerait ?.... Non : s'il ne peut plus marcher il peut bien monter à cheval. Il retire sa démission, et obtient de prendre part à la campagne comme capitaine monté. Le 9 décembre 1813, il est à Custrin (Brandebourg) où il remplit les fonctions de Commissaire impérial près le premier Conseil de guerre permanent, présidé par le major Durye.

De retour à Fréménil pendant la première Restauration, il était, au mois de mai 1815, rappelé à son régiment pour prendre part à la campagne de Belgique. Après Waterloo, il fut mis définitivement à la retraite, et vint s'établir à Châtel où il épousa en 1820 Melle Marie-Eugénie Bertrand.

Louis LEGRAND, — capitaine, né à Metz, le 14 mars 1769.

François PIERRON, — capitaine, né à Vincey, le 14 avril 1767.

Thomas POIROT, — lieutenant, né à Circourt, le 21 décembre 1761.

Etienne-Augustin VADET, — chef d'escadron au 16e régiment de chasseurs à cheval, né à Arcis-sur-Aube, le 27 février 1776. chevalier de la Légion d'honneur.

Pierre-Germain VADET, — sous-lieutenant au 16e régiment de chasseurs à cheval, né à Arcis-sur-Aube, le 28 juin 1787.

CHAPITRE II

LE CULTE CONSTITUTIONNEL

LE CULTE CONSTITUTIONNEL.

Quels étaient les sentiments de la population de Châtel au commencement de l'année 1791 ? s'affirmaient-ils dans le sens du mouvement qui se dessinait sur tous les points de la France ? étaient-ils enfin favorables à la poussée révolutionnaire ?

Pour un écrivain à idées préconçues qui, avant tout, veut faire une œuvre de parti, la réponse serait affirmative. Il est si important pour certaine école, de fausser l'histoire sur ce point, comme sur bien d'autres, en nous parlant des aspirations du peuple vers un changement politique et de son enthousiasme pour les idées révolutionnaires et irréligieuses !

Mais que le lecteur juge lui-même d'après les faits qui vont lui être soumis ; sous le déguisement parfois bien léger des rapports officiels, il pénétrera facilement les craintes, les regrets, les préoccupations des différentes classes de la population, sans excepter la municipalité elle-même. Il constatera, non sans une profonde satisfaction, que la petite ville de Châtel était en particulier restée ferme dans la Foi de ces ancêtres; il verra avec intérêt quels efforts et quelles nombreuses démarches elle fait auprès des pouvoirs constitués afin d'échapper aux premières lois de persécution; et si quelques mois plus tard il la trouve donnant, comme tant d'autres villes, dans les excès les plus lamentables et les plus sacrilèges, il constatera bien vite qu'elle ne marche jamais qu'à regret, poussée par une poignée de scélérats que l'agitation révolutionnaire a égarés.

Une chose plus désolante pour tous les cœurs chrétiens, sera de reconnaître au milieu, sinon à la tête de cette troupe misérable, le curé constitutionnel de Châtel, lui-même, créature de Maudru, qui joue sur cette scène un rôle des plus odieux.

Attachement des Châtellois à leurs capucins.

Le mouvement d'impiété provoqué par les philosophes du XVIII° siècle avait reçu comme une sanction officielle lors de la promulgation des décrets de l'Assemblée nationale (13 février et 24 août 1790), supprimant les ordres religieux et les vœux monastiques et établissant la Constitution civile du clergé.

Le premier, qui atteignait d'une façon toute spéciale notre petite ville à cause des deux monastères établis dans ses murs, reste lettre morte pendant plus d'un an. Religieux et religieuses, protégés par l'affection et les sentiments dévoués de la population, continuent à vivre en communauté sans se préoccuper des incartades de l'Assemblée nationale. Impossible de trouver dans le registre de l'état-civil une seule désertion(¹); et l'on sait que, d'après la loi même, toute sortie de couvent devait être précédée d'une déclaration au greffe de la mairie. L'abbé Marchal encore en fonction n'a donc pas beaucoup à faire à ce sujet.

Cette tranquillité apparente ne pouvait durer longtemps. Depuis plus d'un an, la présence de huit braves religieux, cinq pères et trois frères, retirés dans leurs étroites cellules, n'est-elle pas une menace pour la tranquillité et l'ordre publics? Certes, le Directoire départemental veillait sur un état de choses aussi inquiétant pour la sûreté de l'État. Il va donc s'en occuper, et le 8 mars 1791 les Châtellois apprennent que leurs bons capucins seront expulsés.

Pendant que les habitants indignés d'un tel mépris du droit commun se proposent de les recueillir et de leur offrir une généreuse hospitalité, le conseil municipal est convoqué extraordinairement. Il déli-

---

(¹) On ne peut assimiler à une désertion le départ de sœur Augustine Drouin, native de Frotasy, près de Vesoul (28 mars 1791), car outre que cette date éloignée de la promulgation du décret nous empêcherait déjà de voir dans ce départ un acte de faiblesse, cette religieuse a soin de déclarer qu'elle se retire dans sa famille « parce qu'elle est malade. »

bère sur les moyens à prendre pour conserver les pauvres religieux et décide qu'une requête sera incessamment adressée aux Administrateurs du Département des Vosges. On leur demandera de fixer dans la ville une maison commune de Capucins où pourront venir se réfugier tous les autres religieux de la région.

La supplique fait remarquer que le couvent de Châtel ne pourrait pas être vendu au profit de la Nation, attendu « qu'il ne convient à personne, étant isolé dans une ville d'où l'on sort beaucoup à cause du défaut de toute relation politique, cette maison étant sujette d'ailleurs à beaucoup d'entretien, tandis que celles des villes voisines ont beaucoup plus de valeur, celle de Charmes étant sur une grande route, ainsi que celles de Mirecourt, Rambervillers et Épinal, où toutes les habitations sont rares et augmentent journellement de prix, qu'en conséquence il serait du bien public de laisser subsister ladite maison de Châtel, tant pour l'intérêt de la nation que pour celui de la ville dans laquelle se ferait la consommation des pensions d'un certain nombre de religieux et où cela pourrait remettre une certaine aisance chez bien des individus qui sont victimes de la Révolution. » (8 mars 1791).

Les innovations du nouveau régime ne lui attirent pas à Châtel beaucoup de popularité, et il faut que les inquiétudes suscitées par les évènements soient bien profondes et la répulsion pour les lois de persécution bien prononcée et bien vive pour oser parler dans une requête officielle « d'individus victimes de la Révolution ».

La pétition arrive sur le bureau du Directoire départemental, qui n'en tient aucun compte lorsque, le 17 mars, il désigne six couvents comme maisons de refuge pour les religieux qui désirent conserver la vie commune.

De nouvelles instances amènent le Directoire à examiner la question le 31 mars et à leur accorder ce qu'ils réclament avec si peu de ménagements.

En effet, l'assemblée « considérant que le nombre des religieux était considérable et qu'il serait peut-être convenable de désigner encore une maison ; que d'après les renseignements qui lui sont parvenus, la maison occupée ci-devant par les capucins à Châtel-sur-Moselle pouvant contenir vingt-cinq à trente religieux et étant en très bon état, se trouvant d'ailleurs dans un emplacement qui repoussera toujours les curieux et éloignera toute idée d'établissement public, il paraît plus avantageux pour la nation que cette maison soit désignée qu'aucune autre. En conséquence, le Directoire du département des Vosges a délibéré et arrêté *provisoirement* qu'outre les six maisons désignées par délibération du 17 de ce mois, celle occupée ci-devant par les capucins de Châtel-sur-Moselle, dans le District de Rambervillers, sera […] et destinée […] les religieux qui voudront […] conserver la vie commune.

à charge qu'ils ne pourront être moins de vingt (¹) ».

Les capucins restent donc dans leurs cellules : pour combien de temps ? ils l'ignorent, ce *provisoirement* étant comme l'épée de Damoclès toujours suspendu sur leurs têtes. D'ailleurs le répit ne fut pas de longue durée.

Arrivée du curé constitutionnel.

Un sujet de mécontentement bien autrement grave va jeter la population dans une effervescence extraordinaire.

Par son décret du 27 novembre 1790, l'Assemblée nationale a prescrit à tous les membres du clergé de France la soumission à la loi schismatique de la Constitution civile du clergé.

A Châtel, les prêtres sont nombreux : outre les capucins, le curé et son vicaire, plusieurs autres, presque tous enfants du pays, y vivent des revenus de quelque bénéfice.

Nous sommes au mois de février 1791 et pas un seul n'a encore consenti à prêter le fatal serment. Ils ne se dissimulent pas d'ailleurs les tracasseries et les persécutions dont ils seront l'objet : l'église

---

(¹) Le 7 avril une nouvelle requête de la municipalité concernant encore le couvent des capucins est envoyée au Directoire, mais sur le rapport de Christophe Dieudonné, l'assemblée déclare qu'après sa déclaration du 31 mars, il n'y a pas lieu à délibérer. (Arch. des Vosges L. 71).

paroissiale peut leur être fermée d'un jour à l'autre ; que faire pour se soustraire aux caprices d'un intrus et assurer aux fidèles les secours de la vraie religion ?

Ils s'adressent à Monseigneur de la Fare, évêque de Nancy, lui exposent leur situation, et demandent l'autorisation de célébrer le Saint-Sacrifice et d'exercer le culte dans certains oratoires particuliers : un excellent catholique de Châtel met à leur disposition les maisons qu'il possède dans la ville pour y ériger les chapelles nécessaires. Le vénérable prélat s'empresse d'accéder à leurs désirs par la lettre suivante (¹) :

« *Anne-Louis-Henri de la Fare, par la miséricorde divine et la grâce du Saint-Siège Apostolique, Évêque de Nancy, primat de Lorraine, Conseiller du Roi en tous ses conseils :*

Vu l'état des circonstances où se trouvent en ce moment et où peuvent se trouver par la suite les dignes Pasteurs et les vrais fidèles de notre Diocèse, connaissant le zèle et la piété de M. Dieudonné-Henri-Joseph Cosserat, résidant à Châtel-sur-Moselle, lui avons permis et par ces présentes, valables jusqu'à ce qu'elles soient révoquées de notre part, lui permettons d'ériger une chapelle ou oratoire dans

---

¹ Archives de la famille de Valentin de la Tour.

dans chacune de ses maisons à l'effet d'y faire célébrer la sainte Messe tous les jours de l'année, même ceux exceptés par nos Règlements antérieurs, par tout Prêtre approuvé de nous ou de nos vicaires généraux, et même d'y conserver le Très-Saint-Sacrement, avec les soins et précautions nécessaires et accoutumés, suivant qu'il le jugera prudent et utile pour sa consolation particulière et les besoins spirituels des personnes qui composent sa famille et sa maison. Donné à Nancy, sous le seing de notre Vicaire Général, le vingt-six février, mil sept-cent quatre-vingt-onze.

CAMUS vic. gén.

Par mandement : GEORGIN. »

Au jour fixé pour la prestation du serment constitutionnel, (premier dimanche de mars), on vit donc ces prêtres généreux affirmer hautement et solennellement devant toute la paroisse réunie leur attachement inébranlable à la sainte Église catholique.

C'est le 8 mars qu'arrive au Directoire départemental la protestation de M. Symon contre le serment constitutionnel ; le 18, il est suspendu de ses fonctions pastorales, et le maire reçoit l'ordre de faire évacuer le presbytère pour laisser la place à l'intrus.

A cette nouvelle, des démonstrations s'organisent

en faveur du vénérable curé ; malheur à celui qui oserait proférer contre lui une parole malveillante.

De son côté, la municipalité proteste contre les ordres venus du Directoire ; elle entend bien conserver, envers et contre tous, celui qui, pendant tout le cours de son ministère pastoral, s'est attiré la sympathie, je dirai plus, l'affection de la paroisse.

Cependant, quelques énergumènes de la garde nationale réclament à grands cris l'application de la loi, et le maire épouvanté propose de se soumettre et d'informer M. Symon des ordres reçus. Vaine tentative ! la municipalité ne veut rien entendre et le digne curé restera dans son presbytère.

A bout de ressources, le maire en réfère au Directoire, exposant la fausse situation où il se trouve vis-à-vis de son Conseil, dénonçant l'agitation produite et les démonstrations de ses administrés en faveur de M. Symon et attendant de nouveaux ordres.

Le Directoire, allarmé de cette résistance inattendue, croit ramener un peu de calme dans les esprits, en autorisant, après un refus préalable, l'établissement d'un couvent de capucins.

Rien n'y fait, l'agitation continue, tous se révoltent à la pensée de l'expulsion de leur digne curé.

Le 18 avril, nouvelle lettre du Directoire qui, cette fois, essaye des moyens de persuasion [1] : « Il voit

---

[1] Archives des Vosges L. 71.

avec la plus grande peine, écrit-il, la mésintelligence qui règne entre le Conseil général de la commune et le maire de la même commune et entre la municipalité et la garde nationale. Il invite respectivement à étouffer tous les germes de cette mésintelligence, à oublier les causes et à réunir de concert tous les efforts de leur zèle et de leur patriotisme pour le maintien et l'affermissement de la Constitution. »

Mais c'est précisément cette Constitution qui révolte nos Châtellois; la municipalité répond par un dernier refus.

Trois jours après, 21 avril, nouvelle sommation du Directoire, cette fois pleine de menaces. C'est une mise en demeure d'avoir à exécuter les ordres reçus : M. Symon devra quitter immédiatement le presbytère et laisser l'administration de la paroisse à l'intrus qui doit arriver incessamment.

Depuis dix-huit jours que celui-ci attend, il y a de quoi perdre patience ! Nommé le 3 avril il n'a pas encore pu mettre les pieds dans sa nouvelle paroisse.

Il s'appelle Charles-François-Xavier Clément, est âgé de quarante ans, natif de Bulgnéville. Prêtre depuis dix ans, il est vicaire résident à Frebécourt depuis 1788 et y prête le serment constitutionnel.

Nous le trouvons à l'assemblée du district de Rambervillers lors de sa nomination à la cure de Châtel. Sur 29 membres présents, il obtient 26 suffrages et nous croyons volontiers que Georges-Nicolas Colin et Antoine Philippe de Châtel s'abstinrent de voter par affection et reconnaissance pour le vénéré M. Symon[1].

A la dernière sommation du Directoire, le maire réunit en toute hâte son conseil et en donne lecture. Le curé constitutionnel est sur le point d'arriver, la municipalité répondra des troubles qui peuvent se produire et des injures qui ne manqueront pas de pleuvoir sur l'intrus si l'on n'y met bon ordre.

Que faire? Les avis sont partagés; réflexion faite, on juge prudent de se soumettre et l'on rédige la délibération suivante :

« Cejourd'hui 21 avril 1791, 9 heures du matin, en la chambre de la commune de Châtel-sur-Moselle, le Conseil général de la commune de ladite ville assemblé, le maire a invité ces Messieurs pour délibérer de la façon qu'on recevrait Monsieur Charles-François-Xavier Clément, nommé curé de cette ville par Messieurs les électeurs du district de Rambervillers. Après toutes délibérations faites, il a été arrêté, après avoir ouï le procureur de la commune, de recevoir mondit sieur Clément avec toute l'honnêteté et la décence convenables, et qu'il sera pris toutes les précautions possibles pour la tranquillité de son installation et de son exercice.

G.-F. THOUVENIN, *maire*, etc.... »

[1] Archives des Vosges. L. Liasse non classée du District de Rambervillers.

Ah! ce n'est pas sans un profond regret et sans une indignation mal comprimée que ces braves gens signent une telle délibération. Est-ce donc un crime d'aimer et de respecter un prêtre dont les vertus sacerdotales forcent l'admiration de tous, un digne curé dont le dévouement pour ses paroissiens n'a d'égal que l'affection qu'ils lui rendent, un vénérable vieillard enfin dont la bonté et les abondantes aumônes font la Providence des pauvres. Certes, il faut qu'ils soient bien froissés dans leurs sentiments intimes, pour oser rédiger séance tenante une nouvelle délibération qui nous dira, plus que les protestations bruyantes, leur attachement inviolable et celui de toute la population à la personne du vénéré M. Symon.

« Ledit jour 21 avril 1791, le conseil général de la commune ayant reconnu que M. Jean-Antoine Symon, curé actuel de cette paroisse, s'est toujours comporté comme un digne pasteur et qu'il a rempli avec zèle et édification ses fonctions pastorales, a délibéré, après avoir ouï le procureur de la commune, *de faire à mondit Sieur Symon une députation pour lui témoigner les regrets qu'ont ses paroissiens de le voir quitter.* »

Cette dernière phrase ne semble-t-elle pas nous indiquer que M. Symon, informé des ennuis créés à la municipalité relativement à sa personne, se retirait lui-même de son plein gré, voulant lui éviter tout conflit avec le Directoire.

Le presbytère était donc libre : le curé Clément

arriva dans les premiers jours de mai. Comment fut-il accueilli? nous ne le savons positivement; mais étant donné l'attachement des Châtellois à leur bon Monsieur Symon, il est fort probable que sa réception manqua surtout de cordialité et que la foule ne lui adressa guère en guise de vivats que des propos plus ou moins malveillants.

Dans de telles conditions, tout homme de cœur ou de simple bon sens eût aussitôt rebroussé chemin; Clément, lui, laissa pleuvoir sur sa tête toutes les injures et s'intalla froidement dans le presbytère abandonné.

La lettre qu'il écrivit à Monsieur Symon, lors de son arrivée à Châtel, est malheureusement perdue; elle était encore il y a quelques années entre les mains de M. Vinot, actuellement décédé.

A peine installé, le curé constitutionnel constate avec stupéfaction que les tiroirs de la sacristie sont presque dépourvus d'ornements et de linge d'église. A ses yeux, c'est un vol manifeste de l'ex-curé qui s'est approprié tout ce qui manque. Il va donc se présenter devant le conseil municipal et dépose une plainte (16 mai 1791). On lui fait remarquer que l'abbé Symon, en agissant ainsi, est dans son plein droit, puisqu'il a payé de ses propres deniers tout ce qu'il a enlevé. Mais il ne veut rien entendre et force le conseil municipal à se « pourvoir près du Directoire départemental pour être autorisé à réclamer au sieur Symon les différents ornements et effets dont il a fait usage dans sa paroisse pour le service divin. »

Ainsi le droit de propriété n'existe plus, et, d'après notre nouveau casuiste, quiconque prête généreusement son bien n'a plus désormais le droit d'en réclamer la possession. Le Directoire ne pouvait que lui donner raison et rendre une décision conforme à ses désirs : c'est ce qui ressort du moins d'un décret du 30 juin 1791 par lequel « les officiers municipaux de Hadigny devront faire réintégrer dans leur sacristie les ornements déposés par M. Symon, curé de Châtel, chez M. Mathiot, vicaire de Hadigny (¹). »

D'autre part, la maison de cure paraît au nouveau curé dans un mauvais état qui exige des réparations. La municipalité faisant la sourde oreille à la requête qu'il présente, il s'adresse au Directoire et obtient encore gain de cause : le gros ouvrage sera payé sur les fonds de la commune, le reste sera à la charge de M. Symon (²).

Depuis quinze jours qu'il est arrivé, notre curé constitutionnel ne s'est pas attiré beaucoup de sym-

---

(¹) Archives des Vosges. L. 71.

(²) Archives des Vosges. L. Registre des pétitions du District de Rambervillers. — Trois jours après il pétitionne de nouveau pour obtenir une augmentation de terres, attendu le peu de jardin dépendant de la cure. Le 28 juin 1791, il revient à la charge, réclamant « le complément d'un demi-arpent de terrain accordé aux curés de campagne par décret de l'Assemblée nationale. » Le Directoire le lui refuse encore, attendu que cette loi, par laquelle les curés doivent jouir d'un jardin d'un demi-arpent, n'est applicable qu'aux curés de campagne. (Arch. des Vosges. L. 71).

pathies ; à chaque instant il est en but à des actes de mépris qui sont à ses yeux le fruit des excitations et le résultat des subornations secrètes de son prédécesseur et des nombreux prêtres insermentés qui habitent Châtel.

Dès lors son cœur s'aigrit, sa bile est mise en mouvement et plus il laisse voir son état de surrexcitation, plus le vide se fait autour de lui, tandis que les manifestations de sympathie vont d'elles-mêmes aux prêtres insermentés.

Quoi donc! des révoltés, des insoumis comblés de respect et de vénération, et lui curé, méprisé, bafoué!... est-ce tolérable ?... Le Directoire en est bientôt averti : des faits d'une extrême gravité lui sont dénoncés comme se passant à Châtel, il faut y mettre fin en frappant les coupables avec toute la rigueur des lois.

Quels faits « si graves » avaient donc pu provoquer une telle délation? Poullain-Grandprey lui-même, chargé de prendre des informations plus précises, va nous renseigner :

« Des prêtres disent la messe dans la chapelle du couvent sans en avoir *obtenu une permission expresse de l'évêque du département, visée par le curé* : l'ex-vicaire tient les propos les plus scandaleux sur la mission des curés constitutionnels, et entr'autres celui-ci : qu'arracher du parchemin ou une hostie de la main d'un prêtre assermenté était la même chose. »

Puis avec un ton d'hypocrisie mal dissimulée :

J'aime à croire, ajoute l'enquêteur, qu'un ministre du Dieu de paix se plaise ainsi à jeter le trouble et à allarmer les consciences, mais je conçois encore moins comment de pareils propos ont pu être tenus sans qu'ils vous fussent parvenus (il s'agit des conseillers municipaux) et que vous vous fussiez empressés à les dénoncer. Le Directoire a dans cette circonstance pris le parti de m'autoriser à m'adresser directement à vous sans recourir à l'intermédiaire du District, parce que les faits lui ont paru assez graves pour mériter qu'il prît les renseignements les plus prompts. »

Il fallait répondre au plus tôt. Le conseil municipal se réunit (22 mai) et invite les prêtres compromis à venir à l'hôtel-de-ville répondre aux accusations portées contre eux (¹).

Le compte-rendu de cette séance mérite d'être cité in-extenso :

« Cejourd'hui 22 mai 1791, la municipalité étant assemblée, le maire a déposé sur le bureau un paquet à l'adresse de MM. les Officiers municipaux de Châtel, lequel ayant été ouvert, il s'est trouvé qu'il renfermait une lettre de M. le Procureur général du Département des Vosges du 19 du présent mois

---

(¹) La veille (21 mai 1791), M. Simon apporte au greffe de la Mairie 62 cahiers de baptêmes, mariages et sépultures, remontant à l'année 1631. Ces registres sont remis, séance tenante, au curé Clément qui réclame en outre les fondations et autres papiers de la cure.

portant commission à la municipalité de la part du Directoire du département de vérifier promptement :

1° Si les ecclésiastiques exercent des fonctions sacerdotales dans la chapelle du couvent des religieuses de cette ville, sans avoir obtenu une permission de l'évêque du département, visée par le curé.

2° Si les propos insérés dans ladite lettre ont été tenus par le sieur Roziéres, cy-devant vicaire en cette-ville.

3° De prévenir les cy-devant capucins réunis en cette ville, que leur église ne doit pas servir à éluder le vœu de l'arrêt du Département du 21 avril dernier.

4° De vérifier enfin tous les faits relatés en ladite lettre.

Après avoir ouï le procureur de la commune qui a estimé qu'il y avait lieu :

1° D'entendre ledit sieur Roziéres, ensemble le sieur Raidot, directeur actuel des religieuses de cette ville, ainsi que ces dernières sur les faits à eux imputés et énoncés en la susdite lettre pour ensuite être requis de ce qu'au cas appartiendra.

2° De prévenir en outre les cy-devant capucins de cette ville de se conformer à l'arrêté du Département du 21 avril dernier.

Et après les avoir ouï tous, ledit sieur Roziéres a dénié formellement les propos dont il est inculpé; ledit sieur Raidot a déclaré qu'il avait jusqu'à présent exercé les fonctions de directeur des religieuses quoique non assermenté, se croyant fondé sur une décision du comité de constitution rendue en faveur du directeur des religieuses de St-Mihiel qui autorise ce dernier à continuer ses fonctions de directeur quoiqu'il n'ait pas prêté le serment ; et lesdites Dames ont déclaré que si elles avaient quelquefois permis de dire la messe dans leur chapelle à des ecclésiastiques autres que leur directeur, elles avaient cru pouvoir le leur permettre sur l'énoncé d'un décret de l'Assemblée nationale qui défendait d'empêcher tous les ecclésiastiques non assermentés de dire la messe dans les églises paroissiales, succursales et oratoire national, sous le prétexte de non prestation de serment ; et les cy-devant capucins ont déclaré qu'ils se conformeraient tant à la délibération du Directoire du département du 21 avril dernier qu'à la susdite lettre. »

Que faire en face de répliques fondées sur la nouvelle législation elle-même ? Le Directoire se tut ; la délation, avait, encore une fois, manqué son coup !

De plus le prestige officiel du curé Clément était mortellement frappé ; mais il n'était pas à bout de ressources. Une visite de l'évêque Maudru ne suffira-t-elle pas à lui rendre du relief et à confondre ses adversaires ! Etant connu l'empressement de l'évêque constitutionnel à accepter les invitations de ses curés, il ne fallait pas insister bien fort pour le déterminer à prendre la route de Châtel.

Bientôt le curé reçoit une réponse : Maudru viendra ! Il court en avertir le maire qui, lui, ne semble pas partager sa joie expansive. Quels embarras inattendus cette visite ne va-t-elle pas lui créer ? n'aura-t-on pas une nouvelle édition des protestations, des injures, des scènes de violence enfin qui avaient accueilli le curé ? De la part d'une population déjà surrexcitée contre la nouvelle religion d'Etat, ne peut-on pas craindre une contre-manifestation en faveur des prêtres réfractaires.

Il faut cependant s'occuper de cette visite malencontreuse et songer à préparer une réception officielle.

Le Conseil municipal est donc convoqué (25 mai), et le maire prenant la parole annonce que « M. Maudru. évêque du département des Vosges, doit arriver en cette ville le lundi 30 du courant sur le soir, et *qu'il conviendrait* de lui rendre les devoirs dûs à son caractère. »

Comme ce conditionnel est opportuniste et scrute bien sans compromission le sentiment des autres membres du conseil !

Après délibération il est décidé que « le commandant de la garde nationale sera requis de faire mettre sous les armes une garde suffisante qui sera en activité depuis l'arrivée de Monsieur l'Evêque jusqu'à son départ, qu'il sera en outre ordonné au marguillier de sonner les cloches, et qu'enfin il sera fait une décharge de canon à son arrivée ; qu'il sera au surplus pris toutes les mesures convenables pour maintenir le bon ordre. »

Quel accueil la population fit-elle à Maudru ? nous ne le savons ; mais il est bien certain que l'enthousiasme ne fut pas la note dominante. Dès le lendemain l'évêque quittait Châtel pour se rendre à Charmes, 1er (juin 1791)(1).

Après tous ces événements, je reconnaîtrai volontiers avec M. Félix Bouvier que « le curé constitutionnel était constamment insulté » et que « la situation était intolérable » ; mais ce que j'admettrai plus difficilement, ou plutôt ce qui me laissera complètement incrédule, c'est cette autre affirmation du même auteur : « la garde nationale obéissait à l'ex-curé *qui la réunissait sans ordre.* »

Voit-on d'ici ce vénérable prêtre transformé en capitaine de la garde nationale ?.....

Travestissez l'histoire, Monsieur Bouvier, mais ne travestissez pas les hommes! Monsieur l'abbé Symon avait l'autorité de la vertu : pourquoi son concurrent n'essayait-il pas d'en acquérir autant ?

Jusqu'alors l'armement avait complètement fait défaut à la garde nationale au grand désappointement des ardents patriotes. La ville avait cependant voté des fonds, le 25 février 1790 ; le 5 juin de la même année on avait même envoyé jusqu'à Neuf-Brissac

---

(1) Chatrian. K. d. 70.

un commissionnaire acheter vingt-cinq fusils. Après un an d'attente on reçoit enfin les vingt-cinq fusils à bayonnette et huit mousquetons (7 juin 1791). Mais hélas ! quelles armes ! Dans quel état elles se trouvent ! Il faut en faire soumissionner le nettoyement, et c'est un nommé Pierre Dulot qui entreprend cette besogne moyennant la somme de 15 livres.

Et maintenant, à qui les distribuer ? Comment ne pas froisser la susceptibilité de ceux qui en manqueront ? La municipalité se tire d'embarras en décidant qu'elles resteront en dépôt dans le greniers de l'hôtel-de-ville ; elle seront ainsi en tout temps à la disposition des hommes de service. La première fois que la garde nationale paraît en armes, c'est pour parader à la procession de la Fête-Dieu (13 juin), présidée par le curé constitutionnel. A partir de ce jour les événements vont se précipiter.

Les troubles de la Fête-Dieu. — Expulsion des Capucins.

Le couvent des capucins de Châtel avait été conservé, sur la demande de la municipalité, comme maison de refuge pour tous les religieux de la région. L'arrêté du Directoire aussitôt connu, ceux-ci arrivent, et se mettent sous la direction du frère Pierre, alors gardien du couvent. Mais le local et le mobilier sont insuffisants pour loger vingt religieux. Le District en est informé et envoie sur les lieux un architecte dont l'avis est conforme aux réclamations des plaignants. On dresse donc un devis, et le Directoire de Rambervillers décide qu'il sera procédé à l'adjudication des travaux, sauf à faire une retenue sur le traitement que chaque religieux reçoit de l'État et jusqu'à concurrence de la somme dépensée.

Depuis un mois, les capucins attendent l'entreprise des travaux qui mettront fin à leur installation provisoire et gênante : leur bourse devant subvenir aux frais des réparations, ils ne peuvent s'expliquer un tel retard. Mais la délibération du District avait paru bien trop libérale au Directoire départemental. Aussi, le 11 juin 1791, la question est mise en délibération, et l'Assemblée considérant, d'après le rapport de Joseph Hugo, « que lors de la demande faite par la municipalité de Châtel de la maison des cy-devant capucins de Châtel pour servir de logement aux cy-devant capucins du Département, il a été assuré par ceux de ses membres qui agissaient à son nom qu'il n'y avait aucune réparation à faire dans cette maison qui était dans le meilleur état et de la plus grande solidité, que ce furent ces observations qui déterminèrent à accueillir la demande de la municipalité de Châtel et à conserver la même maison de préférence à plusieurs autres du département, dans lesquelles les cy-devant capucins auraient pu être logés sans aucun frais pour la nation ; considérant d'ailleurs que c'est aux cy-devant Capucins à faire faire à leurs frais dans la maison dont s'agit tous les changements qui n'ont pour but que leur commodité particuliére, a déclaré qu'il n'y a lieu á délibérer (¹) ».

Comment le Directoire craint-il donc d'engager l'État puisque les frais d'installation doivent être prélevés sur les traitements des Capucins? Mais ces traitements ne peuvent-ils être supprimés d'un jour à l'autre? et dans ce cas les frais n'incomberont-ils pas au gouvernement? Cela ne peut en effet tarder : les pauvres capucins ont déjà toutes les peines du monde de toucher leurs mandats trimestriels; les caisses publiques sont toujours vides et au mois de février ils ont dû pétitionner pour obtenir le payement trimestriel échu(²).

Etant donné l'attachement des Châtellois à leur ancien curé, ainsi qu'à leurs capucins et à tous les prêtres insermentés qui habitaient au milieu d'eux, on peut se faire une idée de leur peu d'empressement à suivre les offices du curé constitutionnel.

Lors de la première Fête-Dieu (jeudi 13 juin 1791), un jeune menuisier, Jean-Baptiste R...., va même jusqu'à manifester publiquement son mépris pour le nouveau culte, en traversant fiérement la proces-

---

(¹) Archives des Vosges. L. 71.
(²) Ibidem. L. District de Rambervillers.

sion devant le dais, sans daigner se découvrir. Il paye de vingt-quatre heures de prison et de cinq livres d'amende cette gaminerie, qui ne saurait s'expliquer que par l'ignorance où était le jeune homme soit du dogme catholique sur la Présence réelle, soit même des simples convenances.

Ce n'était qu'un prélude. Des incidents d'une importance autrement grave devaient mettre le feu aux poudres le second dimanche de la Fête-Dieu. Le curé constitutionnel va nous donner une idée de ses prétentions, de sa jalousie et de son orgueil froissés.

Il était d'usage de diriger, ce jour, la procession vers les deux chapelles du couvent des capucins et des religieuses de la Congrégation de Notre-Dame. Voilà, pour le curé Clément, une belle occasion de compromettre tous les réfractaires. Si religieux et religieuses reçoivent comme d'habitude la procession et lui font honneur, ils reconnaissent donc sa juridiction de curé; s'ils ferment leurs portes, excellente occasion de les dénoncer au Directoire départemental et d'obtenir leur expulsion.

Le tour n'était pas mal imaginé !

Mais, comme va nous l'apprendre un compte-rendu malheureusement mutilé, il tourna à la confusion de l'auteur, dont la rancune dès lors ne connut plus de bornes et se convertit plus tard en véritable fureur.

« Cejourd'hui 23 juin 1791, en la chambre de la commune, 2 heures de relevée, à l'extraordinaire le corps municipal étant assemblé avec MM. les commandant Grandpère et autres officiers de la garde nationale pour dresser procès-verbal des faits qui sont arrivés aujourd'hui en cette ville, vu les rapports dans la plus exacte vérité, et priant Messieurs les administrateurs du Département des Vosges d'y statuer avec leur sagesse ordinaire :

La procession faite le matin d'aujourd'hui étant arrivée à la chapelle des cy-devant capucins, aucun de ces derniers n'est venu au-devant du Saint-Sacrement, ni assisté à la procession, ayant cependant sonné leur cloche.

En sortant de la chapelle des capucins, la procession est allée dans celle des religieuses qui n'ont sonné leurs cloches qu'après en avoir été averties et obligées de le faire par des citoyens de cette ville, et leur directeur n'est point venu non plus au-devant du Saint-Sacrement : il y avait un voile devant le Saint-Sacrement de leur chapelle qu'un garde national a été obligé de lever, et lesdites religieuses n'ont pas ouvert les volets de la grille de leurs chœurs. La procession de retour, Monsieur le curé, en parlant de ces procédés, a engagé les assistants au maintien de la paix et du bon ordre. Après la messe, le détachement de la garde nationale de service aujourd'hui, mécontent de ces procédés, s'est transporté en la maison desdites cy-devant religieuses, et malgré les remontrances et invitations réitérées tant... »

Ici s'arrête malheureusement le récit, le feuillet

suivant ayant été selon toute évidence intentionnellement arraché, car c'est le seul qui, avec son pendant, fasse défaut dans tout le registre.

Les archives des Vosges nous aideront cependant à compléter quelque peu ce récit.

Le détachement de service, composé des plus ardents patriotes de la ville, farouches partisans du curé constitutionnel, était donc monté à l'issue de la messe aux couvents des religieuses et des capucins. Ne fallait-il pas venger l'affront public que venaient de recevoir le nouveau culte et son représentant officiel! Ils arrivent, brandissant leurs armes et poussant des cris féroces, enfoncent les portes et se livrent dans chaque maison à des violences inouïes.

Au bruit des désordres qui se commettent, la municipalité se porte aussitôt sur le théâtre des événements; deux des membres du Directoire de Rambervillers, MM. Antoine Philippe et Georges-Nicolas Colin, rappelés à Châtel pour les assemblées primaires, accompagnent la municipalité et usent de leur pouvoir et de leur autorité pour arrêter les brigandages [1]. Vaine tentative! Ils assistent impuissants à des excès révoltants : religieux et religieuses sont menacés, injuriés, maltraités et frappés par cette poignée d'énergumènes ; et tandis que les deux cou-

---

[1] Archives des Vosges. L. Délibérations du Directoire départemental.

vents subissent la dévastation de cette troupe de bandits, quelques-uns des plus forcenés escaladent les clochers et en descendent les cloches (1).

Que de réflexions la lecture de ce compte-rendu ne suggère-t-elle pas ? Après que l'Assemblée nationale a voté la liberté des cultes, voici des religieux et des religieuses coupables de révolte parce qu'ils pratiquent leur religion et refusent de prendre part aux démonstrations d'un culte qu'ils réprouvent.

Qui osera, dans la circonstance, blâmer leur conduite ? N'est-ce pas au contraire au curé constitutionnel qu'incombe la responsabilité de tels désordres ?

Il ne sait que trop la scission qui s'est naturellement produite entre lui, curé assermenté, et les prêtres réfractaires ; pourquoi donc les provoquer et vouloir leur imposer des actes de condescendance envers une religion qu'ils abhorrent. Et pendant que la procession circule dans les cloîtres, est-il bien sûr qu'il ne manifeste son dépit en aucune façon ? N'est-ce pas sur son ordre formel que les cloches se mettent en branle et qu'un garde national se permet d'enlever au bout de sa baïonnette le voile qui couvre le Saint-Sacrement ?

S'il n'a pas commandé, il tolère : tout ce qui s'accomplit sous ses yeux plus ou moins complaisants

---

(1) *Ibidem*. L. 71. Délibération du Directoire du 13 juillet 1791.

lui est imputable; il est moralement responsable aux yeux de l'historien. Je sais bien qu'il s'est ménagé une excuse en recommandant d'abord de ne pas troubler le bon ordre, mais sur quel ton l'a-t-il faite cette recommandation ?

Pour arriver à cette fin, le moyen le plus pratique, à son avis, c'est de courir sus à ces réfractaires fauteurs de désordres et de les faire disparaître. Admettons même qu'en essayant de calmer ses partisans le curé agisse en toute sincérité, mais alors c'est qu'au cours de la procession il s'est aperçu de la mauvaise tournure que vont prendre les choses. Ne va-t-il pas encourir à lui seul la responsabilité de tant de troubles, fruit de ses excitations antérieures, et ne faut-il pas se ménager prudemment une porte de sortie?

Le lendemain, 24 juin, le procès-verbal dressé par la municipalité est déposé sur le bureau du Directoire départemental qui, sur le rapport d'Antoine Deguerre, le renvoie au District de Rambervillers Il décide néanmoins que les cloches « seront déposées dans un lieu indiqué par la municipalité jusqu'à ce qu'il en aura été autrement statué » ; de plus il invite les officiers de Châtel à surveiller les cy-devant capucins, les religieuses et leur directeur et à prendre à leur égard les mesures que l'intérêt public et le bon ordre prescriront (¹). »

(¹) Archives des Vosges L. 71.

C'est toujours l'agneau qui a tort!

Rendons justice au Directoire du District qui, lui, n'est pas complétement de cet avis. Il ne craint pas d'infliger un blâme aux excès commis et à leurs auteurs, grâce sans doute aux rapports détaillés de deux de ses membres, MM. Philippe et Colin, témoins oculaires et impuissants de toutes les violences.

L'Assemblée estime, en effet, « qu'il y a lieu de rappeler aux officiers de la municipalité et de la garde nationale qu'ils doivent redoubler de soins et d'efforts pour maintenir tous les citoyens dans la soumission et l'obéissance aux lois, notamment à celles du 21 juin présent mois, rendues pour les circonstances actuelles, qu'il y a aussi lieu de désapprouver les faits relatés dans le susdit procés-verbal, et les actes de rigueur employés par une partie de la garde nationale sans réquisition de la municipalité, même contre ses ordres et ceux des commandant et autres officiers de la garde nationale ; enfin qu'il y a lieu de dire que si les ci-devant Capucins, les religieuses de Châtel ou des citoyens tombaient dans des écarts capables de troubler l'ordre et la tranquillité publique, la municipalité et la garde nationale ne peuvent employer que les moyens que la loi a mis en leur pouvoir pour arrêter toutes les violences et ramener l'ordre et la paix. » (26 juin 1791) (¹).

(¹) Archives des Vosges. L. 71.

Un simple blâme pour des actes de vrai banditisme! c'est bien peu comme justice distributive. S'imagine-t-on les rôles intervertis et les victimes du côté des démocrates !!...

Mais soit! En temps de Révolution il faut se contenter de peu! De son côté, le frère Pierre s'empresse d'adresser une plainte motivée au Directoire départemental au sujet « du vacarme scandaleux commis en la maison des capucins de Châtel. » Il s'appuie sur la nouvelle législation, sur la liberté accordée à tous les cultes, et démontre qu'on ne peut leur faire un crime de ce que « ni lui, ni ses confrères n'ont assisté à la procession de la Fête-Dieu »; d'ailleurs à supposer que leur manière d'agir fût contraire aux lois en vigueur, leur conscience leur eût défendu une conduite opposée(1). Cette raison n'est pas goûtée des membres de l'Assemblée. A leur point de vue, le frère Pierre « met au jour une opinion fanatique en disant qu'il aurait cru offenser Dieu en assistant à la procession, » et, sur le rapport d'Antoine Deguerre, ils citent à leur barre le courageux Gardien, lui signifiant de se présenter le 4 juillet, à 9 heures du matin, pour rendre compte de sa conduite. (28 juin.)

Sur ces entrefaites, le District fait parvenir à Épinal la délibération qu'il a prise relativement aux désordres du 23 juin. Le Directoire qui s'attend à

---

(1) *Ibidem.*

n'avoir à confirmer que des mesures de rigueur édictées contre les réfractaires de Châtel et leurs partisans, est tout décontenancé de ce qu'aucune conclusion n'est tirée dans ce sens. Il répond aussitôt au District et « déclare qu'il n'a pu voir sans peine que les lettres du district de Rambervillers renferment des expressions peu ménagées envers la garde nationale de Châtel. Des soldats citoyens dévoués au maintien de la Constitution et recommandables par leur patriotisme et leur zèle à le répandre méritent des égards ; enfin les gardes nationaux ne doivent jamais essuyer de reproches qu'il ne fût constaté que leur conduite les a provoqués. » (30 juin 1791)(¹).

Devant l'évidence des faits, le District ne peut changer de sentiment sur le fond de la question, car il faut bien admettre, dit-il(²), que «la conduite blâmable et répréhensible des Dames religieuses et des Capucins de Châtel lors de la procession du St-Sacrement du 23 juin, n'autorisait pas quelques gardes nationaux à se permettre, dans leur mécontentement *les voies de fait* auxquelles ils se sont portés malgré les défenses de leurs chefs et de la municipalité; qu'il y a lieu en conséquence d'enjoindre à ceux qui se sont oubliés ainsi, de ne se permettre à l'avenir, sous les peines de droit, aucune entreprise

---

(¹) Archives des Vosges L. District de Rambervillers.
(²) *Ibidem*. (13 juin 1791.)

de cette nature, que dans les cas prévus par la loi et après en avoir été requis. Que la loi distingue les pouvoirs du corps municipal d'avec ceux de la garde nationale d'une manière trop claire et trop positive pour être un prétexte de division entre ces deux corps; que si la garde nationale est subordonnée à la municipalité, celle-ci ne peut lui refuser les égards et les ménagements qui sont dûs à des citoyens animés du zèle patriotique et dévoués à maintenir la Constitution... En retraçant avec énergie les dispositions de la loi tant à MM. les officiers municipaux qu'à MM. les officiers de la garde nationale pour le maintien du bon ordre et de la tranquillité publique, le Directoire du district n'a pas manqué aux égards qui sont si justement dûs au patriotisme de la garde nationale, mais il a seulement cherché à provoquer une surveillance plus particulière sur les sujets de cette garde qui s'étaient écartés de l'ordre et qui étaient susceptibles de donner des inquiétudes lorsqu'ils sont en armes. »

Ainsi donc ces forcenés se sont mis en contravention avec toutes les lois, il se sont conduits comme des brigands ! Simples peccadilles, qui méritent tout au plus une légère observation !

C'est que le vrai et le seul but des excès commis le 23 juin était de faire partir les capucins. Mais ceux-ci avaient subi tous les outrages et ne songeaient pas à quitter la maison. Le coup était manqué.

La bande des futurs sans-culottes n'était pas à

bout de ressources. Poussée par une influence et des excitations secrètes, elle se présente le 29 juin à la porte du couvent, munie d'un ordre d'expulsion qu'elle dit tenir du Directoire départemental, et par lequel la maison devra être évacuée pour le 1ᵉʳ juillet.

Les pauvres Capucins, tout déconcertés, n'ont pas même l'idée de prendre connaissance de l'arrêté d'expulsion qui les frappe. Ils quittent seulement la maison le 3 juillet et sont reçus à bras ouverts par la population, au grand désappointement des révolutionnaires.

Or le décret d'expulsion dont ils avaient entendu la lecture n'était qu'un faux ! Qui en était l'auteur ou l'instigateur? Le Directoire s'en préoccupe fort peu. Ne serait-ce pas notre curé Clément, si désireux d'en finir avec tous les réfractaires de sa paroisse ?....

Quelle bonne chance pour le Directoire départemental! le voilà délivré des embarras et de l'odieux d'une expulsion légale! Encore un peu il voterait des félicitations au faussaire. Voyez plutôt comme le rapporteur sait interpréter les événements accomplis, (séance du 26 juillet 1791) : « les ci-devant capucins qui étaient réunis en maison commune ont cédé à l'opinion publique et se sont divisés (¹). »

Et cependant, pour rédiger son factum, le rapporteur avait sous les yeux les procès-verbaux de la

---

(¹) Archives des Vosges. L. Registres des délibérations du Directoire départemental.

municipalité et du commandant de la garde nationale de Châtel sur cette nouvelle violation du droit; il avait encore entre les mains la délibération du District, en date du 13 juillet, relative aussi à ce sujet[1]; mais il connaissait trop bien cette parole de Voltaire : « Mentez, mes amis, mentez encore, il restera toujours quelque chose. »

Si les procès-verbaux sus-mensionnés ont disparu ou échappé à nos recherches, voici du moins les considérants de la délibération : « *Vu les observation et réponse par écrit de la municipalité et de M. le commandant de la garde nationale par lesquelles réponse et observation il conste qu'effectivement lesdits Pères Capucins ont été prévenus d'évacuer leur maison pour le 1ᵉʳ juillet sans aucune réquisition de la part de la municipalité et sans exhibition d'ordres à cet égard. — Vu encore les procès-verbaux joints, en date des 29 juin et 1ᵉʳ juillet par lesquels il est également constaté que cette notification d'évacuer, quoiqu'illégale, a néanmoins opéré l'évacuation de ladite maison de Châtel..... »*

Voici maintenant la manière dont Monsieur Bouvier sait à ce sujet écrire l'histoire.

« *L'ex-supérieur des capucins, le frère Pierre, demeuré gardien du couvent, se livrait à de vives manifestations. Lors de la procession de la Fête-Dieu, notamment, il avait voulu la recevoir à la chapelle, afin de bien établir que rien n'était changé.* »

Dabord M. Bouvier, en nous parlant de ce frère

---

(1) *Ibidem*. L. District de Rambervillers.

Pierre, « demeuré gardien du couvent », ne veut-il pas nous dire que les religieux avaient déjà été expulsés et que ce frère était resté comme gardien de la maison. Il serait difficile, croyons-nous, de trouver un autre sens à cette phrase. Mais alors nous sommes heureux d'apprendre à l'historien de la Révolution dans les Vosges, que, chez les capucins, le qualificatif de Gardien du couvent équivaut à celui de Supérieur, et non de portier : on peut confondre caporal et général, mais non supérieur et portier.

M. Bouvier ajoute que ce brave Gardien se livrait à de vives manifestations, et il en donne comme preuve la réception enthousiaste qu'il voulut faire à la procession ! Serait-ce donc la sonnerie de la cloche du monastère qui exciterait à ce point l'imagination de cet historien et lui ferait interpréter en mauvaise part les sentiments du frère Pierre ? Qu'il se rassure, car en agisant ainsi, le vénérable Gardien, voulait tout simplement rendre hommage au Dieu de l'Eucharistie qui entrait sous son toit, tandis que, par son absence et par celle des autres religieux, il protestait en même temps contre le culte schismatique et contre son représentant attitré.

Et devant cette absence significative de tous les capucins, le grand et seul grief qui ait provoqué les désordres, le même auteur nous affirme sans sourciller que le frère Pierre, avait voulu recevoir la procession à la chapelle !

Décidément, pour fouler ainsi aux pieds la vérité,

pour intervertir à ce point les rôles, il faut avoir eu l'intention de faire avant tout une œuvre de parti ou un roman historique. Dans l'un et l'autre cas, le lecteur doit être averti (¹).

Monsieur Bouvier ajoute : « Le 4 juillet, on admonesta le frère Pierre et on lui rappela que toute manifestation était interdite. Il se tint dès lors plus tranquille. »

Convoqué en effet pour le 4 juillet, le respectable Gardien se présente le 3, le jour où lui-même et tous ses religieux sont expulsés du couvent. Mis en demeure d'expliquer sa manière d'agir lors de la procession du 23 juin, il allègue l'obligation où il était de se conformer strictement à la décision prise en communauté. Cette réponse ne pouvait satisfaire le Directoire. On lui rappelle « que, comme citoyens, les cy-devant capucins ne doivent manifester aucune opinion ni faire aucune démarche qui puissent troubler la tranquillité publique et que *leur obstination à ne vouloir point assister à la procession de la Fête-Dieu ni à la*

(¹) Rendons cependant justice à M. Bouvier sur le premier point ; il arbore son drapeau on ne peut plus franchement dès les premières pages de son ouvrage. « On reconnaîtra sans peine dans l'auteur, dit-il, un admirateur passionné de la Révolution française, un de ses fils les plus fidèles et les plus dévoués. » (Introd. p. XVI). C'est donc une apologie en règle de cette époque qu'il a voulu écrire ; mais est-il permis d'oublier à ce point que l'impartialité et l'exactitude sont pour l'apologiste comme pour l'historien les premières qualités !

recevoir dans leur église est un acte d'incivisme d'autant plus blâmable qu'il pouvait avoir les suites les plus graves (¹). »

Encore une délibération que M. Bouvier n'a dû lire que d'une façon bien superficielle, puisque, d'après lui, le frère Pierre avait voulu recevoir la procession dans sa chapelle pour bien montrer que rien n'était changé !

Et si nous demandions au même historien en quoi le bon frère Pierre « se tint dès lors plus tranquille » dans l'administration extérieure de sa maison, que pourrait-il nous répondre sinon que le couvent était vide ! Mais soit ! les vérités de M. de la Palisse m'offusquent moins que les mensonges de Voltaire.

Et M. Bouvier complète son tableau par un coup de pinceau des plus vifs sur l'expulsion des religieux : « Enfin, dit-il, à force de plaintes de la part des habitants, les capucins partirent. » Le lecteur sait que penser de cette nouvelle assertion.

Voilà donc les Châtellois sur le point de voir disparaître ce couvent dont à grands cris et à grand'peine ils ont, une première fois, obtenu le maintien. L'émotion est grande dans la ville ; les démonstrations les plus vives se produisent à l'égard des expulsés, et le Conseil municipal allarmé de l'état de surexcitation des esprits, pense ramener un peu de calme dans la population en décidant (29 juin 1791) que les capu-

---

(¹) Archives des Vosges. L. Registre des Délibérations du Directoire départemental, 3 juillet.

cins nés à Châtel ou y ayant des parents pourront loger en cette ville.

On n'ose encore s'arrêter à l'idée d'une fermeture définitive. Il faut bien se rendre à l'évidence lorsque, le 8 juillet un commissaire du District arrive à Châtel et invite la municipalité à procéder avec lui à la vente des fruits des jardins et autres propriétés du couvent, ainsi qu'à celle des meubles et effets devenus propriété de la Nation. On en excepte les vases sacrés qui sont déposés avec ceux du couvent de Notre-Dame dans une salle de l'hôtel-de-ville pour être ensuite transportés à Rambervillers.

Le 13 juillet, le District délibère en outre « qu'il sera incessamment procédé à l'estimation des églises et bâtiments, ainsi que de tous les jardins et héritages dépendant de la cy-devant maison des capucins, pour ensuite de tout être vendus comme les autres biens nationaux ; à moins que le Département ne se propose d'employer cette maison et dépendance pour une *maison de réclusion*, le Directoire du district observant à cet égard que les disposition et situation de cette maison paraissent très propres à cette destination, attendu qu'il y existe déjà plusieurs prisons particulières propres à renfermer les furieux, que son emplacement est isolé et d'un accès difficile de toutes parts, que l'air y est très sain et qu'enfin on retirerait peu de choses de la vente de cette maison (¹). »

(¹) Arch. des Vosges. L. District de Rambervillers.

Proposé par la municipalité et approuvé par le District, le projet en question ne semble pas seulement attirer l'attention du Directoire.

L'état de dénuement complet et de misère où seraient réduits les pauvres capucins sans la généreuse hospitalité des Châtellois ne le touche pas davantage au fond.

Sur une requête de leur part, le conseil est ému de cette situation pénible; il en avertit le District qui, à son tour, « estime que si dans les autres maisons du Département il a été accordé par la municipalité à chaque religieux un matelas, quelques linges et quelques livres, et que le Département y ait donné son approbation, il ne serait pas juste que les anciens capucins, qui formaient la maison de Châtel lors de la suppression, fussent traités moins favorablement que les autres non plus que leurs sœurs économes. C'est au Département à statuer d'après cette réclamation dans sa sagesse ordinaire et observant à ce sujet que si la demande des religieux n'est point accueillie, on croit qu'il est de la justice de les rendre indemnes, à dires d'experts, des cultures et façons de vignes et jardins et des dépenses qu'ils peuvent avoir faites de leurs deniers pour le bien de la chose depuis qu'ils sont entrés en vie commune (1). »

---

(1) Arch. des Vosges. L. District de Rambervillers.

On peut s'étonner de voir encore l'assemblée du District animée de sentiments si équitables ; mais n'oublions pas que deux Châtellois, qui connaissaient l'affection des leurs pour les pauvres expulsés, en faisaient partie et regardaient comme un devoir de défendre les vrais intérêts de leurs compatriotes : honneur à eux !

Aux yeux du Directoire c'est un mouvement de recul qu'on essaye d'organiser : il passe donc outre. Nous ne connaissons aucune de ses délibérations qui fasse droit à la première représentation du District. Qui donc peut prendre en pitié ces entêtés réfractaires ? ce n'est que justice !... Quant à la seconde, on y répond en faisant mettre aux enchères, au profit de la nation, la récolte de tous les fruits.

L'expulsion générale s'était opérée le 3 juillet, néanmoins un capucin, le Père Hyacinthe, de Remoncourt, était resté dans sa cellule comme gardien de la maison. Le 22, il sortait définitivement et était remplacé par un piquet de la garde nationale. Mais, dès le 24, les hommes de planton trouvent que l'emploi n'est pas très lucratif et des murmures parviennent à l'hôtel-de-ville.

Convoqué d'urgence, le conseil prend la délibération suivante : « Le conseil général de la commune étant assemblé à l'extraordinaire, le maire a dit que plusieurs des gardes nationales de cette ville lui ont demandé de les faire payer du temps qu'ils ont employé à garder la maison des cy-devant capucins de cette ville ; considérant que malgré qu'on espère que ces frais de garde seront au compte de la Nation, pour éviter toute lenteur et attendu que partie de ces citoyens ont besoin d'argent, ledit Conseil général, sans tirer en conséquence pour l'avenir, a autorisé le receveur de cette municipalité à payer pour les hommes de garde. » (24 juillet).

Trois jours après, la caisse était vide. Et cependant les bâtiments des capucins vont rester pendant huit mois à la charge et sous la garde de la municipalité. Pour se procurer de l'argent, celle-ci rétablit provisoirement les octrois supprimés (25 juillet) et comme les ressources ne sont pas encore suffisantes, on décide d'abattre et de vendre un grand nombre de poiriers situés sans doute sur des terrains communaux (31 juillet).

La délibération du 24 juillet est soumise à l'approbation du Département, qui refuse évidemment toute subvention et répond (14 septembre 1791) que « la garde des meubles existant dans la maison des cy-devant capucins pouvait très bien être conférée au locataire des jardins qui s'en serait chargé gratuitement, sauf compensation dans le prix du loyer[1]. »

---

[1] Ce locataire, un nommé Camus, occupait en effet une des pièces du couvent pendant que le garde national Pierre-René Dieudonné exerçait les fonctions de gardien de la maison. La bonne harmonie est bientôt rompue, et celui-ci, fort de son droit, demande, par une pétition adressée au Directoire le 7 septembre, l'expulsion de Camus et de sa femme, adjudicataires des fruits du jardin.

En outre, le Directoire se montre fort surpris d'apprendre qu'il n'a pas encore été procédé à la vente du mobilier du couvent et « il l'est encore davantage de voir qu'on a eu recours à un moyen aussi coûteux » pour le garder; en conséquence le conseil municipal de Châtel reçoit l'ordre de faire cesser un tel état de choses (¹).

Au milieu de tous ces événements, la fête du 14 juillet doit faire triste mine, notre population n'étant guère d'humeur à se réjouir et à y participer. On se demande même si l'on veut lui donner quelque relief officiel. Mais dans le cas de l'abstention que pensera le Directoire? que de récriminations de la part des patriotes!

Il faut donc s'y résoudre et, le 11 juillet, la municipalité prend l'arrêté qui suit : « Cejourd'hui 11 juillet 1791, le Conseil général assemblé à l'extraordinaire, 6 heures de relevée, pour délibérer *si l'on donnerait* une certaine somme pour réjouissance à l'occasion du renouvellement de la fédération qui aura lieu jeudi prochain 14 présent mois, pour réunir les esprits de tous les bons citoyens de cette ville et pour les engager à continuer leurs efforts pour le maintien du bon ordre et de la Constitution. La matière mise en délibération et après avoir ouï M. le procureur de la commune, ledit conseil a délibéré

(¹) Archives des Vosges. L. 27.

unanimement de prier M. le curé de dire une messe solennelle à cette occasion ledit jour 14 du courant, et qu'il sera délivré pour frais de réjouissance à faire ledit jour en mémoire de ladite fédération à MM. les citoyens de la garde nationale de cette ville une somme de 150 livres, cours de Lorraine; délibéré en outre qu'un extrait des présentes sera envoyé à MM. les administrateurs du Département pour l'approuver. »

Le plus content de tous, c'est encore le curé Clément à qui la fête donnera certainement quelque relief. Une cérémonie aussi religieuse que patriotique ne va-t-elle pas lui attirer toutes les sympathies et ramener les dissidents sous sa houlette de pasteur.

Il trouve, en effet, que « vu le peu d'espace de son église » les deux messes qui se disent régulièrement chaque dimanche ne peuvent suffire « *à la population.* » (Ne pas confondre avec *l'assistance*). Il demande donc que deux autres messes soient célébrées à l'église paroissiale, la première « pour et aux frais de la Congrégation des hommes, l'autre après la messe paroissiale, aux frais de la ville. »

Le soir même du 14 juillet, notre curé s'en va trouver M. Périné, un des conseillers de l'Hôtel-de ville ; il lui soumet son projet, et le lendemain, cent francs sont votés pour le cas où le curé ne trouverait aucun prêtre qui voulût s'acquitter gratuitement de cette fonction.

Mal venus seront dès lors les dissidents qui essayeront de rejeter sur le manque de place ou sur toute autre cause leur abstention aux offices constitutionnels !

Expulsion de M. l'abbé Symon, curé insermenté de Châtel.

Les capucins ne furent pas les seuls à ressentir le contre-coup des événements de la Fête-Dieu. On voulut voir, dans leur abstention et dans celle des religieuses de la Congrégation de Notre-Dame, la mise en pratique des conseils de M. Symon et des autres prêtres réfractaires.

Un décret du Directoire en date du 21 avril qui ordonnait à la municipalité de procéder à leur expulsion, était resté lettre morte. Le 2 juillet, de nouvelles instructions arrivent plus pressantes : Mr Symon en particulier doit dans les 24 heures quitter Châtel et s'éloigner à plus de 5 lieues, avec défense d'entretenir des relations (¹).

Devant cette mise en demeure, le conseil municipal croit devoir s'exécuter et prendre une délibération pour inviter Mr Symon et tous les autres prêtres

---

(¹) Balthazar Faure étendra plus tard la même mesure à tous les prêtres mêmes constitutionnels. Ainsi son fameux décret du 16 janvier 1794 aurait été appliqué trois ans auparavant par le Directoire d'Épinal.

réfractaires à quitter la ville. La délibération est pour tous les membres de l'assemblée un acte tellement odieux et révoltant qu'on s'abstient de la transcrire sur le registre. C'est la mort dans l'âme qu'ils apposent leur signature sur la copie envoyée au Département, mais les archives municipales du moins ne conserveront pas aux yeux de la postérité la preuve flagrante de cet acte de faiblesse que tous sont les premiers à condamner.

Aussitôt averti des mesures prises contre lui, M. Symon se présente à l'hôtel-de-ville et réclame un délai de quelques jours afin de mettre ordre à ses affaires personnelles. Le conseil s'empresse d'accéder à sa demande, à condition « qu'il ne fera aucune entreprise contre la Constitution ni aucune scission qui puisse troubler l'ordre public. » Il signifie même aux officiers de la garde nationale de lui accorder toute protection pour sa sécurité personnelle.

Cependant le bruit circule qu'un mandat d'expulsion a été lancé contre M. Symon : des groupes se forment, les rues s'animent et les protestations les plus vives se font entendre. Les quelques jours de répit accordés au respectable curé ne sont pas une satisfaction suffisante ; il faut que le Directoire rapporte son décret. En effet, le tumulte ne commence à s'apaiser qu'au moment où le maire promet d'aller à Épinal faire une démarche dans ce sens.

Le Directeur des religieuses de la Congrégation de Notre-Dame était parti aussitôt après les événements de la Fête-Dieu. Les autres prêtres visés par le décret précédent prennent aussi le parti de disparaître, mais plusieurs reviennent lorsqu'ils connaissent l'autorisation accordée aux capucins, natifs de Châtel, de s'établir dans la ville après leur expulsion du couvent.

Pendant quelques jours les choses en restèrent là, l'attention publique s'étant reportée sur l'hospitalité à offrir aux religieux expulsés ; mais un patriote veille à l'exécution des lois ; les ménagements de la municipalité à l'égard de M. Symon sont une trahison flagrante! Une dénonciation furibonde tombe sur le bureau du Directoire : l'ex-curé est encore à Châtel et continue à y séjourner! Ecoutons plutôt :

« L'ex-vicaire, le ci-devant directeur des ci-devant religieuses de la Congrégation a prévenu les dénonciations auxquelles l'aurait exposé sa conduite et s'est éloigné. La cohorte des prêtres réfractaires qui s'étaient réfugiés dans cette ville a aussi été dispersée par l'effet d'un vœu général et tout serait tranquille si l'indulgence du corps municipal n'avait accordé à l'ex-curé, sur la pétition qu'il a présentée lui-même le 2 de ce mois, un délai pour finir ses affaires et enlever ses effets. Il paraît en avoir profité pour semer la division et se faire un appui *d'un grand nombre de citoyens* qu'il a su gagner par les moyens que son opulence met à sa disposition. Enhardi par ses premiers succès, il a demandé au corps municipal la liberté de résider *indéfiniment* dans cette ville, et le corps municipal effrayé sans doute par *les menaces d'un grand nombre de citoyens, même par le désir assez prononcé d'une partie de la garde nationale*, paraît disposé à accueillir cette demande. »

Une lettre pleine de reproches arrive aussitôt à la municipalité : le Directoire ne peut comprendre ses hésitations ; que devient donc l'arrêté du 2 juillet, pourquoi en refuser l'exécution ?

Que répondre, sinon appliquer le décret : le maire prend ses dispositions en conséquence.

Mais le peuple est là ! Toute la ville se soulève de nouveau ; on bat la générale, une bonne partie des gardes nationaux s'assemblent et se portent avec la foule devant la demeure de Monsieur Symon. Ils n'ont reçu aucun ordre de leurs officiers pour se mettre sous les armes ; mais si, trois semaines auparavant, la bande des patriotes s'est permise impunément la même infraction aux règlements pour se livrer chez les capucins à des actes de vandalisme, seront-ils coupables eux, de protéger le curé qu'ils affectionnent et qu'ils veulent à tout prix conserver au milieu d'eux !..

Le maire fait son apparition ; il vient, au nom du Directoire, signifier à Monsieur Symon de quitter Châtel. Un *tolle* formidable l'accueille, lui et son escorte. Fort de la loi, il essaye d'avancer, inutile : il est abasourdi, écrasé, hué, conspué ! Des protestations on en vient aux menaces, et devant une attitude aussi résolue, il juge prudent de s'esquiver.

A peine rentré chez lui il voit sa maison assaillie par une foule exaspérée; des menaces terribles arrivent jusqu'à ses oreilles : de tous côtés on lui reproche sa lâcheté et ses compromissions avec les Révolutionnaires; il est allé, dit-on, à Epinal, mais c'était pour faire hâter le départ de M. Symon!.....

C'est ensuite le tour de l'intrus dont on soupçonne les délations hypocrites contre les prêtres fidèles : comme le maire, il est obligé de subir toutes les invectives d'une foule irritée et froissée dans ses convictions religieuses ; « mais, dit le rapporteur du Directoire à la séance du 26 juillet 1791 ([1]), fort de la loi sous la protection de laquelle il se trouve, fort de son attachement à la Constitution et de la conduite irréprochable qu'il a tenue depuis son élection, il a su les mépriser, il ne s'est permis aucune plainte. » Voilà un certificat de modérantisme que notre curé constitutionnel se fait sans nulle doute décerner afin de mieux cacher dans la circonstance ses agissements sournois et clandestins près du Département : heureusement il ne trompe personne, sinon M. Bouvier : « le curé constitutionnel de Châtel, nous dit-il, était un homme prudent et modéré ; mais l'ancien, Antoine Simon, était loin d'avoir ces deux qualités, et plus son successeur se montrait conciliant plus il s'enhardissait. » Néanmoins notre auteur va changer

---

([1]) Tout ce récit relatif à l'expulsion de M. Symon est tiré de la délibération du Directoire du 26 juillet 1791.

d'avis. A la page 208 de son ouvrage il nous apprend que « le curé Clément, très remuant, était à la tête des patriotes les plus ardents, et qu'ils ne cessaient de dénoncer la municipalité et le chef de légion Nirel pour leur incivisme. »

En faut-il davantage pour nous édifier sur la valeur du personnage ? M. Bouvier devrait donc être moins affirmatif lorsqu'il nous dit encore : « Le curé Simon resta, sous prétexte d'affaires à régler, *et il continua comme avant à semer la discorde.* »

S'il y eut, en effet, plusieurs manifestations populaires en faveur du respectable M. Symon, et si les partisans du nouveau curé mordirent la poussière dans quelques bagarres, est-ce une preuve suffisante pour en faire rejaillir toute la responsabilité sur le digne prêtre ?

Peut-on lui faire un crime d'être l'objet des démonstrations sympathiques de toute une population ? Hé bien ! ce qu'on lui reproche, ce qui attire sur lui les foudres de la nouvelle Constitution, c'est précisément ce qui achève de lui conquérir les cœurs de ses paroissiens, je veux dire son attachement inébranlable à l'Église catholique et sa conduite courageuse en face des empiétements du pouvoir civil. Ce que le Directoire lui reproche encore, c'est d'avoir osé dire en chaire, avant l'arrivée du curé Clément, « qu'il serait toujours curé, que celui qui lui succéderait serait un intrus et que rien ne pouvait l'empêcher de rester au milieu de ses ouailles. »

Si une telle conduite est aux yeux de M. Bouvier celle d'un agiteur et d'un *semeur de discorde*, nous ne pourrons nous entendre : pour mon compte, je la trouve tout simplement exemplaire.

Dans la nuit du 16 au 17 juillet des brochures inconstitutionnelles ont été semées dans toutes les rues de la ville ; elles ont pour titre : *Instructions familières sur l'Eglise en forme de catéchisme mises à la portée des simples fidèles.*

Le curé Clément et ses partisans vont crier à la trahison, il faut se hâter de les calmer, et, le 17 juillet, le conseil municipal « considérant que les distributeurs de ces imprimés sont les ennemis du bien public qui cherchent à troubler l'ordre, qu'il est instant d'y pourvoir, délibère que tous les citoyens de cette ville seront invités au nom de la paix et de la patrie à venir déposer à l'instant à la chambre de la commune tous les exemplaires dudit imprimé, lesquels seront ensuite brûlés par un sergent de ville sur la place publique. Ledit conseil déclare en outre regarder comme de très braves citoyens et amis de la paix ceux qui défèreront à la présente délibération. »

Cet incident n'était pas fait pour diminuer les embarras de nos édiles ; ils ne provoquent néanmoins aucune enquête de peur de découvrir les prêtres réfractaires auxquels ils sont toujours attachés et qui seraient peut-être les coupables.

C'est vers la même époque que fut répandue dans

tout le diocèse la *Lettre pastorale de Mgr l'Evêque de Nancy aux fidèles de la ville de Châtel* (¹).

Le 25 juillet, le conseil municipal n'a encore rien décidé au sujet de l'exécution de l'arrêté pris contre M. Symon et que le maire a tenté, mais inutilement, d'appliquer. Pendant ce temps une pétition a circulé en ville et s'est couverte de signatures. La presque totalité de la population réclame son maintien à Châtel.

Nos conseillers oseront-ils aller à l'encontre d'un sentiment si unanime qu'ils sont les premiers à partager? Non. L'arrêté du 21 avril leur paraît inapplicable, ils rapportent leur délibération du 2 juillet et en prennent une nouvelle pour inviter le Directoire à faire droit à la requête des habitants (²).

De leur côté Clément et les patriotes ne peuvent manquer d'envoyer de furieuses protestations : la situation de l'intrus est plus intolérable que jamais : qu'on en juge par l'exposé du procureur général syndic à la séance du 26 juillet

« La ville de Châtel semble être devenue le refuge et le point de ralliement des prêtres réfractaires; le curé constitutionnel a opposé à leur entreprise une modération et une complaisance soutenues, mais cette conduite les a enhardis, et il travaillent ouver-

---

(¹) Chatrian K. d. 70.
(²) Extrait de la séance du Directoire départemental du 27 juillet. Arch. des Vosges. L.

tement à semer le trouble et la division dans un lieu où ils ont eu le crédit de se faire *une quantité de partisans*; et les bons citoyens *ont témoigné hautement leur mécontentement* de voir la loi aussi dédaigneusement enfreinte. »

Voilà une modération et une complaisance soutenues de Clément qui contrastent trop avec les récriminations violentes de ses partisans ! Mais passons.

Sur les conclusions du rapporteur, le Directoire confirme son premier décret et en ordone l'exécution immédiate.

Pour y arriver, le Municipalité requerrera l'appui de la garde nationale ; elle aura soin « de défendre à tous les individus de la garde et à tous les autres citoyens d'opposer aucune résistance sous les peines prononcées par la loi. Tous les bons citoyens et amis de la Contitution seront invités à aider à cette exécution par leurs discours et leurs démarches ; le conseil municipal dressera procès-verbal de tous les faits relatifs à la conduite du curé. » Enfin s'il se trouve encore des personnes menacées et injuriées lors de l'expulsion projetée, elles sont déclarées « mises sous la sauvegarde de la loi. »

A la lecture de cette missive nos braves Châtellois sont atterrés ! Ils ne veulent pas encore croire néanmoins à une intransigeance aussi cruelle de l'Assemblée départementale : leur pétition a-t-elle bien été déposée sur le bureau du Directoire ? A-t-on bien fait valoir leurs raisons ? Elles sont tellement fortes à leurs yeux qu'il leur paraît impossible qu'on n'y fasse point droit.

Ils en auront le cœur net ; ils iront eux-mêmes à la barre du Directoire et défendront leur propre cause. Le lendemain, 27 juillet, une nombreuse députation arrive à Épinal et demande à se présenter devant l'assemblée. L'autorisation accordée, on dépose de nouveau la pétition et la délibération du 25, et personne ne doute des conclusions favorables du rapporteur.

A tant de naïveté le Directoire répond « que les circonstances ne lui permettent pas d'accueillir la pétition des citoyens de Châtel, parce que » le séjour de M. Symon serait d'autant plus dangereux qu'il a le moyen de se faire un parti parmi les citoyens les moins aisés, d'y entretenir le fanatisme et une fermentation qu'on ne peut trop éviter. Les officiers municipaux et les citoyens de Châtel ne doivent pas sacrifier leur tranquillité à une circonstance aussi momentanée que l'est celle de la présence de l'ex-curé dans leur ville et que les secours qu'il peut y répandre ne peuvent jamais compenser un seul instant d'insurrection, qu'ainsi le Directoire ne peut retirer son arrêté du jour d'hier. »

C'en était fait : la mort dans l'âme, nos braves délégués reprennent le chemin de Châtel et viennent annoncer la désolante nouvelle à leurs compatriotes. Pour éviter des troubles inquiétants et des embarras mortels à une municipalité qui lui a témoigné tant de sympathie et de dévoûment, Monsieur Symon quitte aussitôt la ville pour se retirer dans sa famille à Vroncourt, près de Bourmont (Haute-Marne)(1), laissant à Châtel presque tout son mobilier et sa riche bibliothèque.

Le vénérable vieillard ne pouvait survivre longtemps encore à de si violentes émotions : il s'éteignait cinq mois après, 4 janvier 1792, laissant par testament, à ses chers pauvres de Châtel, un dernier gage de son affection (2).

Expulsion des religieuses de la Congrégation de Notre-Dame.

Bientôt le conseil municipal est en proie à des préoccupations non moins graves. Il y a encore au château un couvent qui offusque nos patriotes ! Sur la fin de juillet 1791, le bruit se répand que les religieuses du monastère de Notre-Dame, qui donnent l'instruction gratuite aux jeunes filles et rendent des services signalés à la population, vont être expulsées.

N'a-t-on pas à craindre à leur départ un soulèvement général ? Que de pauvres manœuvres employés à la maison et vivant au jour le jour, vont se trouver sans travail ! Que d'indigents seront privés des

---

(1) Chatrian. K. d. 91.
(2) Ibidem.

secours quotidiens du couvent ! autre point de vue, n'est-ce pas le dernier coup porté aux commerçants de la petite ville ?

On croit résoudre la difficulté en demandant aux administrateurs du département de convertir les deux monastères en casernes de cavalerie : rien ne flatte l'amour-propre d'une petite ville comme une garnison.

Donnons in-extenso la délibération prise à ce sujet; elle montrera, mieux que nous ne pourrions le faire, l'impopularité des mesures de persécution et les appréhensions terribles des notables devant des bouleversements si peu attendus.

« Cejourd'hui 31 juillet 1791, le conseil général de la commune de la ville de Châtel-sur-Moselle assemblé, considérant que l'évacuation des cy-devant capucins et celle prochaine des cy-devant religieuses de cette ville y jettent l'alarme, divisent les esprits, nuisent à l'intérêt général du lieu ; les cy-devant capucins pouvaient y faire une consommation et faire travailler, enfin secourir avec leurs pensions bien des citoyens. Indépendamment de toutes ces raisons qui sont applicables avec justice aux cy-devant religieuses, celles-ci étaient encore chargées de l'enseignement gratuit des jeunes filles de cette ville, et la perte des individus qui pouvaient alimenter par leurs aumônes et travaux la classe la plus nécessiteuse, sont autant de raisons qu'il convient de soumettre à MM. les Administrateurs du Directoire du département des Vosges et tâcher de leur faire connaître que ce lieu ne peut subsister dans cet état sans de nouveaux établissements. Pour y parvenir, il convient de donner une idée locale de Châtel.

Cette ville qui avait avant la Révolution le plus ancien baillage de la province, l'a perdu au mois de novembre dernier; depuis ce temps on a vu les petites ressources diminuer journellement; les individus qui étaient attachés au siège en sont partis, alors défaut de travail pour les artisans et autres qu'ils occupaient; une maison des cy-devant capucins et une autre des cy-devant religieuses vont en faire autant, de manière que les artisans manœuvres, vont, avec leur bonne volonté pour le travail, rester dans l'inaction. Il est bon d'observer encore qu'il n'y avait qu'un seul commerce en cette ville qui était en fil, lequel est absolument tombé et que lesdits commerçants n'achètent plus, n'ayant point de débit. Cette ville se trouve dans la plus affreuse position, les citoyens les plus fortunés étant partis, la classe d'artisans manœuvres la plus considérable gémit, elle inculpe le peu qui reste d'autres citoyens d'en être la cause et tous se trouvent comme dans une ville détruite.

Le conseil, dans cette affreuse position, ne voit qu'une ressource, c'est de supplier MM. les administrateurs du département des Vosges de faire fixer ici un corps de caserne dans les maisons des cy-devant capucins et religieuses qui sont adjacentes. Cet établissement ne serait pas nuisible à l'État, au contraire, il lui serait avantageux ainsi qu'à la ville et aux environs,

Il ne serait pas nuisible à l'État en ce que ces bâtiments sont dans une position à éloigner tous les curieux et qu'ils sont presque sans valeur; que d'ailleurs on ne trouverait point à les vendre, ou ce serait au plus bas prix.

Cet établissement serait avantageux en ce qu'il serait dans un emplacement où l'air est très sain, qu'on pourrait abreuver les chevaux à la Moselle dont les eaux sont de première qualité pour les chevaux, que cet emplacement est d'ailleurs dans un centre de villages qui ont beaucoup de bons fourrages et où l'on fait prendre souvent le vert aux chevaux des troupes d'Épinal; et d'ailleurs en plaçant des casernes dans ce centre, on aurait les fourrages à plus bas prix ainsi que les avoines, puisqu'on ne serait point obligé de les conduire au loin; au surplus la position des deux maisons n'exige pas pour les convertir en corps de caserne beaucoup de dépenses ; cet établissement, outre l'utilité qu'il aurait pour l'État, serait très avantageux à cette ville et aux environs, en ce qu'il y aurait une consommation qui pourrait arrêter le mécontentement de tous les individus de cette ville et faire consommer des fourrages des environs et y procurerait des engrais qui pourraient encourager l'agriculture et rendre les finages fertiles de stériles qu'ils sont, enfin d'employer des bras qui sont dans l'inaction et qui font gémir dans cet état.

Pourquoi, après avoir ouï le procureur de la commune, ledit conseil général a délibéré de se pourvoir à MM. les Administrateurs du département des Vosges, à l'effet de les supplier de faire établir un corps de caserne aux frais de la Nation dans les maisons des cy-devant capucins et religieuses de cette ville qui sont adjacentes, pour y loger un régiment de cavalerie, sauf à prendre une délibération particulière pour supplier aussi MM. les administrateurs du département d'autoriser la municipalité à faire instruire gratuitement les jeunes filles, comme les ci-devant religieuses en étaient chargées, lorsqu'elles seront sorties.

Fait et délibéré aux an et jour susdits, etc.... »

Et pour bien attirer l'attention du Directoire sur la gêne que produit au sein de la population la disparition subite du baillage et celle des deux couvents, le conseil prend aussitôt une autre délibération par laquelle « étant donné les pertes considérables que la ville a supportées par la suppression du baillage qui existait depuis plus de deux siècles, le peu d'étendue du canton de Châtel qui ne comprend que sept villages, l'évacuation accomplie des capucins et l'évacuation prochaine des religieuses qui faisaient une très grande consommation, la sortie de quantité de citoyens aisés, sortie qui s'accomplit encore tous les jours, on ne peut pas prendre pour la présente année la même base d'imposition que les autres années, parce que la valeur des maisons et des autres héritages est diminuée. Le conseil se pourvoit donc près les administrateurs du District pour les prier d'avoir égard aux circonstances. »

Il est probable que le Directoire n'osa répondre par un refus catégorique à chacun de ces *desiderata* : ne fallait-il pas laisser tout d'abord se calmer la première effervescence causée par des mesures aussi radicales. Et puis la question des écoles gratuites était en jeu. C'est pourquoi nous avons sujet de croire que sur les représentations de la municipalité, celle-ci reçut l'autorisation de maintenir au couvent, avec les écoles des filles, les religieuses nécessaires à l'instruction. C'est ce qui ressort de la déclaration de sortie de plusieurs sœurs, dont la première a lieu seulement le 16 octobre 1792 ([1]), et des pétitions qu'elles adressent en mars, avril, juin 1793, pour être payées de leurs traitements ([2])

La maison des capucins avait été vendue le 30

([1]) Françoise Graffe, native de Saint-Germain, district de Belfort, cy-devant religieuse du monastère de Châtel, déclare « se retirer chez ses parents *pour cause de santé et reprendre plus tard ses fonctions d'institutrice* de jeunes filles lorsque sa santé le lui permettra. »

([2]) Archives des Vosges. L. District de Rambervillers.

mars, 1792 (¹). C'est au citoyen Lasselle de Châtel qu'elle avait été adjugée pour la somme de 10.400 livres. A ce prix, il devenait propriétaire non seulement de la maison, mais de toutes les autres dépendances telle que église, jardin, vigne, etc..., soit un emplacement de cinq jours de terrain.

Quant au monastère des religieuses, la ville fait tous ses efforts pour en retarder, sinon pour en empêcher l'adjudication. Mais le 14 prairial an III (2 juin 1795), le procureur général du Directoire écrit au District qu'il n'admet « aucun motif pour retarder la vente de la maison des ci-devant religieuses de

---

(1) L'acte de vente accordait à l'acquéreur la propriété de la chaîne et des deux seaux du puits, les boiseries, alcôves et armoires encastrées dans le mur. Les autres meubles non mentionnés, tels que la chaire, les confessionnaux, les buffets, les cadres, tableaux et portraits étaient réservés à la nation. (Archives des Vosges. Q. 98).

Quelques mois plus tard, 24 août 1792, le District approuve la vente qui vient d'être faite du mobilier et qui a rapporté 2290 livres

Léopold Camus, qui a gardé la bibliothèque et les meubles de la maison, réclame une indemnité au Directoire ; mais sa pétition est rejetée « attendu qu'il s'est offert spontanément et qu'étant adjudicataire des fruits du jardin, le département lui avait permis le 26 septembre précédent de se servir de la serre et du pressoir, bouges et ustensiles qui étaient dans cette maison, à charge de les rendre dans leur état au moment de la vente. Il a joui en outre d'une chambre dans le couvent pour veiller à la conservation et à la récolte des fruits et de la vendange dont il était adjudicataire. (Archives des Vosges. L. 98).)

Un menuisier de Châtel, Pierre G..... employé à démonter les autels, la chaire et les cadres de l'église des Capucins, réclame encore son salaire le 20 juillet 1792.

Châtel-sur-Moselle. » Et il ajoute : « Vous voudrez donc bien prendre les mesures les plus promptes pour que la vente s'effectue soit dans la forme prescrite par les lois anciennes, soit par voie de loterie ».

Les trois cloches de l'église du monastère avaient été descendues lors des événements de la Fête-Dieu, et reléguées dans une salle de l'hôtel-de-ville. Elles sont échangées le 21 août 1791, contre les deux de Villoncout(¹) qui, plus tard, sont elles-même vendues avec celle des capucins à un nommé Dieudonné Méon. On avait laissé aux sœurs la petite cloche de leurs exercices.

Ce n'était pas la première spoliation.

Dès le 19 avril 1791, toutes les propriétés des religieuses, sauf le couvent proprement dit, avaient figuré parmi les biens nationaux vendus au District(²).

(¹) Village du canton de Châtel, actuellement annexe de Bayecourt. — Poids des cloches de Villoncourt : 210 et 144 livres. — Poids des cloches du couvent de Notre-Dame ; 198, 144, 110 livres. — Le sieur L. Laforge, maire de Villoncourt, s'engage à payer le surplus du poids du métal, c'est-à-dire, 152 livres.

(²) En voici la liste :

1º		6 omés,	19 verges,	clos de murailles.
2º		3 omés,	21 verges,	de jardin, au Haut-Laxis.
3º	1	»	6 »	sur le chemin avant le grand pont.
4º	1	»	23 »	clos de murailles, devant le grand pont.
5º	1 fauchée 3	»	9 »	au-dessus du grand prés.
6º	1 jour 3	»	17 »	chénevière convertie en prés, au même lieu.
7º	5 » 1	»	15 »	de jardin, au-dessus du chemin allant à St-Marin.

Les pauvres filles en étaient ainsi réduites á la portion la plus congrue, la Nation négligeant presque toujours de payer la pension allouée á chacune d'elles. Que de fois ne faut-il pas pétitionner pour avoir de quoi ne pas mourir de faim ! (¹)

Départ de l'ermite de St-Marin.

Au milieu de tant de bouleversements, le seul ermite qui habite encore St-Marin paraît vivre tranquille dans sa solitude : rien en cela qui puisse nous surprendre, la collation de l'ermitage étant réservée aux conseillers de l'hôtel-de-ville de Châtel.

8° 4 1/2 » . . . . en vigne à Connexière, finage de Châtel.
9° 3 » . . . . au lieu dit La Vigne.
10° Un gagnage consistant en une maison, aisances et dépendances, terres labourables, prés, chénevière et jardin, le tout au finage de Châtel.

Les 8 premières propriétés sont adjugées pour la somme de 2.725 livres, et les deux dernières pour celle de 8.500 livres aux sieurs Georges-François Thouvenin, docteur en médecine, Jean-Louis Renaudin, Joseph Tanant, Joseph Charles, Jean-Baptiste Levaudé, François et Dominique Husson, Dominique Cosserat, (qu'il ne faut pas confondre avec l'honorable M. Dieudonné-Henry-Joseph Cosserat; les familles n'ont d'ailleurs rien de commun), Nicolas-Charles Bertrand, François Laurent, Alexis Hacquart, Nicolas Mathieu, Joseph Châtelain, François Lançon, Laurent Coché, Grégoire Dieudonné, Jean-Baptiste Poirson, Charles Vinot, Dieudonné Galland, tous de Châtel, et Dominique Poirot d'Épinal.

Archives des Vosges. Q. 98.

(1) Archives des Vosges. L. District de Rambervillers; — pétitions.

Néanmoins les scènes de violence commises contre les capucins, leur expulsion, celle du vénéré Monsieur Symon et celle non moins probable des religieuses de la Congrégation de Notre-Dame ne sont pas sans l'inquiéter. Dans des temps aussi troublés, ne serait-il pas prudent de quitter l'ermitage ? Ses craintes ne sont que trop fondées ; il se présente à une séance du conseil municipal et fait la déclaration suivante :

« Je soussigné Louis Poirel, dit frère Auspice, demeurant à l'ermitage de St-Marin, déclare être dans la résolution de quitter cette demeure sans présenter pourtant aucune personne pour le remplacer, par conséquent cette habitation devient sans gardien. Ledit Louis Poirel déclare en outre n'avoir reçu aucun titre concernant cette propriété, par conséquent il se croit dispensé d'en présenter aucun, n'ayant point de connaissance du lieu où ils peuvent être déposés s'il en existe, qu'il ne sait non plus si cette propriété fait partie des domaines nationaux ou si elle est un patrimoine de la ville ou des particuliers, de laquelle déclaration il offre d'affirmer la sincérité toutes les fois qu'il en sera requis de tout quoi il a demandé acte avec soumission de sa part de remettre les clés à qui de droit.

Fait au greffe de la municipalité de la ville de Châtel, le 18 novembre 1791. »

Au bout de neuf jours, aucun ermite ne s'étant présenté pour remplacer le frère Auspice, la municipalité décide de louer la propriété qui est alors adjugée á Jean Journal de Charmes pour la somme de 161 livres. (11 décembre 1791). Ce même locataire l'achète définitivement l'année suivante.

Le curé Clément après le départ de M. Symon.

La retraite de M. Symon ne produit pas l'effet attendu par le curé constitutionnel : les paroissiens de Châtel ne lui sont guère plus soumis qu'auparavant. On le voit particulièrement lorsqu'il veut essayer de se faire rendre les comptes de la Congrégation des hommes et de celle des filles.

Le 21 octobre 1791, il adresse au Directoire de Rambervillers une requête pour obliger les administrateurs de la première à le mettre au courant de leur gestion.

Plus tenace encore est la Congrégation des filles qui répond par le silence à la même injonction du curé. Il faut que celui-ci s'adresse de nouveau à l'autorité du District. Une enquête faite près de la municipalité et du conseil de la Congrégation aboutit à la réponse suivante [1] : « Le Directoire du District ne peut dissimuler qu'il voit avec douleur entre la municipalité et le sieur Curé une sorte de mésintelligence qui n'aurait jamais dû avoir lieu, en consé-

---

[1] Archives des Vosges. L. 989.

quence estime au cas particulier qu'il est à propos d'arrêter qu'à la diligence du procureur de la commune, les agentes de la Congrégation, chacune à leur égard, rendront compte de la recette et de la dépense qui a pu être faite depuis les derniers comptes rendus et ce par-devant la municipalité et en présence dudit sieur curé. »

L'Assemblée législative qui avait voté la Constitution en tête de laquelle se trouvait inscrite la fameuse *Déclaration des droits de l'homme et du citoyen*, en avait obtenu de Louis XVI la sanction royale (14 septembre 1791). Dès lors le Département signifie à toutes les communautés de prendre leurs dispositions pour une grande fête civique au cours de laquelle il sera donné lecture de la Constitution.

La fête a lieu à Châtel le 30 octobre 1791.

Dès la veille elle est annoncée à l'Angelus du soir par une sonnerie d'une demi-heure. Le lendemain, même sonnerie le matin et à midi. Un piquet de la garde nationale sous les armes est chargé de maintenir le bon ordre, tandis que les tambours parcourent les rues et assemblent la population. A une heure une décharge d'artillerie annonce le moment solennel où doit commencer la lecture dans la salle de l'auditoire.

Le curé n'avait eu garde de manquer à la parade. La lecture faite, le maire l'invite à se rendre à l'église, pour chanter un *Te Deum* en l'honneur de l'Etre suprême. Au nom, sans doute, de la liberté proclamée par la Constitution, la journée se termine par une illumination obligatoire.

Pendant les premiers mois de l'année 1792, des sentiments de mépris se manifestent plus d'une fois encore à l'égard du curé constitutionnel. Celui-ci, exaspéré du peu de succès de son ministère pastoral et fort des mesures exceptionnelles prises par la loi contre les prêtres insermentés et leurs partisans, se laisse emporter par son ressentiment contre certaines personnes au point d'être désapprouvé par les conseillers de l'hôtel-de-ville.

La délibération suivante que nous donnons intégralement fera voir quelle profonde rancune conservait le pauvre homme contre tous ceux qu'il soupçonnait d'entraver son ministère schismatique.

« Cejourd'hui 14 février 1792, les maires et officiers municipaux de la ville de Châtel assemblés, s'est présenté le Sieur Cosserat [1], juge de paix de cette ville et du canton, qui s'est plaint de ce que le Sieur Clément, curé constitutionnel de cette ville, répand dans le public que le comparant a défendu à Marie Antoine d'assister aux messes dudit sieur Clément, sous peine de n'avoir aucune part aux charités que le sieur Simon, ancien curé de cette paroisse, faisait distribuer, et qui nous a prié de vérifier la vérité de cette inculpation en faisant venir ladite Marie Antoine, les sieurs Husson offi-

---

[1] Dieudonné-Henry-Joseph Cosserat était l'exécuteur testamentaire de M. l'abbé Symon.

cier municipal et Laurent Coché, notable, à qui ledit sieur Clément a tenu ce propos dimanche dernier, en ajoutant que s'il avait deux témoins comme ladite Marie Antoine, il traduirait ledit sieur comparant devant les tribunaux.

Vu la plainte ci-dessus, le corps municipal de la ville de Châtel-sur-Moselle assemblé, a délibéré que MarieAntoine serait entendue, ainsi que les sieurs Husson et Coché, et ce contradictoirement avec le sieur Clément, lequel a été invité plusieurs fois et a excipé ne pouvoir se rendre aux invitations à lui faites avant les 4 heures et demie de relevée, et provisoirement ledit corps municipal a entendu ladite Marie Antoine qui a déclaré que les faits énoncés en la plainte lui sont absolument étrangers, puisqu'elle n'avait pas parlé au sieur Clément ni au sieur Cosserat depuis plus de deux mois, ni ces derniers à elle-même, ce qu'elle a déclaré être fidèle sous la religion du serment et a signé après lecture faite : Marie Antoine.

Et à l'instant avons également entendu les sieurs Husson et Coché, lesquels ont déclaré que dimanche dernier, entre midi et une heure, étant chez le sieur Clément, ce dernier leur a dit que la mère du vigneron qui demeure dans la loge du sieur Cosserat sortait de chez lui et lui avait dit qu'il ne fût point fâché si elle n'allait pas à sa messe, parce que le sieur Cosserat lui avait dit à elle-même que si elle y allait, elle n'aurait aucune part aux charités de défunt le le sieur Simon, et que s'il avait deux témoins comme ladite Marie Antoine, il ferait traduire ledit sieur Cosserat devant les tribunaux, et ont signé la présente déclaration après serment prêté.

Châtel le 14 février 1792.

Et ledit corps municipal ayant inutilement attendu jusqu'à 5 heures du soir, le sieur Clément qui a refusé de comparaître nonobstant une dernière invitation à lui faite à ladite heure, a pris le parti de dresser le présent acte qui sera communiqué au procureur de la commune qui a demandé que la plainte dont s'agit fût renvoyée par devant le tribunal compétent. »

Quelle fut la décision de ce tribunal compétent qui n'est autre que le Directoire ? Sans doute un blâme à l'adresse du curé Clément, M. Cosserat étant à même par sa situation d'influencer en sa faveur plusieurs de ses membres.

Il nous semble d'ailleurs que, pendant les deux mois qui suivirent, la nouvelle conduite du curé à l'égard des prêtres réfractaires ne fut que le résultat d'un violent dépit ressenti à la suite de ce blâme.

Comment expliquer autrement la lettre suivante qu'il adresse par l'entremise de son marguillier, le 19 février, à 8 heures du soir, à tous les prêtres de Châtel ?

« Je permet à tous les prêtres de la ville de Châtel de dire la messe comme sy-devant, j'invitte quelqu'un d'eux à ne pas faire de rassemblements qui puissent troubler l'ordre et critiquer des principes reçus et professés par la partie saine des Sitoyens, en affectant spécialement d'assister à leurs messes aux mépris de la messe paroissial, je nay en vue que la paix et la tranquillité et j'en signe la preuve.

CLÉMENT, *curé de Châtel.* »

Chassez le naturel, il revient au galop, a dit justement Boileau. C'est ce qui arriva pour notre curé. Bientôt sa jalousie et sa rancune souffrent trop de ne pouvoir s'exercer à leur aise; il se mord les doigts d'avoir été si généreux à l'égard de ces intraitables réfractaires qui ne cessent d'attirer toute la population à leurs offices et causent autour de lui un vide de plus en plus accentué.

Impossible d'y tenir plus longtemps: il va donc s'en plaindre à la municipalité qui, devant des faits aussi palpables, est forcée d'attirer l'attention du Directoire sur une situation si anormale. Voici, en effet, ce que nous lisons à la date du 13 avril 1792 :

« Cejourd'hui 13 avril 1792, le corps municipal assemblé à l'extraordinaire sur ce qui a été rapporté à plusieurs de ses membres que les prêtres domiciliés en cette ville et non assermentés, en célébrant leurs messes dans la paroisse les jours de fête et dimanche y attirent une foule considérable de gens, de campage qui désertent leur paroisse et y causent par là un scandal et fait murmurer le public. Dans ces circonstances, ledit corps municipal voulant toujours maintenir la tranquillité aux citoyens de cette ville, croit devoir prendre la présente délibération tendante à ce que tous les prêtres domiciliés en cette ville autres que le sieur curé soient invités à s'abstenir de dire la messe les jours de fête et dimanche dans l'église paroissiale et de ne point les faire annoncer les jours ouvriers au son de la cloche, à l'effet de quoi il leur sera donné communication de la présente délibération ainsi qu'au margulier, pour qu'ils aient à s'y conformer provisoirement, laquelle a été ainsi prise pour éviter aux désordres qui pourraient s'en suivre. »

Voilà donc les prêtres réfractaires interdits civilement pour le dimanche et les jours de fête, et si on leur laisse encore la liberté de dire leur messe en semaine c'est à la condition qu'aucune sonnerie n'attirera les fidèles.

Cependant, le dimanche 31 avril, il faut enfreindre l'arrêté municipal : le curé Clément est obligé de s'absenter, et c'est un des prêtres insermentés qui est chargé des offices.

Les archives ne nous ont malheureusement pas gardé son nom, mais, honneur à lui ! car devant toute la paroisse, devant ses adversaires les plus déclarés, je veux dire les partisans du curé constitutionnel, il ne craint pas d'exposer sa liberté, sa vie même, en stigmatisant vigoureusement du haut de la chaire la Constitution civile du clergé.

Le conseil municipal s'en émeut et se réunit aussitôt. Quelles mesures prendre contre un sermon qui brave les idées du jour « par son ton inconstitutionnel ? » Si l'on exerce des poursuites, ne va-t-on pas soulever des protestations inquiétantes qui une fois de plus bouleverseront la ville. Le mieux ne serait-il pas d'éviter toute dénonciation au Directoire ? C'est à ce dernier parti qu'on s'arrête, car désormais il ne sera plus question de l'affaire.

Mais la bure grossière des pauvres capucins qui habitent encore Châtel horripile nos patriotes : c'est un costume séditieux qu'il faut faire disparaître. Le fait est dénoncé au Directoire, et le 22 mars 1792, le procureur général syndic, après avoir exposé l'article 24 du titre I de la loi du 14 octobre 1790, ajoute :

« C'est à Châtel surtout que les ci-devant capucins ont résisté aux avertissements qui leur ont été faits à la décharge du remontrant par le procureur syndic du district de Rambervillers, et à l'exemple qui leur a été donné par leurs anciens confrères répandus dans le ressort du département ; il est tenu de faire cesser cette obstination scandaleuse. En conséquence le procureur général syndic a requis et le Directoire a délibéré de prendre des mesures en conséquence (1) ».

L'arrêté reste, comme bien d'autres, lettre morte et les capucins continuent à porter leur costume religieux, protégés par ce bon peuple châtellois qui a assez de sens pour déjouer toutes les intrigues du

---

(1) Archives des Vosges. L. Délibérations du Directoire, 22 mars 1792.

Directoire et tous les sophismes des constitutionnels, assez d'esprit pour reconnaître où sont ses vrais amis et assez de courage pour les défendre envers et contre tous. Honneur à lui! ses pareils ne furent pas communs alors; aujourd'hui on les chercherait en vain.

CHAPITRE III.

CHATEL PENDANT LA TERREUR.

CHATEL PENDANT LA TERREUR.

Sans être aussi sanglante qu'en certaines villes, cette période n'en est pas moins extrêmement agitée à Châtel. La population honnête, celle qui forme la grande majorité, qui a montré tant de courage en faveur de M. l'abbé Symon et des religieux, cette population va être en but aux persécutions de la haine sectaire de quelques meneurs, elle se laissera terrifier par une poignée de misérables sans-culottes, elle restera enfin pendant six ans comme pétrifiée sous le coup de leurs menaces.

La municipalité qui jusqu'alors a essayé de résister aux sommations des patriotes tremble et cède de plus en plus aux injonctions du Directoire.

Dès ce jour la crainte commence à étouffer les bons sentiments qu'elle conserve toujours, et la porte même quelquefois à s'attirer les bonnes grâces du parti avancé et à racheter à ses yeux, par des actes de faiblesse, sa première hostilité aux envahissements de la Révolution. Vains efforts ! elle paraîtra toujours entachée d'incivisme, et il lui faudra céder la place à une assemblée moins compromise, et plus en harmonie avec le nouvel état de choses.

Grégoire Nirel commandant de la garde nationale.

Le 6 mai 1792, le canon tonne au sortir de la messe paroissiale, la garde nationale est sous les armes, et tous les citoyens sont invités à se rendre sur la place pour y apprendre la déclaration de guerre à l'Autriche, et l'organisation immédiate des gardes nationales cantonales. On procède aussitôt à la formation du bataillon du canton de Châtel et le sieur Grégoire Nirel en reçoit le commandement.

C'est ce Nirel qui dès maintenant exercera dans notre ville la plus odieuse des tyrannies, c'est lui qui la terrorisera pendant plusieurs années en s'immisçant sans aucun mandat dans la direction de toutes les affaires, c'est ce farouche démagogue enfin qui s'acharnera comme une bête fauve contre tous ceux qui ne s'empresseront pas d'arborer la cocarde rouge.

Disons-le pour l'honneur de Châtel, les Nirel n'en étaient pas originaires. Ils avaient quitté Saint-Germain, village du canton de Bayon, et avaient amodié depuis quelques années toutes les terres formant les revenus de la chapelle de Sainte-Marie-Madeleine, ancienne chapelle de l'hôpital.

Avec les sentiments de patriotisme farouche qui

l'animent et dont il fait parade, Nirel est sans doute à lui seul capable de tenir tête à un bataillon ennemi. En effet, ce terrible pourfendeur part aussitôt en guerre,... les Autrichiens n'ont qu'à bien se défendre. Mais non, la vue d'un vieux fusil rouillé lui fait peur, (nous aurons bientôt l'occasion de nous en apercevoir), et ceux qu'il veut anéantir ce sont les religieux, les nobles, les prêtres et leurs partisans, les honnêtes gens enfin qui n'ont entre les mains aucune arme défensive.

Le choix d'un tel homme était intentionnel: ce Santerre aux petits pieds s'était déjà suffisamment fait connaître par ses opinions les plus avancées : pour lui, les événements ne se précipitent pas encore assez vite, il s'en plaint bruyamment par ses déclamations dans la rue.

Les conseillers municipaux eux-mêmes ne se sentent pas à l'aise devant lui. Le 6 avril 1792, à la sortie des vêpres, il s'approche d'un groupe d'hommes occupés à lire les affiches officielles. Il est à peine arrivé qu'il s'emporte, entre en fureur, et se met à crier : « N'est-ce pas se foutte des gens? ne voilà que quatre décrets affichés, tandis qu'il y en a dix-neuf de parvenus! Comme nous sommes menés! C'est odieux de voir comme nous sommes gouvernés! »

Il parlait de la municipalité, et devant ces injures celle-ci ne trouve pas d'autre réponse qu'une protestation platonique : elle n'admet pas qu'on puisse l'accuser d'incivisme!

Cependant la vente des biens soi-disant nationaux

n'a guère rempli les caisses de l'Etat; on y remédie en faisant envoyer les cloches à la monnaie. Une missive du sieur Braux, procureur syndic au district de Rambervillers (24 mai 1792), vient signifier à la municipalité de Châtel de s'exécuter.

Néanmoins le conseil temporise et, après mûre réflexion, refuse courageusement d'obtempérer à l'ordre reçu « attendu qu'il n'y a que trois cloches dans la paroisse et qu'elles sont absolument nécessaires. » (9 juin 1792).

Nirel n'était pas là! Il rédigeait alors une pétition contre tous les prêtres réfractaires de Châtel : on ne peut être partout.

Les premiers exploits de Nirel.

On se souvient que la procession de la Fête-Dieu a fourni l'année précédente un prétexte pour chasser les capucins, on va profiter de celle-ci pour l'expulsion des prêtres retirés à Châtel.

Evidemment ceux-ci se disposent à garder la même réserve; mais les farouches partisans du curé Clément en sont inquiets: c'est un nouveau scandale qu'il faut à tout prix éviter. Nirel s'en charge : suivi de plusieurs officiers de la garde nationale, il se présente en armes au domicile de chacun d'eux et leur signifie de venir relever par leur présence l'éclat de la cérémonie. Mais l'accueil qu'il reçoit n'est pas, tant s'en faut, pour le satisfaire; d'ailleurs, le moment arrivé, c'est une abstention aussi complète que la première fois.

Qu'attendre de gens aussi entêtés et aussi peu respectueux des lois constitutionnelles? Il faut les faire partir. Le 9 juin, Nirel rédige sa pétition, parcourt les rues de la ville pour racoler quelques signatures, et vient le lendemain, escorté de ses officiers, la présenter à l'hôtel-de-ville. En voici le texte.

« Les citoyens libres et sans armes ni uniformes conformément aux lois, assemblés en l'Hôtel commun de la ville de Châtel, après en avoir prévenu la municipalité à l'invitation de M. le commandant de la garde nationale dudit lieu à l'effet de se pourvoir devant la municipalité aux fins d'expulsion des prêtres inconstitutionnels qui se sont réfugiés en cette ville depuis la Révolution; les moyens des soussignés sont de dire qu'ils ne cessent de disséminer le fanatisme et d'inspirer aux citoyens des sentiments contraires à la Constitution; que jeudi dernier, jour de la Fête-Dieu, ayant été invités par trois officiers députés du corps de la garde nationale à assister à la procession de ce jour, aucun ne s'y sont trouvés, mais plusieurs d'entr'eux ont fait des réponses insolentes, non seulement à la députation, mais même à la Nation, en disant que si Gaudechaux, juif, était ici, l'inviteriez-vous, lequel fait sera affirmé par le sieur Vétier ([1]), adjudant du bataillon, d'autres en di-

---

([1]) Ami de Nirel et non moins ardent révolutionnaire.

sant qu'ils aimeraient mieux être écartelés tout vifs, que d'ailleurs depuis qu'on leur a donné asile en cette ville, leurs hôteliers et maîtres de pension méprisent les patriotes qui assistent à la messe du curé constitutionnel. Il y a une présomption morale qu'ils disent les messes chez ces différents particuliers, ce qui est totalement opposé à la Constitution. Les soussignés, considérant que pour le bien général et la tranquillité du voisinage il serait nécessaire de requérir l'expulsion, ont unanimement consenti à demander à la municipalité du lieu d'accueillir leur demande, laquelle pétition a été souscrite par plus du sixième des citoyens natifs de Châtel.

Fait et signé sans avoir ni uniforme, ni force de contrainte, le dixième jour du mois de juin l'an 4 de la liberté. »

Suivent soixante-douze signatures, entr'autres celles de tous les officiers de la garde nationale.

Voilà donc le citoyen Nirel furieux de n'avoir pu obliger ces affreux réfractaires à se prêter à une démonstration en faveur du culte constitutionnel, le seul reconnu et par conséquent le seul vrai! Aujourd'hui il emploie la force armée pour assurer l'assistance aux offices, demain il sera chargé de protéger ceux qui désirent s'en affranchir.

Deux officiers de l'Hôtel-de-ville, deux amis des prêtres incriminés, ont pris les devants pour annihiler l'effet de la pétition ; ils sont partis à Épinal consulter le Directoire sur l'application de loi qui la accorde à tous les citoyens la liberté des cultes.

Persuadé sans doute qu'il s'agit de quelque patriote de Châtel inquiété pour son abstention dans les offices religieux, l'assemblée départementale donne à la loi sa véritable interprétation.

De retour le 13, nos municipaux annoncent en effet au Conseil que le Directoire a statué devant eux « que personne ne pouvait être forcé d'assister aux offices (constitutionnels) de la paroisse, attendu que la Constitution française laissant toute religion libre et voulant même que la liberté individuelle fût pleine et entière, ce serait y porter atteinte que d'employer la moindre violence. »

On prend donc aussitôt des mesures pour appliquer cette décision « et pour qu'aucun citoyen ne soit insulté ou maltraité à cet égard, » le commandant de la garde nationale est chargé de veiller à l'exécution de la loi.

Nirel était pris au piège. Lui, le défenseur attitré et officiel des prêtres réfractaires !... C'est trop fort !

Il est bientôt devant le bureau du Directoire : on a surpris la bonne foi du Département, et il demande qu'on fasse droit à la pétition qu'il présente. Cela ne souffre aucune difficulté : il revient avec un décret d'expulsion contre tous les insermentés et des recommandations aux patriotes de Châtel de porter de nouvelles plaintes si dans les trois jours il se trouvait des récalcitrants.

Personne ne bouge ! Alors Nirel adresse, le 18 juin, une nouvelle pétition :

« Messieurs les administrateurs du Département des Vosges.

Messieurs, après la pétition qui vous a été faite par les bons citoyens de la ville de Châtel le 11 du présent mois à l'occasion des troubles qui agitaient cette ville, que pour rétablir l'ordre et la tranquillité il fallait en faire sortir les prêtres rebelles à la loi comme en étant les principaux moteurs. Messieurs, vu que leur éloignement n'a pas encore eu lieu et que le désordre et la division ne cessent d'y régner, sur l'avis qu'on a donné que s'ils n'étaient pas partis dans trois jours il fallait former de nouvelles plaintes, c'est pourquoi les citoyens ont de nouveau délibéré à former une nouvelle pétition qui tend, Messieurs, à vous supplier de vouloir bien donner des ordres en conséquence.

Fait à Châtel le 18 juin, l'an 4 de la liberté, lesquels citoyens ci-après ont signé. »

Nirel qui, la première fois a pu trouver soixante-douze signatures, (on verra plus loin de quelle manière), n'en racole plus que vingt-trois pour cette seconde pétition. C'est bien peu pour une population de douze cents âmes : mais qu'importe ; la force n'a-t-elle pas l'autorisation officielle de primer le droit?

Dès le surlendemain le Directoire répond :

« Le Directoire du Département des Vosges, sur le rapport d'Antoine Deguerre, ouï le procureur général syndic, renvoie cette pétition et celle précédemment adressée à la municipalité par les citoyens de la commune de Châtel, au Directoire du District de Rambervillers pour entendre les officiers municipaux de ladite commune qui seront tenus de donner incessamment leurs réponses par écrit et d'exposer les motifs qui les ont engagés à ne pas tenir la parole qu'ils avaient donnée au Directoire par l'organe de leurs délégués, d'éloigner les prêtres insermentés dont la présence est une occasion perpétuelle des troubles et des divisions dont ils se sont plaint, pour d'après leurs réponses et l'avis du Directoire du district être arrêté ce que de droit par celui du Département; et cependant le Directoire enjoint aux officiers municipaux d'exécuter ponctuellement son arrêté du 21 avril 1791 dans toutes ses dispositions, notamment celles prescrites par l'article V, sous peine d'être personnellement responsables des suites que pourrait entraîner l'inexécution du même arrêté.

Epinal le 20 juin 1792.

Antoine de Guerre, Hugo, Poulain. »

La mise en demeure est formelle. Que faire? Refuser de s'y soumettre, c'est s'insurger contre le culte constitutionnel, c'est se compromettre et attirer sur soi et sur les siens les foudres révolutionnaires! D'autres part, expulser des prêtres vertueux et inoffensifs, n'est-ce pas se prêter à l'acte le plus odieux? n'est-ce pas les exiler soi-même? n'est-ce pas enfin priver de tout secours, et précipiter dans la plus profonde misère des amis, des parents, des enfants peut-être?

Châtel est sous le coup d'une émotion poignante : des murmures mal comprimés éclatent sur tous les points de la ville, on en vient à des altercations très vives ; car les patriotes se remuent et demandent à grand cris l'exécution du décret.

Il y a quatre jours déjà que la ville est dans la plus grande surexcitation, et la municipalité ferme toujours l'oreille à leurs injonctions.

Mais la situation s'aggrave, les menaces deviennent plus terrifiantes, le Directoire va être averti de cette nouvelle résistance à la loi : dès lors c'est une destitution honteuse, c'est la prison! Effrayée, terrorisée, la municipalité essaye de calmer la fureur des révolutionnaires, et prend à cet effet une délibération conforme à l'arrêté du 21 avril 1791. Tous les prêtres domiciliés ou résidant à Châtel recevront l'ordre de s'éloigner et de chercher domicile ailleurs.

Par cet acte de faiblesse, la municipalité ouvrait la voie large à l'arbitraire et à la violence des démagogues. Nirel entre en campagne. Escorté de quatre sans-culottes pur sang, il parcourt les rues de la ville et va perquisitionner, le jour même (25 juin 1792), dans toutes les maisons où il espère faire main basse sur quelque prêtre ou sur quelqu'autre personne, objet de sa haine brutale. Sans aucun mandat officiel il pénètre chez Elisabeth Contal, veuve Freminet, et chez Catherine Houillon, dont le mari

Jacques Legé est absent, épouvantant ces pauvres femmes par des paroles et des gestes menaçants.

Eperdues et terrifiées elles accoururent à l'hôtel-de-ville et réclament protection contre un tel abus de pouvoir. Mais que dire au fougueux démagogue? qui osera lui adresser un « reproche?

Le conseil municipal veut bien reconnaître qu'une telle manière d'agir est contraire aux lois,» mais quant à faire son devoir, quant à mettre sous les verrous les cinq brigands qui lui sont dénoncés, il n'ose s'y résoudre, laissant à ces furieux la liberté de perpétrer dorénavant les actes les plus arbitraires, les plus odieux et les plus révoltants.

On avait procédé à l'expulsion des prêtres insermentés sans attendre l'avis du District. Or, pendant que nos révolutionnaires les pourchassaient comme des bêtes fauves, le Directoire de Rambervillers examinait sérieusement les deux pétitions des 10 et 18 juin.

Les nombreuses illégalités dont elles sont entachées attirent bien vite l'attention de l'assemblée. Elle en rédige séance tenante procès-verbal et prend ensuite une délibération fortement motivée pour inviter le Directoire départemental à procéder à une nouvelle enquête; quant aux prêtres poursuivis, on ne peut, à son avis, les forcer à s'exiler dans de telles conditions.

« Considérant, dit-elle, que ceux qui ont souscrit la pétition du 10 se sont assemblés à l'invitation du commandant de la garde nationale, qu'ils ont ajouté leur grade à leur seing, ce qui indique en quelle qualité ils agissaient, *qu'ils ont admis les suffrages et signatures de jeunes gens* qui, n'étant pas citoyens actifs, n'ont pu figurer que comme soldats nationaux, que la pétition ne paraît être qu'une suite de réponses de quelques prêtres non assermentés aux invitations à eux faites par des officiers de la garde d'assister à la procession, *démarche qu'ils avaient dû regarder comme déplacée suivant la lettre et l'esprit de la loi qui donne entière liberté sur les opinions religieuses*.

Considérant aussi que la pétition du 18 ne paraît pas être le résultat d'une assemblée comme le prouve la différence d'encre qui caractérise les signatures, qu'elle n'a pas été précédée des formalités voulues par les articles 24 et 62 du décret du 14 décembre 1789 sur la constitution des municipalités, qu'enfin l'une et l'autre ne renferment de faits précis qui puissent être qualifiés de délits aux yeux de la loi ; qu'aux termes de l'arrêté du Directoire du Département du 21 avril 1791, la présence des prêtres ne peut être un motif d'expulsion qu'autant que leur conduite servirait à échauffer les esprits égarés et à troubler la tranquillité des citoyens que les pouvoirs constitués doivent maintenir de tout leur pouvoir sans acception de personne et sans s'éloigner des principes de justice qui ne permettent pas de condamner quelqu'un sans l'avoir convaincu, *surtout quand le conseil général d'une commune n'a pas reconnu qu'ils aient excité des troubles qu'on leur impute*, **mais considérant aussi** qu'ils ne devaient pas rester impunis s'ils étaient coupables, estime qu'il y a lieu de nommer par le Directoire du Département un commissaire pour informer et vérifier les faits (¹). »

Grande surprise et grande joie pour notre municipalité, à la lecture de cette délibération; toute la ville en est vite informée, les prêtres poursuivis peuvent reparaître tranquillement, et chacun se prend à espérer pour l'avenir des jours moins agités (27 juin 1792).

Hélas ! ce n'était qu'une illusion. Nos démagogues se précipitent à la barre du Directoire départemental : on ne peut donner suite à la délibération du District qui a été trompé par les mensonges d'une municipalité vendue à la réaction ! peut-on ménager encore les fauteurs de tous les désordres qui, depuis la Révolution, n'ont cessé d'agiter Châtel ? Il n'en faut pas tant pour exciter l'indignation du Directoire qui rédige séance tenante un décret d'expulsion définitif (29 juin 1792).

Tous les prêtres insermentés devront quitter Châtel dans les vingt-quatre heures et se retirer à la distance d'au moins cinq lieues.

(¹) Archives des Vosges L. 989. Délibérations du District.

La nuit du 29 juin. — Expulsion des prêtres insermentés.

Le décret, aussitôt rendu, est envoyé au District qui devra lui-même le notifier à la municipalité ; mais la nouvelle en arrive dès le soir à Châtel.

Pour le coup c'en est trop ! nos Châtellois sont exaspérés de la désinvolture avec laquelle ils sont toujours traités ; le sang bouillonne dans leurs veines, la ville s'agite et le moindre incident, la moindre provocation vont mettre le feu aux poudres. C'est ce qui a lieu la nuit suivante.

Vers 9 heures du soir, les deux frères Thomas, François-Bernard et Jean-Baptiste Abdon (¹) regagnaient paisiblement la maison paternelle, lorsqu'ils sont accostés par le fils Nirel et un autre vaurien, et injuriés de la façon la plus grossière « sans aucune provocation de leur part. » En même temps ils voient se précipiter sur eux deux autres individus ; l'un Nicolas Marchal, père, commandant en second de la garde nationale, et l'autre le fameux Joseph Vétier, adjudant du bataillon, celui-ci armé d'un coutelas.

Ils vont tomber victimes de cette agression, quand,

(¹) François-Bernard était alors étudiant ecclésiastique et avait 19 ans, son frère Jean-Baptiste Abdon était plus âgé que lui de 8 ans.

par un suprême effort, ils se dégagent de leurs adversaires et s'enfuient chacun de son côté. C'est une vraie chasse à l'homme!

Au bout d'une heure, le fils Nirel, aidé de ses brigands, met la main sur le plus jeune des fuyards, François-Bernard. Il est appréhendé, insulté, maltraité et conduit devant Nirel père qui, sans autre forme de procès, le jette dans la prison criminelle.

Cette fois, la mesure est comble : la ville s'émeut, on se raconte l'acte odieux dont la bande scélérate vient de se rendre coupable; les rues s'animent et la foule indignée saisit à son tour quelques-uns des farouches démagogues.

On leur réserve le sort dont ils menacent depuis si longtemps les gens honnêtes et paisibles!

Mais Nirel, aussitôt averti, accourt sur le théâtre du désordre, escorté d'un piquet de gardes nationaux sous les armes. L'apparat de la force armée exite encore davantage la vengeance de la foule : les hurlements, les cris de fureur, les menaces de mort de Nirel sont étouffés par mille voix, tandis que des bras vigoureux l'enserrent subitement et le désarment : il est terrassé, piétiné, laissé pour mort et abandonné de ses gardes nationaux qui prennent la fuite de tous côtés. L'un d'eux se précipite au clocher, et sonne le tocsin, en appelant secours les patriotes des villages voisins.

Les paysans arrivent par tous les chemins prêts à venger la mort du commandant. Il est minuit : la ville est dans un état de surexcitation inimaginable, le désordre est à son comble. Les conseillers municipaux se réunissent, et, précédés du maire ceint de son écharpe, se rendent sur le lieu des attroupements. A force de s'interposer de côté et d'autre, à force d'exhortations à la tranquillité, ils parviennent à ramener dans les esprits un calme au moins relatif. Puis, lorsqu'ils voient que l'effervescence populaire commence à s'apaiser, ils remontent à l'hôtel-de-ville, et prennent la délibération suivante :

« Les Maires et officiers municipaux de la ville de Châtel assemblés à l'extraordinaire dans la nuit du 29 au 30 juin 1792 au sujet du tumulte, cris allarmants, même de meurtre, ainsi que des attroupements qui avaient lieu dans plusieurs quartiers de la ville, après même tocsin donné à son de cloche sans leur participation, se sont crus engagés par ce fait à se montrer en costume pour tâcher, par les voies de douceur et de modération, d'apaiser les esprits tumultueux et échauffés, de faire dissoudre ces rassemblements et de faire battre une seconde retraite, ce qui a été fait, avec sommation à tout citoyen de se retirer dans son domicile, ce qui cependant n'a été effectué que longtemps après cette invitation.

Ces procédés allarmant la majeure partie des citoyens qui ne cessent de respirer après la liberté qui leur est accordée par les lois constitutionnelles obligent la municipalité d'en dresser le présent procès-verbal et de prendre la résolution d'adresser incessamment pétition à Messieurs du Département pour les prier de prendre en considération les faits relatés au présent procès-verbal, et en les pesant, vouloir bien nommer un commissaire pour vérifier lesdits faits et informer sur les sujets qui ont pu y donner occasion et contre les moteurs de ces troubles pour pouvoir parvenir à rétablir l'ordre et la tranquillité dans cette ville.

Fait en la chambre de la commune de Châtel, ledit jour 30 juin, 1 heure du matin, à la participation du procureur de la commune. »

Le procès-verbal arrive le matin même sur le bureau du Directoire; mais les patriotes de Châtel l'ont devancé, racontant les choses à leur façon. Le rapporteur apprend donc à l'assemblée, que, la veille, « des citoyens de la ville de Châtel ont été insultés et maltraités à l'occasion de la pétition qu'ils avaient présentée pour demander l'éloignement des prêtres insermentés qui, par leur présence et leur conduite, propagent le fanatisme et entretiennent la division parmi les citoyens; que le commandant de la garde nationale, attiré par le désir de rétablir l'ordre et le calme, a été outragé frappé et grièvement blessé. »

C'est ainsi que les faits sont interprétés! Aux yeux du Directoire les premiers coupables ne peuvent être les agresseurs ; peut-il en douter? les Nirel, Vétier, Marchal et consorts sont de si bons patriotes et par suite de si braves gens!

Dès le grand matin ils sont arrivés à Épinal et ont mis toute la ville en émoi : c'est déjà ce qu'ils ont fait dans les villages qu'ils viennent de traverser.

Leur commandant, disent-ils, a été cette nuit la victime d'une lâche agression ; un complot formidable s'est tramé contre eux dans la ville de Châtel et ils n'osent y paraître sans risquer leur vie ! Peut-on les abandonner à leur malheureux sort ? Non certes ! La garde nationale d'Épinal est mise aussitôt sur pied et les officiers vont demander au Directoire « la permission de voler au secours de leurs frères d'armes. » Ils seront rejoints en route par les détachements de tous les autres villages qui veulent eux aussi « se porter à Châtel pour venger l'insulte faite à leur commandant [1]. »

Il ne semble pas que le Directoire ait accédé à un tel projet : ne serait-ce pas d'ailleurs témérité de vouloir dompter par la force une population exaspérée et bien décidée à défendre son droit. Après tout, l'application de la loi devra suffire à ramener le calme.

Le décret d'expulsion porté contre les prêtres réfractaires avait été envoyé au District le 29 juin avec ordre d'en donner aussitôt communication à la municipalité de Châtel. Stupéfaction bien légitime du District à la lecture du décret : est-ce ainsi que

---

[1] Archives des Vosges. L. Registre des délibérations du Directoire (30 juin 1792.)

l'on tient compte de ses observations? il demande des explications au Directoire; bref, il lui faut encore céder, mais ce n'est pas sans regret, car l'arrêté n'arrive à Châtel que le 21 juillet.

Voici l'acte de la notification faite le jour même au domicile des intéressés ; il nous fait connaître et les prêtres poursuivis et les familles qui leur donnaient l'hospitalité.

La municipalité «notifie et délivre copie du présent arrêté aux sieurs Colard, Renard et Saucerotte, prêtres cy-devant capucins, résidant chez les sieurs Drouot, Moinel et Périné, au sieur Grandcolas cy-devant bénédictin, et au sieur Durand cy-devant chanoine régulier résidant chez les demoiselles veuves Dieudonné et Aigrette, au sieur Doron pensionnaire chez le sieur Aubert, au sieur Cordier résidant dans sa maison, au sieur Duguenot résidant aussi dans sa demeure ordinaire, au sieur Raidot desservant les cy-devant religieuses de cette ville, au sieur Thomas résidant chez le sieur Jean-Baptiste Thomas son père, aux sieurs Henry et Grandjean pensionnaires chez le sieur Collardel, au sieur Marchand pensionnaire chez le sieur Contal, au sieur Pierson pensionnaire chez la veuve du sieur Jaques, tous lesdits particuliers chez lesquels lesdits prêtres cy-dessus dénommés avaient domicile et refuge étant citoyens de cette ville. Ladite notification faite en parlant aux sieurs Drouot père, Moinel et Périné, à la demoiselle veuve Dieudonné et Aigrette, au sieur

Aubert et demoiselle veuve Cordier, à la fille domestique du sieur Duguenot, à la Supérieure des religieuses, à la demoiselle épouse du sieur Thomas, aux sieurs Collardel et Contal, à la demoiselle veuve du sieur Jacques, avec sommation d'obtempérer audit arrêté dans tous ses points et articles, ladite notification faite cejourd'hui 21 juillet 1792 entre les 4 et 5 heures de relevée. »

Mais les prêtres ont déjà quitté la ville, ou en sont du moins, on l'affirme, partis. C'est ce qui ressort de leur absence au moment de la notification de l'arrêté et d'une pétition de l'abbé Joachim Cordier. Celui-ci, à la nouvelle de l'expulsion dont-il est menacé, s'adresse aussitôt au Directoire de Rambervillers et demande d'être rayé de la liste des prêtres poursuivis. Le District fait droit à sa requête et déclare « qu'il est de toute justice d'arrêter que le pétitionnaire sera libre de continuer sa résidence à Châtel sous la protection de la loi, attendu qu'il n'était pas ci-devant fonctionnaire public et qu'il s'est comporté de manière à n'exciter aucun trouble et avec la plus grande tranquillité. » Une fois de plus le Département casse la décision du District et l'abbé Cordier est maintenu sur la liste d'expulsion.

Les tristes événements qui se sont déroulés sous nos yeux nous ont fait perdre de vue notre curé constitutionnel. Que pensait-il de tels désordres? Quels étaient ses sentiments en face de la persécution ouverte?... Hélas! ils ne concordaient que trop avec ceux des plus ardents révolutionaires : c'était la haine, une haine toujours croissante contre les prêtres orthodoxes et leurs dévoués protecteurs, une haine enfin qui engendrait dans son cœur d'apostat la joie et la satisfaction la plus vive à la vue de de leurs malheurs.

Son rôle est même ici plus hypocrite que jamais, et il nous apparaît comme le grand instigateur, le grand organisateur des expulsions accomplies. Les abbés Cordier et Duguenot qui ont quitté la ville après le décret du Directoire, pétitionnent, le 4 septembre 1792, afin d'obtenir l'autorisation de rentrer à Châtel. Or veut-on savoir qui est chargé de statuer en dernier ressort sur leur demande ? C'est notre curé Clément. La pétition des deux prêtres lui est communiquée et le District lui demande son avis préalable (¹) !

Il s'agissait alors de prêter un nouveau serment et de jurer « d'être fidèle à la nation, de maintenir la liberté et l'égalité ou de mourir en les défendant. » Ce serment, on le voit, n'avait rien de condamnable, il était parfaitement licite. Mais Clément voit là un acheminement au serment constitutionnel et il faut croire qu'il veut bien laisser en paix les deux prêtres s'ils consentent à s'y soumettre.

Chatrian nous apprend en effet que vers cette époque ils prêtèrent le serment de fidélité, et furent

---

(¹) Archives des Vosges. L. 989. Délibérations du District.

imités quelques jours plus tard par MM. Raidot et Pierson, autorisés eux aussi pour cette raison à rentrer à Châtel [1].

Dès le 6 octobre 1792, notre curé constitutionnel s'était acquitté de cette formalité, devançant ainsi de deux jours les officiers de l'hôtel-de-ville [2], les fonctionnaires et les pensionnés de l'État [3]. Ne devait-il pas être le premier à donner l'exemple de la soumission à toutes les lois ?...

Les premières arrestations. — Spoliations sacrilèges.

Cependant Nirel n'est pas mort de ses blessures, et la bonne frottée qu'il a reçue, loin de l'assagir, n'a fait que redoubler sa haine sectaire. La première fois qu'il reparaît c'est pour procéder à de nouvelles perquisitions dans les maisons suspectes. Déçu dans son espérance de mettre la main sur quelque réfractaire, il ordonne à ses hommes de saisir toutes les armes trouvées dans les familles les plus en vue (3 septembre 1792), et pour n'avoir désormais plus rien à craindre, il fait signifier, quelques jours plus

---

[1] Chatrian, K. d. 72.
[2] MM. Mengin, Raidot. Husson, Moinel, Collardel procureur.
[3] MM. Claude-François Marchal, ancien lieutenant au bataillon d'Afrique, Jacques Léger et Charles Adrian, vétérans.

tard, à tous les citoyens qui en ont encore, de venir les déposer à la maison commune. La liste qui en est dressée sur le registre des archives est loin d'être terrifiante ; à part quelques fusils de chasse et quelques pistolets de luxe, il n'y a vraiment pas de quoi faire trembler un lièvre : mais Nirel en avait des cauchemars !

Les perquisitions arbitraires de la bande révolutionnaire ne s'opèrent pas toujours sans faire éclater d'énergiques protestations. N'est-ce pas une téméraire audace de vouloir s'opposer aux recherches de ces brigands ? Néanmoins deux simples femmes, Françoise Grangé, veuve Dupoirieux, et Marie-Anne Breton, ne craignent pas de braver leur fureur. Les compliments qu'en reçoivent Nirel et Vétier ne sont certes pas des plus flatteurs ; item la réception qui leur est faite lorsqu'ils se présentent chez un brave manœuvre Jean-François Narel : mais ils sont à peine rentrés à l'hôtel-de-ville qu'ils reviennent avec un mandat d'expulsion contre les contempteurs de l'autorité publique.

Heureusement, les victimes ne se laissent pas intimider. Au lieu de prendre la fuite dans les vingt-quatre heures comme il leur a été signifié, elles pétitionnent aussitôt près du Directoire qui, dans sa réponse du 7 septembre 1792, les autorise à rester à Châtel « attendu que les officiers de la garde nationale n'ont aucun caractère pour éliminer les citoyens et que leurs fonctions doivent se borner à assurer l'exécution des décisions des autorités constituées (¹) ».

Toutes les armes ont été saisies, mais la précaution ne paraît pas encore suffisante à Nirel. Il s'attribue le soin de décacheter toutes les lettres qui viennent de l'étranger (13 septembre 1792) et cela malgré la défense du Directoire qui, sur une première tentative avait, un mois auparavant, recommandé à la municipalité de veiller à l'intégrité de la correspondance (²). Pour lui, cette interdiction est insensée, car enfin, ne peut-on pas craindre que les infâmes aristocrates n'entretiennent avec les émigrés des relations compromettantes pour la sûreté de l'État (³) ?

Devant les agissements de ce forcené, chacun se prend à trembler, beaucoup fuient leurs demeures et vont chercher un peu de tranquillité au fond des forêts et dans les lieux retirés. Mais Nirel qui voit sa proie lui échapper se présente devant le conseil municipal pour signaler ces odieuses désertions et proposer le moyen d'y remédier.

Le corps de garde établi à l'hôtel-de-ville n'est pas dans un endroit propice pour « prévenir et arrêter,

---

(¹) Archives des Vosges. L. 989. Délibérations du District.
(²) Ibidem.
(³) D'après M. Félix Bouvier, Maurice Aigrette, maître de poste à Châtel, venait d'être suspendu de ses fonctions (10 septembre) « parce qu'il faisait montre des sentiments les plus inciviques et les plus suspects. »

dit-il, les gens mal intentionnés qui s'écartent dans les campagnes et forêts voisines et qui pour se soustraire à la punition méritée ou à l'obéissance aux lois ont la honte de s'y réfugier. » Il demande donc qu'un autre corps de garde soit construit à l'entrée du pont. Le Conseil, qui n'ose plus rien lui refuser, tombe d'accord sur la proposition ; mais comment exécuter le projet ? la caisse municipale est complètement vide (17 septembre 1792).

Un nommé Antoine Renaud qui assiste à la délibération et qui voit là une bonne affaire à réaliser propose de construire à ses frais le corps de garde, à condition qu'au bout de deux ans il deviendra propriétaire tant du bâtiment que du terrain communal sur lequel il aura été construit. Le marché est conclu et Antoine Renaud entreprend lui-même les démarches nécessaires pour faire approuver son projet par les Directoires du District et du Département. Ses démarches restent stériles, mais, en homme pratique il vient réclamer à l'hôtel-de-ville, le remboursement des frais que lui ont coûtés ses voyages à Épinal et à Rambervillers. (31 décembre 1792).

On a vu avec quels sentiments de justice le Directoire de Rambervillers traitait les affaires soumises à son jugement, sans craindre d'émettre les avis les plus opposés aux décisions du Département. La population honnête de Châtel n'avait eu qu'à s'en louer, d'où grande fureur chez nos patriotes.

Il y a dans le sein et même à la tête du District un

homme d'une intégrité parfaite, M. Georges-Nicolas Colin, ancien avocat au baillage de Châtel, qui enraye à leurs yeux le mouvement révolutionnaire. C'est un magistrat entaché d'incivisme qu'il faut suspendre de ses fonctions.

Après la délibération du 27 juin par laquelle le District relevait d'une façon si nette toutes les irrégularités des pétitions des 10 et 18 juin et qui demandait un sursis à l'exécution du décret contre les prêtres insermentés, une dénonciation est envoyée à la Convention nationale contre l'administrateur du Directoire de Rambervillers. La révocation ne se fait pas attendre et le 24 septembre 1792 Monsieur Colin en reçoit communication [1].

Il rentre donc à Châtel au sein de sa famille, espérant enfin y jouir de quelque repos; mais il avait compté sans la poignée de démagogues qui terrorisaient la ville.

Le 20 octobre, ses deux fils Antoine et Jean-Baptiste sont accostés dans la rue par Nirel et ses brigands et arrêtés en compagnie de deux autres jeunes gens Claude Ninot et François-Bernard Thomas dont l'attaque à main armée par Vétier, le fils Nirel et consorts avaient provoqué la réaction sanglante dans la nuit du 29 juin. Puis, de par la seule volonté

---

[1] Arch. des Vosges. L. Délibérations du District de Rambervillers.

du terrible commandant de la garde nationale, ils sont jetés dans la prison criminelle. (¹)

Ils n'en sortent qu'après onze jours, grâce à l'intervention du conseil municipal qui, par une délibération en date du 31 octobre, ose assumer en face de Nirel la responsabilité de leur élargissement : leur innocence parlait plus haut encore que la basse rancune du fougueux démagogue. (²)

Hélas ! la vengeance de Nirel est loin d'être assouvie ! Deux ou trois jours après, les parents eux-mêmes sont venus reprendre à la prison la place de leurs enfants. Ils se sont peut-être permis une parole, un geste, un signe désobligeant sur le compte du farouche sans-culotte : c'en est assez.

L'arrestation est comme toujours des plus irrégulières, c'est pourquoi, sur une pétition des victimes adressée au Département, Nirel est encore obligé d'ouvrir les portes aux prisonniers, « attendu que les détenus Georges-Nicolas Colin, Jean-Baptiste Thomas et Anne Boulanger, veuve de Christophe Ninot, ne sont prévenus d'aucun délit (³). »

(¹) Le jour même de leur incarcération, la nouvelle arrivait à Châtel de la reprise de Verdun et de la signature de la paix avec la Prusse : démonstrations patriotiques au son des cloches et du canon. Rien d'étonnant que ce soit le refus des quatre jeunes gens de prendre part à ces réjouissances officielles qui ait provoqué leur arrestation.

(²) Le 31 décembre, Nirel et Vétier viennent demander au maire la destitution du chantre Aubert, sans doute encore pour cause d'incivisme ; il est remplacé par le citoyen Didelin.

(³) Archives des Vosges. L. 989. Délibérations du District.

Durant les mois d'octobre et de novembre nos révolutionnaires ne cessent d'exercer leurs brigandages et de jeter l'épouvante non seulement parmi la population honnête de Châtel, mais encore dans les villages voisins. On s'en fera une idée à la lecture du procès-verbal d'une des nombreuses visites domiciliaires accomplies par Nirel dans le village de Nomexy (¹).

« Cejourd'huy vingt-quatre octobre 1792, l'an I de la République française sur les neuf heures et demy du soir, il a été fait visite chez la citoyenne veuve Jeandidier demeurant à Nomexy, dans tous les coins et recoins de sa maison, écuries, engrangemens et jardins, par le sieur Nirel, commandant de la garde nationale de Châtel, accompagné de huit à dix citoyens tous dudit Châtel, armés chacun d'un fusil garni de la baïonnette, lequel sieur Nirel avait requis le sieur maire de la municipalité de Nomexy de procéder à la visite de la maison de ladite veuve Jeandidier, sous prétexte qu'elle recellait des personnes suspectes ; sur laquelle réquisition le maire aurait objecté audit sieur Nirel que les visites domiciliaires étaient interdites par la loi, hors les cas où elle les autorise ; ce à quoi a répondu ledit sieur Nirel qu'il avait des ordres pour ce faire desquels il lui a été sur le champ demandé communication par ledit

---

(¹) Archives de Nomexy. D. 1ᵉʳ feuillet 33.— Nous devons la copie de cette pièce à l'obligeance de M. Haumonté, ancien instituteur.

maire, à quoi ledit sieur Nirel n'a point satisfait, et nonobstant ce, la visite dessus énoncée a été faite très exactement et il n'a été trouvé personne autre que ladite veuve Jeandidier, ses trois filles et ses deux cousines, et au même instant où lesdits citoyens de Châtel armés ainsi qu'il est dit ci-dessus se sont présentés à la porte d'entrée de la maison de ladite Jeandidier il est sorti un jeune étudiant qui venait d'y faire une commission, et aussitôt il a été arrêté par les susdits citoyens armés qui ont aussi consigné les six femmes ci-dessus rappelées.

Ladite veuve Jeandidier ayant requis ledit maire et le procureur de la commune qui s'est trouvé dans le cours de la visite susdite en la maison de ladite veuve Jeandidier, de dresser procès-verbal de tout ce que dessus, et que c'était la troisième visite de cette nature qu'elle avait essuyée de la part dudit Nirel sous les mêmes prétextes.

Déférant à ladite réquisition, le présent procès-verbal a été dressé sur le champ pour servir selon les circonstances.

Fait les heure, jour et an que dessus et ont signé.

Et ledit maire ayant prévenu ledit sieur Nirel de la réquisition à lui faite de dresser le présent ne l'a voulu signer.

Signé : Veuve Jeandidier, née Trager.— L.-J. Gaudel maire.

Alexis Queuche, procureur. — J. Nardin, secrétaire. »

Nos sans-culottes se retirent avec un prisonnier : quelle capture !.. c'est un jeune étudiant, un enfant inoffensif, mais qui, à leurs yeux, a pu donner l'alarme et annihiler l'effet de leurs recherches !

Et dire que ces brigands agissent sans mandat, selon leurs caprices les plus cruels et cela sans le moindre blâme du Département. Aussi faut-il voir avec quelle ardeur féroce ils continuent leurs perquisitions dans Châtel ; ils en viennent même à des excès si révoltants que des plaintes arrivent sur le bureau du Directoire. Mais l'assemblée ne s'émeut guère : n'a-t-elle pas toujours donné carte blanche à nos révolutionnaires [1] ?

Un autre avocat de l'ancien baillage de Châtel, membre du Directoire de Rambervillers, M. Antoine Philippe, n'avait pas eu la même énergie que son compatriote et collègue M. Georges-Nicolas Colin, et se laissait comme tant d'autres entraîner par le courant.

Le 21 Octobre 1792 il vient signifier aux dames Marchal de lui remettre les vases sacrés, les ornements et le linge qui proviennent de la chapelle des

---

[1] Les Archives des Vosges. L. 939 font mention, à la date du 29 novembre 1792, des plaintes portées dans le courant du mois contre la garde nationale de Châtel « par Coupois l'aîné et par plusieurs autres. »

Religieuses de Notre-Dame et des Capucins pour les transporter et les vendre à Rambervillers. L'horloge du monastère est achetée par la commune pour la somme de 72 livres et placée dans la salle des délibérations de l'hôtel-de-ville.

La spoliation sacrilège qui a commencé dans les chapelles des maisons religieuses ne respecte bientôt plus l'église paroissiale. Sur un ordre du District, le malheureux curé constitutionnel la dépouille lui-même des vases sacrés et de toute l'argenterie qu'elle possède pour les transporter à l'hôtel-de-ville. Il en fait autant des objet précieux et sacrés appartenant à la Congrégation des filles.

On expédie tout à Rambervillers (4 novembre 1792), sous la surveillance des deux citoyens Génin et Vaudel ; mais il est constaté au District qu'il manque une petite grille d'argent et le piédestal d'une vierge garni de plusieurs pierres précieuses, objets portés cependant sur l'inventaire dressé à Châtel (1).

Quand à l'argent qui se trouve dans les caisses de la fabrique et des différentes confréries, le curé met le même empressement à le verser entre les mains du maire. Le 27 décembre tous les titres de créances appartenant à la fabrique sont dans les coffres de

---

(1) C'est peut-être cette vierge que le curé Clément réclame au département le 30 novembre 1792 ; sa pétition n'est pas admise, le Directoire ayant déclaré (25 décembre) qu'il n'y avait pas lieu de délibérer. (Archives des Vosges. L. 1003).

l'hôtel-de-ville; le 28, le maire reçoit 358 livres 14 sols pour le reliquat du compte de la Confrérie des Agonisants, 93 livres 6 sols 6 deniers pour celui de la Confrérie du Rosaire, ainsi que les titres et registres de cette dernière confrérie.

Le même jour, sans doute encore sur l'ordre du curé, la receveuse de l'Association des Dames de la Charité, Madame Martin, vient verser dans la caisse communale 864 livres 19 sols 9 deniers (¹).

En ne se réservant pour le culte que les objets strictement nécessaires, le curé n'avait pas songé à l'éventualité de recevoir un jour ou l'autre un coadjuteur. Le 9 mars 1793, lui arrivait en effet, comme vicaire envoyé par Maudru, un prêtre nommé Jean-Baptiste Foinant. Il n'y comptait plus; on avait refusé d'accéder à son désir dès le mois de février précédent « parce qu'il n'y avait qu'un autel à desservir ». D'ailleurs il recevait, depuis le 31 décembre 1791, une subvention de 350 livres qui lui avait été accordée « parce que, disait-il dans sa pétition, il manquait de vicaire et était obligé de salarier un prêtre. »

On s'aperçut donc le dimanche suivant que les ornements et autres objets du culte qui restaient de la spoliation n'étaient plus suffisants. Le pauvre vicaire n'avait pas même un bonnet carré!

(¹) Les recettes de l'Association s'étaient élevées cette année à 862 livres 7 sols 9 deniers, et les dépenses à 238 livres 1 sol. (Archives des Vosges. L. 989).

Le curé s'empresse d'adresser une supplique au District afin d'obtenir quelques ornements et un peu de linge ; en attendant, il se permet de faire sur la caisse communale une dépense de quinze livres pour acheter un bonnet à son vicaire. Cette dépense aussi imprévue que surfaite met de mauvaise humeur les membres du conseil municipal ; ils lui signifient (23 mai 1793) qu'une telle manière d'agir est bonne pour une fois, mais qu'à l'avenir il ait soin de ne plus rien dépenser pour le culte sans leur autorisation préalable.

Le 27 mars, le District faisait parvenir au curé les ornements nécessaires [1].

Les élections municipales du 3 décembre 1792.

On devait procéder à des élections municipales le 3 décembre 1792. Pour Nirel et ses affidés les membres sortants ne sont que d'affreux réactionnaires avec lesquels il n'aura jamais ses coudées franches : il s'agit donc de les évincer. Et il se met en campagne, faisant contre eux une propagande

---

[1] Une chasuble et deux tuniques vertes, une chasuble violette avec accessoires, deux chapes rouges, une chape à fond gris, à fleurs d'or et de soie, six surplis, quatre aubes, six amicts, quatre corporaux, douze purificatoires, un lavabo, une écharpe à fond gris.

acharnée, se remuant et cherchant à influencer par la terreur le suffrage des électeurs.

Une assemblée primaire a lieu le 2 décembre ; les candidats se font inscrire et l'on prépare l'élection du lendemain. Chose incompréhensible pour Nirel, tous les membres de l'ancienne municipalité osent bien se mettre encore sur les rangs. Et le voilà de crier à l'infamie, à la trahison ; leur incivisme est un empêchement dirimant ! la bande des sans-culottes s'agite et profère les récriminations les plus indignées ; c'est un tumulte assourdissant, car les autres tiennent tête et leurs partisans ne sont pas les moins nombreux.

Néanmoins Nirel n'a aucun doute sur le succès de sa liste : le vote de tous les hommes de sa garde nationale ne lui est-il pas assuré d'avance et n'en dispose-t-il pas à sa guise pour garantir le succès des siens ?

Pour plus de sûreté il leur fait distribuer, contre les ordres formels de la municipalité, toutes les armes en dépôt à l'hôtel-de-ville. Qui osera, devant l'exhibition de la force armée, refuser de voter pour ses candidats ? Personne assurément ! C'est du moins ce dont il est persuadé !

Aussi, quelle n'est pas sa stupéfaction, à la proclamation du scrutin, de voir les siens rester sur le carreau. Ses hommes n'ont pas même tous voté pour lui ! Sa stupéfaction se change bientôt en dépit, et pour embarasser les nouveaux élus et avoir sa liberté pour susciter des troubles dans la rue, il annonce que dans ces conditions la garde nationale est dissoute.

La nouvelle municipalité en avertit aussitôt le District qui répond par la délibération suivante (6 décembre 1792) :

« Vu la pétition tendante à ce que la garde nationale de la ville de Châtel soit tenue de continuer son service et à ce que les armes distribuées sans la participation de la municipalité soient remises au dépôt, pour ensuite être remises, à l'occasion, par ladite municipalité de concert avec les officiers de la garde nationale aux citoyens, conformément à la loi.

Considérant que la patrie est déclarée en moment de danger, que d'après la loi les gardes nationales doivent être en permanence, le District a décidé que la garde nationale de Châtel reprendra à l'instant ses fonctions et continuera comme jusqu'à présent son service de nuit et de jour (¹). »

De leur côté Nirel et ses partisans ne sont pas restés inactifs : eux aussi, ils ont rédigé une pétition et l'ont envoyée directement à Epinal. Ils demandent que l'élection soit annulée, « attendu 1° que l'assemblée primaire a été tumultueuse, 2° que les élus sont en général et en particulier entachés de l'incivisme qui leur est reproché (²). »

(¹) Archives des Vosges. L. Délibérations du District.
(²) Archives des Vosges. L. 989. Délibérations du District.

La pétition est examinée le 6 décembre 1792 et le Département prend à ce sujet une longue délibération dont voici quelques extraits :

« Vu la plainte des citoyens actifs de la ville de Châtel tendante à faire annuler l'élection de la municipalité et du conseil général, sur le rapport de Pierre-François Benoît, ouï le procureur général syndic, le Directoire du département, considérant que la plainte formée par les pétitionnaires tend à faire annuler l'élection de la nouvelle municipalité de Châtel dont on ne représente pas le procès-verbal, il ne peut, quant à présent porter un jugement sur cette élection attaquée.

Considérant que si les faits détaillés dans ladite plainte son vrais, que l'assemblée primaire ait été aussi tumultueuse que les pétitionnaires l'exposent, que les nouveaux élus soient en général ou en particulier entachés de l'incivisme qui leur est reproché, il est nécessaire d'y pourvoir, l'union et la fraternité devant être les bases de la tranquillité publique et opérer le bien qu'on a lieu d'attendre des autorités légalement constituées.

Considérant que le renouvellement des corps administratifs a eu pour principe d'éloigner tous les citoyens qui pour excuse d'incivisme ont démérité de la patrie et par là faire naître l'harmonie si nécessaire dans les moments orageux dans lesquels la république française est plongée, que les propos tenus dans l'assemblée primaire de la ville de Châtel pour l'élection de la municipalité ont pu donner lieu à l'éloignement des citoyens recommandables par leur patriotisme et élever ceux qui, par leur conduite antérieure, en étaient indignes, qu'une telle élection ne pouvait avoir aucun bon effet, puisque ce n'est que par la confiance et la loyauté d'une conduite sans reproche que l'élu du peuple peut se promettre soumission et obéissance à la loi et son exécution...

Dans ces circonstances arrête que Antoine de Guerre, administrateur, membre du Directoire du Département, nommé commissaire se transportera sans retard sur les lieux et conjointement avec un commissaire pris dans le sein du District de Rambervillers, il sera procédé à la vérification des faits relatés en la plainte des pétitionnaires et de tous autres qui leur seraient allégués, ainsi que de ceux exposés par la plainte de la municipalité de Châtel relative à la cessation de la garde nationale dudit lieu, dans lesquelles plaintes lesdits commissaires entendront les parties et toutes personnes qui leur seront indiquées tant par les plaignants que par les défenseurs, de tout quoi il sera dressé procès-verbal (¹). »

Les deux commissaires enquêteurs arrivent le 8 décembre, mais la situation s'est compliquée, sur les entrefaites, de la démission de la municipalité.

(¹) Archives des Vosges. L. Délibérations du Directoire.

Depuis les élections du 3 la ville n'a pas joui d'un seul instant de repos, nos révolutionnaires ont redoublé d'audace et continuent à semer la terreur dans toutes les familles.

Plusieurs pétitionnent près du Département (5 décembre) et demandent protection contre les forfaits des bandits. La municipalité est impuissante! En vain essaye-t-elle le 6 décembre de s'opposer à une démonstration patriotique qu'ils organisent pour fêter le succès de nos armes et où ils se réjouissent de chanter la Marseillaise ; tentative inutile : les contrevenants se rient du procès-verbal dressé contre eux et provoquent une agitation toujours croissante (¹).

Enfin, épouvantés par les excès des émeutiers, nos conseillers cèdent à leurs sommations et envoient leur démission au Directoire départemental, « à cause, disent-ils, des citoyens mécontents de leur élection et pour éviter les troubles. »

Cependant, l'enquête terminée, la démission n'est pas acceptée et les élus rentrent à l'hôtel-de-ville. Les deux commissaires enquêteurs avaient donc reconnu la fausseté des allégations produites dans la pétition de Nirel et compagnie!

Mais le farouche démagogue n'a pas dit son dernier mot : nos conseillers sont à peine réinstallés que les troubles recommencent et, comme les jours

---

(¹) Archives des Vosges. L. 989. Délibérations du District.

précédents, certains particuliers sont obligés de réclamer protection contre les agissements de la garde nationale. Celle-ci rédige une pétion plus pressante encore que la première contre la munipalité : ce sont les mêmes mensonges ressassés, néanmoins le District l'accueille plus volontiers.

« Considérant, dit-il, que les troubles qui agitent depuis trop longtemps la ville de Châtel émanent principalement de l'incivisme dont plusieurs membres municipaux de cette ville sont entachés ainsi qu'il en conste par les différentes dénonciations faites devant les commissaires susdits, dénonciations que ces magistrats n'ont point repoussées sans doute par impossibilité où ils étaient de le faire ; considérant que l'incivisme de la municipalité de Châtel a été mis dans toute son évidence par son opposition à l'allégresse des bons citoyens à la nouvelle du succès de nos armées, et que l'ordre et la tranquillité ne pourront se rétablir dans cette ville tant et si longtemps que ces magistrats seront en but aux administrés, que le changement du conseil général de la commune peut seul y ramener cette paix et cette tranquillité tant désirée par les bons citoyens et qui se prouve sur le calme qui s'est rétabli lorsque les officiers municipaux ont envoyé leur démission, estime qu'en acceptant ces démissions il y a lieu d'arrêter qu'il sera procédé dans le plus bref délai à la nomination d'un nouveau conseil général de la commune de la ville de Châtel. » (Séance du 26 décembre 1792) (¹).

Ainsi le District légitimait l'émeute et la grande majorité des électeurs était répréhensible d'avoir placé des hommes d'ordre à la direction des affaires communales. On pouvait s'y attendre, M. Colin n'était plus là. Aux élections prescrites, nouvel échec de Nirel !

Cependant le 1ᵉʳ janvier amène avec les vœux et souhaits de bonne année une certaine détente qui finit par aboutir à une réconciliation complète. On veut la sceller en faisant disparaître tout ce qui pourrait raviver les haines anciennes.

Le 4 janvier 1793 une députation de la commune de Châtel se présente donc à la barre du Directoire et l'un des délégués prenant la parole rappelle à l'assemblée « que depuis quelque temps il régnait parmi les citoyens de cette ville une division marquée qui causait une agitation alarmante et dont les suites pouvaient devenir funestes; que le Directoire a été témoin de ces débats et doit encore statuer sur les plaintes respectives qui lui ont été adressées récemment, que tous les citoyens souffraient de ces discensions et désiraient les voir terminées; que hier ils se sont réunis et ont fait respectivement le sacrifice de leurs prétentions et se sont promis cordialement fraternité et union. »

(¹) Archives des Vosges. L. 989. Délibérations du District.

Et le compte rendu de la séance ajoute : « L'orateur a demandé au nom de ses concitoyens que les pétitions, plaintes et mémoires respectivement fournis et sur lesquels le Directoire doit prononcer leur soient remis pour être brûlés en présence des citoyens afin d'anéantir toutes les traces de discussions qui ont eu lieu entr'eux (¹). »

Après cette réconciliation plus ou moins forcée Châtel jouit pendant trois mois d'une certaine tranquillité extérieure. Néanmoins le régicide du 21 janvier 1793 jette les honnêtes gens dans la stupeur; chacun tremble pour sa vie; les convocations du conseil municipal sont très fréquentes, si fréquentes même qu'il décide pour plus de facilité de se réunir au son d'une cloche. (30 janvier 1793).

De plus, on décrète qu'à partir du 1ᵉʳ février tous les citoyens devront se rendre chaque dimanche, à 1 heure du soir, à la chambre de la commune pour y entendre la lecture des lois votées par la Convention.

Mais si les archives communales ne font mention d'aucun trouble dans la rue pendant les premiers mois de l'année 1793, elles ne laissent pas moins pressentir les craintes de la municipalité qui prend toutes les mesures préventives nécessaires et va même jusqu'à interdire (16 février 1793) « *les propos*

(¹) Archives des Vosges. L. Registre des Délibérations du Directoire.

Valentins » plus connus maintenant sous le nom de *dônages*.

Nouveau désarmement des personnes suspectes.

Nous arrivons à l'époque de la persécution et de la tyrannie les plus révoltantes. Les troubles vont recommencer avec la promulgation de la loi du 26 mars 1793 qui ordonne de saisir toutes les armes des cy-devant prêtres, des nobles ou de leurs agents et des personnes suspectes. A peine est-elle publiée que Nirel, escorté de ses sans-culottes, recommence les perquisitions.

Les particuliers qui, dans la journée du 6 avril, ont à subir sa répugnante visite sont :

« Joseph Cosserat, cy-devant noble.

Claude-François Marchal.

Réné Gaudel, cy-devant noble.

Thomas Boulay, agent de l'ex-curé.

Philippe Marchal, cy-devant noble.

L'abbé Joachim Cordier.

Jean-Baptiste Thomas.

L'abbé Duguenot.

La dame Gaudel, cy-devant noble.

La dame Aigrette.

Pierre-Réné Dieudonné.

Charles Drouot, fils.

Nicolas Boyer.

Nicolas Colin, père.

Jean-Baptiste Vaudel.

Claude-Joseph Génin.

Un inconnu. »

La brutalité mise par Nirel dans ses perquisitions provoque de nombreuses plaintes et dès le lendemain la municipalité se hâte de couper court aux murmures de la population en déclarant « qu'il n'y a pas d'autres personnes suspectes et qu'il est inutile de faire d'autres investigations. »

Nirel n'est pas de cet avis : quatre jours plus tard il se présente hardiment devant la municipalité et lui signale « la possibilité qu'il y aurait de trouver des armes dans les appartements occupés cy-devant par Dominique Jacques, présumé émigré » ; en conséquence il invite le Conseil « à lui donner des commissaires pour aller rechercher dans lesdits appartements. »

Une fois de plus on n'ose lui refuser.

Escorté de deux municipaux, d'un officier, d'un sergent et de deux hommes de la garde nationale, Nirel part aussitôt, arrive devant la maison suspecte et avec un ton plein d'arrogance somme la veuve Jacques qui l'habite seule de lui ouvrir les portes.

Et devant cette femme éplorée et à moitié morte de frayeur, la perquisition va son train ; tout est bouleversé, fouillé, retourné, mais pas une arme !

Ils vont se retirer, lorsque Nirel secouant le fond d'un vieux sac, en fait sortir douze exemplaires d'un fascicule intitulé « *Instructions familières sur l'Eglise.* »

Voilà bien la preuve indéniable des menées subversives de la malheureuse femme ! Procès-verbal est dressé sur le corps du délit. Mais il faut le rendre aussi compromettant que possible, et malgré les dénégations et les protestations de la victime, Nirel y fait insérer une assertion mensongère : la coupable aurait avoué jadis à ses confidents que le susdit sac avait autrefois été rempli de ces opuscules inconstitutionnels.

Quelle bonne capture pour nos sans-culottes ! Le jour même ils se hâtent d'expédier au Département et les exemplaires et le procès-verbal de la saisie.

Depuis quelque temps Vétier ne paraît plus aux côtés de Nirel : le Directoire l'a destitué de son grade d'adjudant de la garde nationale (février 1793), et malgré sa pétition du 26 du même mois, malgré les démarches nombreuses de Nirel, il n'a pu rentrer en fonctions[1].

Un adjudant patriote dégradé par le Directoire ! il faut que ses méfaits soient bien terribles, car malgré les démarches réitérées du commandant, il est maintenu en disponibilité. Mais Châtel ne gagne rien au change : Pierre C. qui est élu quelques mois plus tard est un sans-culotte non moins ardent.

---

[1] Archives des Vosges. L. District de Rambervillers.

Dans l'intervalle un Commissaire de désarmement envoyé par le District, Pierre-Mathieu Choserat, était venu prêter main-forte à Nirel, et le remplaçait au besoin. Déjà nous le trouvons à sa suite lors des perquisitions du 6 avril, et le 3 juin il procède à une enquête minutieuse contre les religieuses de la Congrégation de Notre-Dame.

Celles-ci ont été expulsées de leur couvent, mais depuis qu'elles reçoivent en ville une hospitalité bienveillante, elles sont l'objet d'une surveillance très sévère. Jusqu'alors elle n'ont cessé de faire la classe, et peut-être qu'elles se sont permis devant leurs élèves des propos plus ou moins inconstitutionnels. Le Directoire de Rambervillers qui leur a tout d'abord signifié de comparaître à sa barre, revient sur cette injonction, et se contente « en raison du chemin à faire et de ses occupations multiples » de les renvoyer devant le juge de paix (1er juin 1793). Mais Choserat qui voit l'affaire tourner à rien et qui ne cherche que l'occasion d'agir, prend vite les devants et se livre à des investigations odieuses qui heureusement ne semblent pas avoir eu de suites (¹).

Le lendemain, quelques patriotes de Châtel viennent lui dénoncer Grégoire Dieudonné comme incivique ; sans plus de renseignements il l'inscrit sur la

---

(¹) Archives des Vosges. L. District de Rambervillers.

liste des suspects et s'en va de ce pas opérer le désarmement. Surpris tout d'abord par une visite si peu rassurante et tout bouleversé d'apprendre que son nom figure sur la terrible liste, Grégoire Dieudonné n'oppose aucune résistance et laisse la perquisition aller son train. Mais réflexion faite, il ne voit rien dans sa conduite qui ait pu le compromettre, c'est pourquoi, il envoie le soir même au Directoire une plainte motivée contre le farouche commissaire de désarmement et demande sa radiation de la liste des suspects.

La réponse du Directoire va nous faire connaître en vertu de quel mandat le citoyen Choserat avait agi et quelle terreur il était capable d'inspirer par ses perquisitions les plus arbitraires.

En effet, le Directoire départemental constate le 9 juin 1793 que le plaignant « n'a été rangé dans la classe des personnes suspectes et désarmé par ledit citoyen Choserat que d'après les indications qui ont été données à celui-ci. Mais il est à remarquer, ajoute la délibération, que si la loi du 26 mars dernier relative au désarmement des personnes suspectes autorise les corps administratifs supérieurs à y procéder en cas de négligence des communes, l'exécution de cette loi ne peut être conférée aux commissaires qu'en vertu d'une délibération expresse du Directoire du district; qu'à défaut de connaissance et de renseignements suffisants sur la conduite et les sentiments du citoyen pour éclairer la marche de l'autorité supérieure, il est nécessaire et indispensable de vérifier les faits en recevant la déclaration des citoyens. Or le commissaire envoyé à Châtel n'a point rempli cette formalité, *il ne paraît pas même qu'il ait été commis et nommé à cet effet ;* enfin le Directoire du district de Rambervillers n'a point prononcé d'une manière formelle sur le désarmement du pétitionnaire, et tout ce qui a eu lieu à son égard doit être considéré comme le fait de Choserat et non comme le résultat d'une délibération antécédente émanée du Directoire du district. »

Voilà notre démagogue pris en flagrant délit d'abus de pouvoir! Mais croit-on par exemple qu'il va être destitué et déféré aux tribunaux ? On n'y songe guère, c'est un révolutionnaire de si bonne marque !

Aussi, « *sans entendre blâmer ni réprimer le zèle du citoyen Choserat auquel il rend hommage* », le Directoire est néanmoins obligé « pour les motifs énoncés plus haut de déclarer nulles et de nul effet les opérations qui ont eu lieu par son fait relativement au désarmement du pétitionnaire. »

Cependant pour ne pas décourager sa bonne volonté et lui faire espérer l'exécution de nouvelles et prochaines perquisitions, le Directoire arrête en même temps « que dans le cas où le Conseil général de la commune de Châtel aurait négligé l'exécution de la loi à l'égard du citoyen Dieudonné, et où il se trouverait encore d'autres citoyens envers lesquels il serait nécessaire de prendre cette mesure de sûreté générale, le Directoire du district de Rambervillers, en vertu du pouvoir qui lui est délégué par la loi, sera tenu de l'exécuter dans le plus court délai. » On le voit, ce n'est guère rassurant.

Sortant de la maison de Grégoire Dieudonné, Choserat était remonté à l'hôtel-de-ville, sommant la municipalité « de lui indiquer les autres personnes reconnues comme suspectes afin d'en faire aussi le désarmement. » Le Conseil répond « qu'il n'en connaît pas d'autres que celles qui sont visées par la loi » et sont par le fait portées sur la liste. Il y a bien encore Georges-Nicolas Colin, mais jusqu'alors on ne peut le soupçonner tel « que d'après la lettre du procureur général syndic du Département, » et le motif n'est pas jugé suffisant pour autoriser le désarmement.

Mais Choserat en connaît d'autres : il y a encore « un nommé Vaudel, garde à cheval, qui est reconnu universellement comme incivique. »

Le Conseil n'est pas de cet avis, et pour mettre l'incriminé à l'abri de toute perquisition il lui délivre un certificat de civisme et l'envoie à l'approbation du District. Choserat de son côté ne reste pas inactif et sur ses informations le certificat revient sans visa. Il se représente donc à l'hôtel-de-ville et réclame un mandat de désarmement.

L'affaire est mise en délibération, mais contre la

conclusion du rapporteur et surtout à la grande stupéfaction du citoyen Choserat, la municipalité a le courage de le lui refuser.

On ne veut pas lui octroyer l'autorisation qu'il demande, eh bien! il la prendra sans plus de gêne, et de ce pas il s'en va perquisitionner et opérer le désarmement du suspect. Après cela il en avertira le Département et dénoncera comme entachés d'incivisme les membres mêmes du Conseil municipal.

Il arrive en effet le 13 juillet 1793 devant le Directoire et déclare « que malgré la réputation d'incivisme du sieur Vaudel la municipalité lui avait donné un certificat qui n'avait été approuvé ni par le District ni par la Convention nationale, et qu'elle le lui avait néanmoins maintenu et déclaré après cela qu'elle ne reconnaissait plus aucune personne suspecte à Châtel. »

Il ajoute qu'il regarde cette déclaration « comme un acte offensant et incivique capable de faire suspecter le Conseil général entier; mais comme il pourrait s'y trouver des membres innocents, il s'est contenté de regarder comme suspectes les personnes que la garde nationale lui désigna comme telles, sans vouloir y comprendre les membres du Conseil qu'elle lui désignait cependant de même. »

Il a même montré dans ses perquisitions une tolérance excessive! Encore un peu il en demanderait pardon au Directoire! Qu'on en juge plutôt : « La liste qui lui fut donnée des personnes suspectes, portait, dit-il, des officiers municipaux dont on demandait à grands cris le désarmement ; mais comme la loi du 26 mars excepte les fonctionnaires publics, il n'a pas cru devoir sévir, il s'est seulement contenté de recevoir des commandants de la garde nationale, la déclaration de l'incivisme dont la municipalité est accusée pour ensuite en référer au Directoire du District. »

Voilà donc nos pauvres conseillers pris en flagrant délit d'incivisme ; l'accusation est des plus graves et la preuve est accablante ! Elle l'est d'autant plus que le citoyen Choserat l'appuie d'une allégation plus compromettante encore.

« Bien des circonstances, dit-il, dénotent en effet que ces officiers municipaux sont entachés, à savoir : leur aversion pour le culte depuis la Constitution civile, la protection spéciale qu'ils accordent à ceux de cette opinion, les religieuses de Châtel qu'ils récèlent, etc. etc... »

Sur de telles accusations le Directoire n'a plus qu'à conclure.

Aussi, « considérant que les Officiers municipaux de Châtel n'ont cessé de donner des preuves de leur incivisme et que leur assertion de ne reconnaître aucune personne suspecte dans une ville qui jusqu'ici a été le scandale du district et du département, démontre évidemment qu'ils sont suspects eux-mêmes,... il ordonne en conséquence le désarmement des membres suspects (¹). »

C'est un acheminement vers la destitution et vers la prison !

On peut d'ailleurs se faire une idée de la joie de nos patriotes à la lecture de ce décret et de leur empressement à l'exécuter dans toute sa rigueur !

Le Comité de Salut public.

Il fallait assurer à ce régime de violence et de terreur le dévoûment et la sympathie universels !

Le dimanche 28 avril 1793, les Châtellois avaient reçu l'ordre de se rendre à l'hôtel-de-ville pour jurer « haine implacable aux tyrans, ralliement constant à la Convention nationale, soumission entière aux lois, et promesse de maintenir jusqu'à la mort la République une et indivisible. »

A lire le compte rendu de cette démonstration révolutionnaire, on se figure que pas un citoyen ne manque à l'appel; or, vingt signatures seulement sont apposées sous la formule du terrible serment! On procède ensuite à la création d'un Comité de Salut public.

Dès le 25 avril, le curé Clément a reçu l'ordre de dire la messe du dimanche à 7 heures du matin, afin

---

(¹) Archives des Vosges. L. 1003. 2ᵉ Classe.

de laisser à tous les citoyens la liberté d'assister à la réunion du 28, après laquelle on élira les douze membres qui constitueront le Comité. Non seulement le malheureux accède à cette injonction, mais il se présente lui-même à l'hôtel-de-ville et demande à être inscrit sur la liste des candidats.

A peine constitué, le comité des Douze se met à l'œuvre et signifie à Jean-François Javel de sortir de la ville avec toute sa famille parce qu'il est étranger. Mais Javel n'est pas homme à s'épouvanter : il part à Epinal et dépose sur le bureau du Directoire une protestation énergique. La question est examinée, et le 10 mai, les membres de Comité de Salut public de Châtel reçoivent un blâme formel. On leur fait remarquer que le titre d'étranger comprend seulement tout citoyen né hors du territoire de la République.

Quel a pu être l'instigateur des poursuites dirigées contre Javel? Pour lui, c'est le curé! Aussi, dans sa pétition, Javel n'a pas manqué de faire ressortir toute l'illégalité de son élection, et Clément qui s'attendait à recevoir des éloges sur son patriotisme éclairé, est non seulement blâmé de son ingérence, mais rejeté du Comité.

Voici, en effet, la réponse du Directoire pour ce qui le concerne :

« ..... Considérant aussi qu'il se rencontre dans l'arrêté du Comité de la ville de Châtel une nullité résultante de l'adhésion qui est prise par le citoyen

Clément, curé de la paroisse, contrairement à la disposition précise de l'article 11 de la loi cy devant citée qui interdit aux ecclésiastiques toute admission dans les comités créés en vertu de ladite loi, déclare que l'arrêté dont il s'agit, pris par les membres du Comité de la ville de Châtel portant injonction à Jean-François Javel de sortir de la ville, sera regardé comme non avenu, et que provisoirement le sieur Jean-François Javel est libre de demeurer en ladite ville de Châtel.

Arrête en outre que le citoyen Clément curé dudit Châtel sera tenu de se dispenser de prendre à l'avenir aucune part dans les délibérations du comité et qu'il sera pourvu à son remplacement. »

Il faut donc procéder à l'élection d'un nouveau membre. Le 15 mai la municipalité convoque tous les citoyens pour le dimanche suivant 19.

Furieux de sa déchéance, le curé avait aussitôt protesté près du Comité de Salut public de Paris, et en recevait le 18 mai la réponse suivante :

« Paris, le 14 mai 1793, l'an II de la République.

Citoyen,

« Des considérations de salut public ont déterminé la Convention nationale à exclure les ecclésiastiques, les nobles, etc... des comités dont la loi du 21 mars ordonne la formation. Vous demandez si la dénomination d'ecclésiastique est commune à tous les ministres du culte, ou si dans le cas présent elle ne doit s'appliquer qu'aux seuls prêtres réfractaires ; il ne nous appartient pas d'interpréter les lois, mais nous inclinons à penser que la confiance publique est le meilleur titre pour être admis aux comités de surveillance.

Telle est, Citoyen, la réponse du Comité à la lettre que vous avez écrite à son président ; observez qu'elle énonce un simple avis et non une décision qui excèderait les bornes de nos pouvoirs.

Le président et secrétaire du Comité de législation de la Convention nationale :

CAMBACÉRÈS, *président*. — BERTIER, *secrétaire*. »

Nanti de cette lettre, il se présente le lendemain 19 devant la municipalité au moment où l'on va choisir son remplaçant et en donne lecture. Sur ce, le président décide qu'il n'y a plus lieu de procéder à une nouvelle élection ; il lève donc la séance et le citoyen Clément reste membre du Comité de Salut public.

Grisé par le succès, notre curé constitutionnel rivalise de zèle avec les plus ardents révolutionnaires. Le voilà investi de pouvoirs illimités qui lui permettront de satisfaire ses basses rancunes et de tirer vengeance de ses ennemis, les partisans de l'ancien curé.

Il n'est pas en fonction depuis huit jours que les plus vives récriminations surgissent contre ses procédés brutaux. Il agit de concert avec Martin, commandant en second de la Garde nationale, et les excès auxquels il se laisse emporter sont si révoltants que la municipalité tout entière dépose une plainte contre eux, sur le bureau du Directoire (26 mai 1793) (¹).

En quoi cependant sont-ils répréhensibles ? Ne marchent-ils pas sur les traces des grands révolutionnaires de la capitale ?

Informés de la dénonciation portée contre eux, ils écrivent aussitôt au Directoire et lui demandent quelles mesures il faut prendre contre les gens suspects (3 mai 1793) (²). Nous ignorons la réponse du Département, mais on peut croire qu'elle ne fut pas des plus modérées, si l'on en juge par les incarcérations qui suivirent et que nous indiquerons au chapitre suivant.

La surveillance des dépêches.

On a pu s'étonner de n'avoir pas vu Nirel paraître à la réunion du 19 mai : une absence forcée l'en avait empêché.

Nommé commandant en chef des gardes nationales du District de Rambervillers, il était parti pour

---

(¹) Archives des Vosges. L. District de Rambervillers.
(²) Archives des Vosges. L. District de Rambervillers.

Épinal où devait se tenir, le jour même, une réunion plénière de tous les chefs de légion des Districts convoqués pour l'élection d'un général (¹).

Quelques jours après son retour, il reçoit un pli du District par lequel il est nommé avec Dominique Husson, commissaire pour la surveillance des lettres et paquets venant de l'étranger et adressés à des gens suspects (31 mai 1793). Quelle joie pour Nirel à la lecture de cette missive : on se rappelle que six mois auparavant (13 septembre 1792) il avait déjà tenté de s'attribuer les fonctions dont il est aujourd'hui investi.

Il ne peut donc manquer maintenant de s'en acquitter avec le plus grand soin. A ses yeux, toutes les correspondances ne viennent-elles pas de l'étranger, toutes les adresses ne portent-elles pas le nom d'un suspect ? Il a beau jeu, et il en use. Il en use même au point d'inquiéter les administrateurs du Département. Dès les premiers jours du mois de juin plusieurs d'entr'eux viennent à Châtel faire une enquête, puis édifiés sur les agissement peu discrets du citoyen Nirel, ils invitent la municipalité à nommer deux nouveaux commissaires pour assister à l'ouverture du sac des dépêches. Le choix se porte sur les sieurs Joseph Moinel et Forquin.

Ceux-ci se présentent donc les jours suivants au bureau de poste pour dépouiller la correspondance,

---

(¹) Le choix se porta sur M. Falatieu de Bains.

mais chaque fois ils ont été devancés par Nirel et ses gens qui leur font un accueil des moins attrayants.

Le 13 juin, les deux nouveaux commissaires se trouvent seuls à l'arrivée du courrier qui, sans doute sur la recommandation de la municipalité et pour dépister Nirel, a devancé l'heure habituelle. L'ouvrage terminé, ils s'en retournent chez eux. Moinel est sur le point de rentrer, lorsqu'il voit arriver à lui Nirel tout furieux.

« A son retour chez lui, dit le compte-rendu de cette scène, Joseph Moinel a été accosté par le dit Nirel qui d'un ton violent lui aurait demandé de quelle autorité il aurait fait ouvrir le paquet des lettres, et lui Moinel lui ayant répondu que c'était de la part des Administrateurs du Département, ledit citoyen Nirel l'aurait traité de...... de gueux et qu'il méritait d'être guillotiné, avec beaucoup de menaces, appuyant même son poing sur son estomac, et qu'étant dans la rue au-devant de sa maison ledit citoyen Nirel aurait proféré contre la municipalité des injures, la traitant nommément de f... b... de municipalité, et qu'ils étaient tous des gueux, toutes lesquelles injures ont été ouïes par Jean et Thomas les Grandidier, etc... »

Qu'on nous pardonne une fois pour toutes de telles citations, mais il est bon d'édifier le lecteur sur l'éducation et la valeur morale de nos farouches patriotes et de montrer entre quelles mains peuvent tomber dans des moments de troubles les destinées d'une ville (¹).

Averti de ce qui se passe, le Directoire répond dès le lendemain, 14 juin 1793, et « défend au citoyen Nirel et à tous autres de troubler à l'avenir les commissaires nommés par le Conseil général de la commune pour l'ouverture des lettres dans l'exercice de leurs fonctions et de s'y immiscer directement ou indirectement sous peine d'être dénoncés comme auteurs de rébellion envers les autorités constituées (²). »

Fort du mandat qu'il tient du District lui-même, Nirel brave de nouveau l'arrêté du Département. Prenant les jours suivants ses avances, il se trouve le premier à l'arrivée du courrier et procède comme bon lui semble au dépouillement des dépêches.

Croit-on par exemple que pour réduire notre farouche sans-culotte on le signalera « comme auteur de rébellion envers les autorités constituées » pour le frapper ensuite avec toute la rigueur des lois ? On n'y songe guère, et pour en finir, le Départe-

---

(¹) La municipalité est tellement terrorisée qu'elle se laisse insulter en pleine rue par les moindres pochards. Le 17 juin 1793 un nommé Lepage, dans un état d'ébriété complète, rencontre deux membres du conseil municipal. A leur vue il les invective de toutes ses forces, les traite d'aristocrates et leur crie « que s'ils avaient été mis en prison chaque fois qu'ils l'auraient mérité, ils ne seraient plus en place. » Et l'ivrogne est laissé en liberté.

(²) Archives des Vosges. L. 1003. 2ᵉ Classe.

ment ordonne tout simplement au directeur de la poste de Châtel de ne plus lui remettre à l'avenir les paquets de dépêches (20 juin 1793).

Mais Nirel ne se tient pas pour battu. Accompagné de Dominique Husson, il part aussitôt pour Rambervillers informer le District de l'arrêté qui les frappe. Ils ont été indignement calomniés ; on a interprété en mal leurs bonnes intentions, la surveillance des lettres est mal faite et ceux qui les ont dénoncés mériteraient d'être inscrits les premiers sur la liste des suspects.

Evidemment le District prend fait et cause pour eux.

« De tout temps, écrit-il au Directoire, les citoyens Grégoire Nirel et Dominique Husson ont été investis de la confiance du Directoire départemental, et l'insubordination que le citoyen Nirel a montrée dans cette occasion n'a été que l'effet d'un zèle peu éclairé et non le résultat d'un système d'insubordination (¹). »

Il fallait s'y attendre : le Département s'empresse de décréter sur ces remontrances que « le citoyen Nirel sera provisoirement adjoint aux commissaires nommés par le Conseil général de Châtel pour faire au bureau de la poste l'ouverture des paquets de dépêches. »

(¹) Archives des Vosges. L. 1003. 2ᵉ classe.

Une fois de plus la municipalité était blâmable : il lui faut donc s'incliner, donner carte blanche au terrible sans-culotte et applaudir à tous ses brigandages!

Arrestation des suspects.

En éventrant avec si peu de ménagements le sac qui renferme la correspondance, Nirel ne cherche que l'occasion de faire de nouvelles victimes : il trouve que la liste des suspects n'est pas assez complète et la maison de détention de Châtel trop vide.

Déjà cependant une arrestation aussi arbitraire qu'illégale a été opérée, grâce au civisme éclairé de quatre sans-culottes aux ordres de Nirel [1].

Le 11 mai 1793, à une heure du soir, ils se présentent, armés de fusils à baïonnettes au domicile de Maurice-François Vasseur, et de la part de leur commandant, lui déclarent qu'ils le mettent en état d'arrestation, et cela « sans le moindre sujet de sa part. »

Mais avant de voir les portes de la prison se refermer sur lui, Vasseur demande le registre des plaintes et dénonce à la municipalité l'illégalité de sa détention. Il la prie « d'ordonner son élargissement avec

---

[1] Nicolas Munier, François Santenoise, Pierre G... et Antoine G...

tels dommages-intérêts et dépens il lui plaira, en faisant défense aux susdits gardes-nationaux de récidiver, le procédé dont il se plaint étant formellement contraire et prohibé par l'article XVI du chapitre V de la Contitutionnelle du 14 septembre 1791. »

La plainte est remise au procureur de la commune Nicolas Mathieu, alors en service de permanence à l'hôtel-de-ville. Peu soucieux de se compromettre aux yeux de Nirel avec lequel il semble d'ailleurs avoir certaines accointances, le procureur lui déclare qu'il n'en prendra pas connaissance attendu « qu'il n'est pas de la compétence de la municipalité de s'occuper de cette affaire. »

Le maire Mengin et deux autres membres de la municipalité, les sieurs Périné et Joseph Moinel, qui arrivent sur les entrefaites ne sont pas tout d'abord de cet avis : il faut au moins s'informer si l'arrestation est aussi arbitraire que l'affirme le prévenu.

On invite donc le commandant de la garde nationale à se rendre immédiatement à l'hôtel-de-ville et à déclarer les motifs de l'incarcération. Nirel, qui est chez lui, ne bouge pas. Même abstention sur une seconde et une troisième invitation plus pressantes.

C'est le moyen de se tirer facilement d'affaire et d'empêcher les municipaux d'ouvrir les portes de la prison. En effet, ceux-ci finissent par se rendre à l'avis du procureur de la commune et à « renvoyer la plainte par-devant les juges qui en doivent connaître. »

En attendant, Vasseur reste sous les verrous.

Et pourtant aucune loi n'autorise encore l'arrestation des suspects ; mais elle ne tarde pas à venir. Le 2 juin elle est votée par la Convention nationale et le 9 le Directoire prend un arrêté en conséquence.

C'est une grosse question pour nos conseillers municipaux dont plusieurs sont fortement soupçonnés d'incivisme : vont-ils eux-mêmes livrer des armes à leurs ennemis en ordonnant l'exécution de l'arrêté ? Ils sont dix longs jours avant de prendre aucune décision ; mais les patriotes trouvent le temps long, leurs murmures vont se changer en menaces, il faut se résoudre à publier la terrible loi. Le 20 juin, le Conseil invite le juge paix Tanant, ses assesseurs et les membres du Comité de Salut public à se réunir le jour même à l'hôtel-de-ville vers 1 heure du soir « pour prendre connaissance de la loi et de l'arrêté susdits » et s'y conformer.

Nos sans-culottes se sentent enfin les coudées franches : dans moins de deux jours tous les suspects sont sous les verrous. Nous n'en connaissons pas le nombre, leurs noms n'ayant pas été consignés dans les archives municipales.

Évidemment, ce n'est pas sans provoquer en ville une certaine émotion que nos patriotes opèrent leurs arrestations. Le Conseil qui sent tout l'odieux et la tyrannie de ces procédés révoltants s'empresse de donner le jour même une certaine latitude pour visiter les prisonniers et mitiger la rigueur de leur détention. Il décide « que le membre du conseil, de permanence à l'hôtel-de-ville, sera spécialement chargé de donner des permissions, s'en rapportant à sa prudence et l'autorisant à accompagner les personnes qui voudraient communiquer avec les détenus, s'il le trouve nécessaire ou convenable. » (22 juin 1793).

Mais les terroristes crient bien vite à la trahison !

Plusieurs personnes ont été admises dans la journée du 23 à visiter les prisonniers et à leur apporter quelques soulagements ! C'est un abus des plus criants ! L'un d'eux essaye même de rassembler la Garde nationale pour venir expulser tous ces audacieux. Une pareille tentative est, aux yeux de notre municipalité, un acte « dangereux pour la tranquillité publique. »

En conséquence, le procureur de la commune « requiert, pour éviter les inconvénients qui pourraient en résulter, que la délibération du 22, qui permet à l'officier de permanence d'accorder toute permission, reste suspendue jusqu'à ce qu'il soit instruit de la manière que les parents et autres communiquent avec les détenus d'Épinal et des villes voisines. »

Encore un acte de faiblesse, et cela pour contenter une poignée d'énergumènes !

Les troubles provoqués par le refus d'un certificat de civisme.

Toutes les poursuites arbitraires auxquelles nous venons d'assister avaient été opérées chez les familles les plus recommandables qui, par le fait de leur honorabilité, s'étaient vu refuser des certificats de civisme. La municipalité en avait délivré dès les premiers jours de juin, et quiconque n'en était pas jugé digne était une victime toute désignée aux persécutions révolutionnaires.

Nirel et ses bandits en sont évidemment nantis les premiers.

Clément ne tarde pas non plus à se présenter et à réclamer le sien. Peut-on douter de son patriotisme ? lui curé constitutionnel, n'a-t-il pas prêté tous les serments exigés par la Révolution : il a foulé aux pieds ses engagements les plus sacrés de prêtre catholique et il est prêt à sacrifier jusqu'au bout à l'idole du jour ; que peut-on lui demander davantage ?

Aussi, grand désappointement et grande fureur de sa part : le Conseil lui refuse le fameux certificat !

N'est-ce pas l'injure la plus sanglante qu'on puisse lui infliger ! Comment donc ! lui membre du Comité de Salut public être traité comme un odieux aristocrate et un vulgaire réfractaire ! C'en est trop !

Il part aussitôt pour Épinal et devant le Directoire fait une charge à fond contre l'incivisme de la municipalité : son accusation furibonde terminée, le Département en délibère, mais, ô cruelle déception, il renvoie tout simplement l'affaire à l'avis du District. Cette fin de non recevoir si extraordinaire n'était qu'une vengeance : on se rappelle comment notre curé avait su passer, quelques semaines auparavant, sur les décisions de ce même Directoire pour rester membre actif du Comité de Salut public de Châtel.

Mais Clément ne se rebute pas : il arrive à Rambervillers et renouvelle devant le District les accusations terribles qu'il a déjà formulées devant le Directoire. Sa parole y trouve plus d'écho, et l'assemblée, s'inspirant des charges mêmes du dénonciateur, invite le Département à prendre des mesures en conséquence contre la susdite municipalité.

« On n'a cessé, écrit-elle, de porter des plaintes sur la conduite indigne de plusieurs de ses membres ; ce qui confirme que ces plaintes sont fondées, c'est la facilité avec laquelle elle a accordé des certificats de civisme à des sujets qui en étaient absolument indignes, et ce qui met le comble à son iniquité, c'est le refus d'un certificat de civisme au curé constitutionnel tandis qu'elle en a accordé à des religieuses qui ne prêchent que le fanatisme et la désorganisation..... Voilà mettre la dernière main à l'édifice de l'aristocratie ; c'est arborer l'étendard de la révolte, c'est enfin marcher sur les traces des brigands qui infectent la Vendée et foulent aux pieds la Constitution. (¹) »

L'incivisme de la municipalité est évident, les preuves sont écrasantes; néanmoins le Directoire lui renvoie les pièces à conviction en l'invitant à se disculper.

Le Conseil répond en dénonçant à son tour le curé et en portant contre lui une accusation des plus compromettantes : son incivisme est tellement flagrant « qu'il s'est permis de tenir les invectives et les propos les plus malséants contre l'administration supérieure! »

Il y avait de quoi couper la tête a un suspect; le curé Clément fut simplement renvoyé devant le juge de paix!

Sur ces entrefaites une loi de la Convention ordonne à tous les fonctionnaires et les pensionnés de la République de recevoir un certificat de civisme. Notre curé qui se considère bien comme tel et comme un salarié de l'Etat, se présente devant la municipalité et dépose encore sa requête.

On ne peut cette fois lui opposer un refus! Nouvelle illusion! Le Conseil ose surseoir une seconde fois à la délivrance dudit certificat jusqu'à ce qu'il ait délibéré, et il statue en définitive qu'il y a lieu de le refuser. (1ᵉʳ juillet 1793).

Cette mesure de méfiance qui eût dû le faire réflé-

(¹) Archives des Vosges. L. 1003.

chir, lui désiller les yeux et le ramener dans la bonne voie, hélas! précipita sa chute.

Ses partisans sont là qui attendent la réponse; déjà depuis plusieurs jours ils parcourent les rues de Châtel, la menace sur les lèvres; l'avant-veille à 10 heures du soir « des cris injurieux et incendiaires ont été proférés contre plusieurs citoyens de la ville et autres, » et l'enquête platonique ordonnée par la municipalité ne sert qu'à montrer son impuissance devant les coupables.

Que sera-ce lorsqu'elle aura signifié au curé son second refus?

En effet, celui-ci en est à peine informé, que des bruits sourds se font entendre, puis éclatent en pleine rue; l'agitation commence, s'accentue à chaque instant et prend tout à coup les proportions les plus inquiétantes : Châtel ressemble à un cratère en ébullition.

Afin de prévenir toute éruption et d'assurer la tranquillité publique, le Conseil prend à la hâte les précautions les plus urgentes. Après s'être informé de l'état des esprits, il mande à la salle des séances le citoyen Martin, commandant en second de la garde nationale. Martin répond qu'il n'a pas le temps de s'y rendre. Une autre signification plus pressante lui est envoyée : il devra mettre sur pied tous ses hommes, tandis que le Comité de Salut public se réunira pour prendre des mesures en conséquence. (2 juillet 1793).

Vaines sommations! la garde nationale ne bouge pas!

Clément et Nirel ne sont-ils pas là pour arrêter l'effet des ordres qui viennent de l'hôtel-de-ville? Eux, les auteurs de cette révolution ne doivent-ils pas lui donner tout le temps de produire son effet? la belle occasion de faire expier dûrement à cette municipalité réactionnaire son refus de livrer au curé patriote un certificat de civisme. Ne faut-il pas la compromettre auprès du Directoire départemental par des troubles sérieux qui montreront toute sa faiblesse et la feront destituer.

Néanmoins nos conseillers veulent tenir tête à la sédition; ils restent en permanence à l'hôtel-de-ville, mais non sans être en but aux injures les plus grossières. Les invectives qui leur viennent de tous côtés, les sommations les plus féroces d'avoir à délivrer au citoyen curé le certificat de civisme qu'il réclame, rien n'est capable de les faire céder.

Cependant leur situation est des plus critiques, et, ce qui met le comble à leurs inquiétudes, c'est la nouvelle que le soir à 8 heures « un rassemblement en armes » s'organisera contre eux.

Une troisième et énergique sommation est encore envoyée à Martin, et défense est faite à tout citoyen de sortir en armes, à l'heure indiquée, sous peine de procès-verbal.

Le commandant qui craint d'assumer par son inaction toute la responsabilité des excès qui sont à redouter, se décide à mettre quelques hommes sur pied, et à « commander un piquet de *citoyens patriotes* qui feront patrouille la nuit. » Mais cette troupe de patriotes qui doit assurer la tranquillité ne prendra-t-elle pas plutôt fait et cause pour l'émeute? certes nos révolutionnaires savent trop à qui ils ont affaire.

Aussi, durant toute la nuit du 2 au 3 juillet, le désordre redouble, l'agitation est à son comble, les membres du Conseil sont menacés et les patriotes ne parlent de rien moins que de leur faire un mauvais parti. Au premier bruit du rassemblement annoncé nos édiles sont en effet descendus dans la rue, le maire et les officiers municipaux ceints de leur écharpe. Mais leurs paroles sont couvertes par les cris des émeutiers qui se précipitent en même temps sur eux.

Nirel lui-même, dans une pétition qu'il adresse le surlendemain au Directoire pour disculper ses partisans, reconnaît que « les citoyens patriotes de Châtel, sur le refus fait par la municipalité d'expédier au citoyen curé un certificat de civisme, ont commis quelques violences contre les officiers municipaux, entr'autres ont ôté à l'un deux son écharpe, et que cette action a paru très criminelle quoiqu'elle n'eût été faite que dans un moment d'effervescence occasionné par le refus du certificat dont il s'agit, qui portait à croire que l'aristocratie semblait vouloir altérer le patriotisme. »

Averti le 1ᵉʳ juillet des troubles qui agitaient Châtel, et menaçaient de continuer, le Directoire n'avait rien répondu, laissant ainsi le champ libre aux émeutiers. Le 3 au matin il est de nouveau prévenu, par un procès-verbal de la Municipalité, des scènes de désordre qui viennent de se produire. Cette fois il est effrayé des conséquences qui peuvent en résulter ; il se hâte donc de prendre une délibération pour venir en aide à l'autorité et en assurer le respect par tous les moyens possibles. En voici quelques extraits :

« Vû les procès-verbaux dressés par le Conseil général de la commune de Châtel les 1ᵉʳ et 3 du courant, le Directoire du Département des Vosges sur le rapport et ouï le procureur général syndic :

A appris avec une profonde affliction que plusieurs citoyens de Châtel égarés par les ennemis de la Révolution, ou entraînés par un esprit de révolte, se rendent coupables du crime de sédition, qu'ils troublent dans cette ville l'ordre public, qu'ils prétendent y mettre leur volonté à la place de la loi, qu'ils ne connaissent plus de magistrats ni d'autorités légitimes, *qu'ils menacent la sûreté des personnes, violent leur liberté et leurs propriétés* ; considérant que la loi du 2 août 1791 établit les moyens de réprimer les attroupements séditieux, que les officiers publics auxquels elle impose le devoir de diriger l'action de la force publique dans les conjonctures difficiles existent à Châtel..., considérant qu'étant instruit de ces désordres, que le danger paraît pressant et que la Municipalité de Châtel recourant à son autorité, il doit s'empresser de lui indiquer d'abord toutes les mesures qui sont en son pouvoir pour rétablir dans cette ville l'empire de la loi, du bon ordre et le respect pour les autorités constituées pour la sûreté des personnes et pour les propriétés ;

Arrête que la municipalité et le juge de paix de Châtel et le procureur syndic du District de Rambervillers seront tenus, sous leur responsabilité, de faire toutes les réquisitions nécessaires aux troupes de ligne et gendarmerie nationale qui peuvent être à la distance de douze milles de cette ville, comme aussi à tous les citoyens du District inscrits sur le registre de la garde nationale et de prendre toutes les mesures de force et de prudence que les circonstances pourront commander.....; charge en outre le procureur général syndic d'adresser à l'accusateur public les procès-verbaux dont il s'agit pour faire informer les auteurs, fauteurs, complices, adhérents, circonstances et dépendances, de quoi il sera rendu compte au département dans le plus bref délai(¹). »

Ici encore un simple blâme pour les émeutiers ! on doit s'y attendre, l'enquête demandée par le Directoire n'aboutit à rien, il faudrait mettre sous les verrous tant de braves patriotes ! et d'ailleurs, nous

---

(¹) Archives des Vosges. L. Délibérations du Directoire.

l'avons vu, Nirel s'est chargé d'obtenir l'absolution complète de cette simple peccadille.

Cependant l'émeute n'a pas encore dit son dernier mot.

Le 3 et le 4 juillet nouvelle recrudescence, la municipalité tient toujours tête et refuse énergiquement de délivrer le fameux certificat de civisme. De leur côté les sans-culottes ne veulent pas désarmer; la ville est dans un désordre indescriptible; c'est l'anarchie la plus complète et le 4 au matin, le commandant Martin, qui a été sommé de mettre ses hommes sous les armes, vient déclarer devant la municipalité « qu'il ne peut pas répondre de sa garde pour maintenir la tranquillité. »

Devant cette déclaration alarmante, le Conseil dépêche aussitôt des exprès pour aller requérir les brigades de gendarmerie de Charmes, d'Épinal et de Rambervillers ; en attendant, Martin devra faire tout son possible pour réprimer les désordres.

La prompte arrivée de la maréchaussée ne fait que surexciter nos Révolutionnaires : leur œuvre n'est pas achevée, leur but n'est pas atteint, et ils demandent à grands cris le retrait immédiat de la troupe ; mais nos municipaux qui sentent toutes les difficultés de la situation ne sont pas de cet avis et répondent aux émeutiers par la délibération suivante :

« Cejourd'hui, 5 juillet 1793, huit heures du matin en la chambre de la commune.

Le Conseil général assemblé à l'effet de prendre *des mesures de force* et de prudence nécessaires dans les circonstances où l'on se trouve dans cette commune relativement à l'arrêté du Directoire du Départetement des Vosges du trois du courant rendu au sujet des troubles qui existent dans cette ville; considérant que les troubles ne sont pas calmés, qu'il paraît au contraire qu'on cherche à les continuer, que cependant il est du devoir du Conseil ainsi que du citoyen juge de paix y réuni, de chercher à rétablir le bon ordre, le maintien des loix, la sûreté des personnes et des propriétés; c'est pour parvenir à ces fins que le Conseil a pensé que les citoyens gendarmes nationaux des brigades d'Épinal et de Charmes réunis en cette ville depuis hier soir au nombre de dix, n'étaient que suffisants pour le moment ; pourquoi ils seront invités et requis de rester en permanence en cette cité provisoirement jusqu'à ce qu'on apercevra que l'espoir de désordre qui y règne soit calmé ; et dans le cas que le service de ces citoyens gendarmes nationaux serait nécessaire ailleurs, le Conseil se réserve de prendre des réquisitions ultérieures à l'effet de se procurer une autre force armée.

Il délibère en outre que la présente délibération sera adressée incessamment au citoyen procureur-général-syndic du Département pour lui faire part et rendre compte au Département des mesures prises par le Conseil général et le citoyen juge de paix. »

Nos conseillers ont à peine signé la délibération que le curé Clément se présente encore, exigeant son certificat de civisme. Il tient à la main la dénonciation qu'il a portée contre la municipalité, l'avis favorable du District et surtout celui du Directoire. Si cette dernière assemblée, dit-il, a essayé de l'évincer du Comité de Salut public de Châtel, ce n'est pas pour son incivisme, mais bien parce qu'elle regardait son ingérence comme contraire aux lois.

Qu'on lise plûtot la feuille qu'il dépose sur le bureau :

« Copie d'un arrêté du Département des Vosges.

Le Directoire du Département des Vosges délibère que lorsqu'il a pris cy-devant des arrêtés portant que le citoyen Clément ne pouvait faire partie du Comité de surveillance établi à Châtel en exécution de la loi du vingt et un mars dernier, il n'a été déterminé que par les dispositions expresses de ladite loi, qui exclue les ecclésiastiques de ces comités, mais qu'aucuns faits d'incivisme n'ont été rapportés au Directoire contre le citoyen Clément, ni lors de l'établissement de ce comité, ni avant, ni depuis cet établissement.

Epinal, en séance publique, le 3 juillet 1793, l'an deuxième de la République française. »

Clément s'attendait à voir enfin nos conseillers céder à la lecture de cette pièce ; pas du tout, il éprouve un nouveau refus. (5 juillet 1793).

Les graves accusations qu'il avait portées contre

eux devant le Directoire n'étaient pas pour rien dans cette décision surprenante, quoiqu'elles n'eussent pas eu le succès qu'il en attendait. Deux commissaires du Département, Papigny et Gouvernel, s'étaient rendus à Châtel avec l'ordre de s'enquérir des faits et de ramener un peu de calme dans la ville.

L'enquête terminée, la municipalité est maintenue en fonctions, avec recommandation de montrer à l'avenir plus de courage et d'énergie. D'un autre côté la garde nationale et son chef Nirel reçoivent l'ordre de ne plus usurper désormais les fonctions municipales (1).

A l'arrivée des brigades de gendarmerie, celui-ci s'était empressé d'en demander au Directoire le départ immédiat. Il se sentait gêné dans ses mouvements, et la municipalité protégée par la force armée n'allait-elle pas en profiter pour prendre des mesures de rigueur contre tous ses partisans ?

« Cet appareil de la force armée, dit-il, inquiète les bons citoyens et fait une sorte d'injure à la garde nationale qui a toujours manifesté son zèle pour le maintien de l'ordre et de la tranquillité publics ; les exposants, en qualité de commandant et adjudant, sont tellement assurés du zèle de leurs concitoyens qu'ils ne craignent pas la moindre insurrection.

En conséquence ils concluent à ce qu'il soit ordon-

---

(1) Les Vosges pendant la Révolution, par Félix Bouvier, page 136.

né que les gendarmes nationaux en permanence à Châtel seront invités de se retirer sous les offres que font les exposants de tenir en activité des patrouilles et gardes suffisantes pour maintenir l'ordre et la tranquillité dans la ville. »

Informée de cette pétition par le Directoire lui-même qui lui demande son avis, la municipalité consigne plus rigoureusement que jamais les brigades de gendarmerie.

Nos révolutionnaires n'ont pas encore brûlé toutes leurs cartouches; ils ne sont pas à bout d'expédients, et ce qu'ils n'ont pu obtenir par la force et la terreur ils essayeront de l'avoir par la persuasion. Ils demandent la convocation d'une assemblée générale composée de la municipalité, du Comité de Salut public, du juge de paix et des officiers de la garde nationale : on y délibérera en commun sur les mesures à prendre pour « opérer une paix durable en conformité avec l'invitation faite par les administrateurs du Département. »

L'assemblée a lieu le 6 juillet, et pour arriver au but proposé, la municipalité n'a évidemment qu'à délivrer au curé constitutionnel le fameux certificat de civisme : c'est d'ailleurs la seule chose qu'on lui demande.

Mais non, elle s'y refuse de nouveau !

Pendant ce temps, nos ardents sans-culottes attendent dans la rue le résultat de la délibération. Malgré les menaces, malgré les dangers auxquels elle s'expose, la municipalité tient bon, et Nirel se retire suivi de ses officiers et des membres du Comité de Salut public.

Le résultat de l'entrevue est à peine connu que le plus farouche de ses partisans, Antoine C....., se précipite tout furieux dans la salle où siègent encore les conseillers, proférant force paroles injurieuses : il lui faut l'arrestation de cinq ou six d'entr'eux, « autrement il y aura des têtes coupées » ! Et l'adjudant Pierre C......, qui est remonté derrière lui, vient aussi déclarer en face de toute l'assemblée « que si l'on n'accepte pas la paix, il y aura du sang versé dans la commune ! »

Ce n'était pas très rassurant : néanmoins l'émeute perd du terrain, et dès le lendemain (7 juillet 1793) l'ardeur sanguinaire de nos sans-culottes commence à se calmer. Hier, ils auraient coupé la tête aux aristocrates, aujourd'hui ils se contenteraient de couper leurs perruques !

Un vieux garçon, Dominique Pichol, s'est, en effet, permis de se présenter à la séance publique, coiffé à l'ancienne mode. Nirel qui l'aperçoit est offusqué de ce dernier vestige de l'élégance; il l'apostrophe brutalement et lui ordonne de couper ses cheveux « autrement il les lui coupera lui-même, » et Pichol qui craint pour sa tête plus encore que pour sa perruque, juge prudent « pour sa sûreté » d'en informer la municipalité. (7 juillet 1793).

En refusant si obstinément au curé un certificat de

civisme, nos conseillers n'avaient qu'un but, celui de se débarrasser de ce triste personnage, soit en le faisant enfermer comme un vulgaire suspect soit en l'obligeant à déguerpir. Ils ne connaissent que trop ses agissements sournois et ses accointances avec tous les bandits du pays : à leurs yeux, c'est lui le premier auteur de tous les désordres, et ils ne se trompent pas. Mais hélas! leurs efforts restent stériles et ne servent qu'à aiguiser davantage la rancune du constitutionnel.

Cependant la présence de la maréchaussée est fort onéreuse pour la ville; la municipalité, qui voit le calme renaître, demande donc qu'il ne reste plus que cinq gendarmes pendant la semaine, sauf à recevoir du renfort le dimanche. (8 juillet 1793).

C'est encore trop pour Nirel.

Si par ses pétitions il n'a pu obtenir leur départ, peut-être arrivera-t-il au même but en leur rendant la vie difficile à Châtel, en usant à leur égard des procédés les plus violents. Leur présence met sans cesse sa bile en mouvement, et il sent trop bien que son grade de commandant de la garde nationale n'est plus qu'un vain titre.

Un jour (18 juillet 1793), trois gendarmes en tournée de service entrent chez sa voisine, la veuve Parisot. Ils ont à peine franchi le seuil de la maison que la servante, s'emportant contre leur ingérence et leur audacieuse témérité, les traite « d'aristocrates et autres mots aussi insolents et incompatibles avec leurs fonctions. » Et nos braves gendarmes de lui répondre tout bonnement « suivant les sentiments patriotiques qui les caractérisent et de lui dire que c'était la plus grande insulte qu'on pût leur faire, que si elle n'était pas femme ils useraient de la force et autorité qui leur sont confiées. »

Attiré par l'algarade de la servante, Nirel accourt et sans crier gare, assène un coup de poing formidable sur le nez du gendarme Collignon. Pendant que celui-ci cherche à se reconnaître, Nirel retourne chez lui, cherche son épée, et ne la trouvant pas, saisit un de ses pistolets, revient plus furieux encore et « menace de brûler la cervelle au premier des trois qui bougera. »

La veuve Parisot qui est accourue sur les entrefaites complète le tableau en déversant sur eux les injures les plus grossières. Encore tout émus de cette scène presque tragique, les gendarmes viennent porter plainte devant la municipalité. Va-t-on user de toute la rigueur des lois ? Il y a menaces et agression flagrantes contre la force publique, c'est pour les coupables la prison et même la mort. Mais nos conseillers tremblent toujours devant Nirel : ils renvoient tout simplement l'affaire devant le juge de paix qui, pour n'avoir pas maille à partir avec le féroce révolutionnaire, s'empresse de la mettre au panier [1].

---

[1] Des certificats de non émigration furent délivrés pendant les mois de juin et de juillet ; parmi ceux qui en obtinrent nous voyons figurer :

Les fêtes civiques.

L'ère de la Liberté est, paraît-il, ouverte en France depuis quatre ans ; nos sans-culottes le répètent sur tous les tons, et ceux qu'ils ont jetés au fond des cachots auraient tort d'en douter. Il faut donc perpétuer le souvenir de cette époque mémorable, en plantant en grande pompe l'arbre symbolique.

La fête civique, fixée au 13 juillet, est animée et rehaussée par « les cris de Vive la République et par l'hymne des Marseillais chanté par des citoyens et des citoyennes de Châtel. » Puis un municipal donne lecture « de l'acte constitutionnel et du décret de la Convention nationale ordonnant la convocation des assemblées primaires pour la présentation de la déclaration des droits de l'homme et du citoyen. »

Quelques semaines plus tard nos révolutionnaires viennent parader de nouveau autour de l'arbre de la Liberté, en souvenir de l'anniversaire du 10 août. C'est l'apologie du crime et du massacre qu'il faut faire : deux orateurs s'en chargent !

La veille, la fête est annoncée au son des cloches et convocation est donnée pour 7 heures du matin à la maison commune. A l'heure fixée, le cortège offi-

---

25 juin 1793. — Claude-François Marchal.
26 «   «   — François-Xavier Clément, curé de Châtel.
26 «   «   — Jean-Baptiste Foinant, vicaire de Châtel.
28 «   «   — Les religieuses du couvent de la Congrégation
              de Notre-Dame à Châtel.

ciel composé du conseil municipal, du juge de paix et d'un piquet de la garde nationale s'ébranle et se dirige tout d'abord à l'église pour y assister à une messe solennelle d'actions de grâces. Et notre curé Clément, par son culte sacrilège, se prête de bonne grâce à la glorification du crime et de l'assassinat !

L'office terminé, le cortège se reforme, et au bruit du canon se rend sur la place autour de l'arbre de la Liberté (¹). Les deux orateurs désignés prennent successivement la parole « sur la fête du jour ; » après quoi tous les assistants sont invités à prêter entre les mains des autorités constituées le serment de « maintenir la liberté, l'égalité et la République une et indivisible et de mourir en les défendant. »

Ensuite, ajoute le compte rendu de la cérémonie, « des musiciens officieux, qui déjà avaient accompagné les groupes, ont fait retentir l'air de leurs sons harmonieux. Des citoyens et des citoyennes ont chanté l'hymme Marseillais et les danses ont terminé la fête, à laquelle les gendarmes nationaux en permanence dans cette ville ont assisté (²). »

Comme on le pense, ces fêtes ne sont pas du goût de tout le monde, et bien des personnes s'enferment chez elles pour ne pas assister à ces exhibitions révolutionnaires; mais les démocrates ne l'enten-

---

(¹) L'arbre planté le 13 juillet était déjà sec ; on le remplaça le 30 ventôse an II (20 mars 1794), avec le même cérémonial.

(²) Le 22 août seulement la municipalité pétitionne pour leur départ définitif.

dent pas ainsi et les font venir de force au nom même de la liberté (¹).

Vandalisme révolutionnaire. — Abolition du culte.

La loi du 12 août 1793 qui ordonne l'arrestation de tous les suspects, amène une recrudescence de persécution sur tous les points de la France. Nos révolutionnaires de Châtel ont, nous l'avons vu, devancé la loi ; néanmoins tous les prêtres insermentés qui exercent secrètement le saint ministère ne sont pas arrêtés : on a aperçu l'un d'eux à Frison ; ils se cachent sans nul doute « chez les citoyens Villemont, ci-devant seigneurs (²). » Informé de sa présence, le Directoire ordonne une perquisition qui reste infructueuse, grâce à l'avertissement secret envoyé par l'un de nos conseillers municipaux (³).

Un autre décret de la Convention faisait disparaître tout ce qui, de près ou de loin, rappelait un souvenir des institutions royales. Or, pendant que la commune de Paris s'acharne à détruire jusqu'aux tombeaux de nos rois et à violer leurs sépultures, notre municipalité renie elle aussi tout un passé glorieux, elle rougit du nom même de la ville, et pour

---

(¹) D'après la tradition.
(²) Archives des Vosges. L. Délibérations du Directoire.
(³) D'après la tradition.

effacer ce qu'elle regarde comme un vestige des temps féodaux, elle déclare sottement que Châtel portera désormais le nom de Durbion-Moselle.

Voici d'ailleurs la délibération prise à ce sujet :

« Le Conseil général de la commune de Châtel assemblé en séance publique, un membre a dit que le nom de Châtel que portait cette commune semblait dérivé de la féodalité. Le Conseil, considérant que dans une république il ne doit exister aucun vestige de féodalité ni mot significatif d'icelle, a délibéré, ouï le procureur de la commune, que la Convention nationale serait invitée à changer le nom de la ville de Châtel en celui de Durbion-Moselle, cette commune étant au confluent de ces deux rivières.

Délibéré le 23 brumaire, an II de la République une et indivisible.

Signé : Dieudonné, N. Vinot, D. Bonavoine, Dominique Husson, Dominique Cosserat, L. Grandcolas, Charles Martel, Joseph Moinel, Georges-Joseph Briguel, C. Lasselle, Raidot, Gerbaut. »

Ce fut avec un profond mépris que les Châtellois accueillirent cette délibération; personne ne tint compte de cette ineptie, et l'on n'osa pas même employer dans les actes officiels la nouvelle dénomination, fruit de quelque cerveau détraqué par les idées révolutionnaires.

Le dimanche 29 septembre 1793, le curé Clément, qui exerce encore son ministère sacrilège, donne sa démission de membre du Comité de Salut public.

C'était une vraie destitution : n'étant pas nanti d'un certificat de civisme, la loi le forçait à se retirer ; l'élection de son remplaçant, Dominique Husson, se fait à la sortie des vêpres paroissiales.

Cependant, le culte constitutionnel qui a jusqu'alors joui des faveurs gouvernementales devient suspect malgré le servilisme de ses ministres. Si les prêtres apostats continuent encore à parler de ce Dieu dont ils profanent le culte, à prêcher une morale qu'ils rattachent à l'Évangile, ces débris des traditions catholiques importunent néanmoins des factieux sans croyances et sans frein.

Les révolutionnaires de toutes les communes de France sont impatients d'en finir avec Dieu et l'immortalité de l'âme ; et chacun de ces misérables, à l'exemple de l'un d'entr'eux, l'insensé Anacharsis Clootz, se vante d'avoir une âme « sans-culotte et d'être l'ennemi personnel de Jésus-Christ. »

Sur la proposition d'Hébert, la Commune de Paris avait rendu un arrêté par lequel toutes les statues des saints et toutes les effigies religieuses placées sur le portail des églises et sur la voie publique seraient immédiatement détruites comme autant de de vestiges du fanatisme et de la barbarie. En conséquence, et pour se mettre à l'unisson avec la capitale, la municipalité de Châtel décrète le 3 frimaire an II (23 novembre 1793) « qu'il est urgent de faire disparaître des rues et places publiques de la ville tout signe extérieur du culte extérieur, ainsi que tout signe de féodalité. » Elle décide en outre l'expédition au Directoire de Rambervillers « de tous les ornements et vases (sacrés) en or et argent. »

Six commissaires sont nommés pour l'exécution du décret : Jean-Blaise Pitois et Joseph Vétier se chargent de faire disparaître les signes extérieurs du culte ; Grégoire Dieudonné et Astoin anéantiront les souvenirs de la féodalité, et les citoyens Lasselle et Moinel conduiront au District les objets du culte.

Hélas! le triste exemple donné par l'évêque intrus de Paris Gobel et par tous les prêtres constitutionnels de la Convention ne sera malheureusement que trop suivi par un grand nombre de prêtres engagés dans le schisme

Après avoir aidé à charger sur une charrette tous les vases sacrés et les ornements qui lui restent, le curé Clément fait sonner les trois cloches et convoque les fidèles à l'église. Il monte en chaire, fait un discours qui a malheureusement échappé à nos recherches et termine par une lâche abdication de son ministère!

Cet épouvantable scandale met nos patriotes dans l'exultation, ils décident l'impression de ce magistral discours dont un exemplaire sera envoyé tant à la Convention qu'aux deux représentants du peuple près les armées du Rhin, Milhaud et Guyardin, et l'on ne manquera pas d'y joindre une lettre de recommandation en faveur du nouveau sans-culotte. (24 novembre 1793) (¹).

Et maintenant que tout culte public est interdit, à quoi bon trois cloches! Le 11 frimaire an II (1ᵉʳ décembre 1793) la municipalité met en adjudication la descente des deux plus petites. Mais pourquoi tant de formalités ? Il y a là plusieurs démocrates qui s'en chargent bien volontiers moyennant une simple rétribution (²).

Le même jour on procède à une autre adjudication :

« Le Conseil général, par continuation de sa séance publique, considérant que le jour d'hier il aurait fait annoncer par affiche et son de caisse qu'à l'heure présente il sera procédé à l'adjudication au rabais, 1° de la descente de la croix placée au-dessus de la flèche de l'église paroissiale en y laissant le poinçon auquel il sera attaché une girouette ; 2° de la descente d'une autre croix posée sur le chœur de l'église ; 3° de la descente de deux dauphins servant de chanlatte au-devant du portail ; 4° de la destruction des croix de Lorraine et autres marques et signes de féodalité et symboles extérieurs du culte qui se trouvent tant dans la tour que dans les murs et bâtiments de l'église paroissiale. Le conseil a délibéré qu'il serait à l'instant procédé

(¹) Archives municipales. Délibérations du 3 nivôse an II. (23 décembre 1793).

(²) Ils sont au nombre de sept ; leurs noms sont consignés à la fin de la délibération du 11 frimaire an II.

au rabais de tous les ouvrages mentionnées cy-dessus.»

L'adjudicataire est un nommé Jean Vialy qui accepte l'entreprise moyennant la somme de 150 livres ; il est d'ailleurs l'un des sept qui se chargèrent de la descente des cloches.

Voilà donc le budget de la commune grevé de 150 livres pour détruire en une journée ce qui a coûté des années de travail. Les monuments les plus beaux, les chefs-d'œuvres d'art en tous genres, rien ne trouve grâce devant le marteau de l'athéisme républicain. Deux dauphins, deux gargouilles n'échappent même pas au vandalisme ! Pour nos démolisseurs ce sont des signes de féodalité ou quelque symbole extérieur du culte !!

Depuis cinq jours déjà la girouette révolutionnaire domine la flèche de l'église à la grande satisfaction des sans-culottes ; mais, chose incompréhensible, une croix, celle de la chapelle des capucins, jette encore publiquement son défi à l'athéisme officiel. (16 frimaire an II, 6 décembre 1793). Le conseil est convoqué d'urgence et va prendre les mesures nécessaires.

« La municipalité convoquée en la chambre de ses séances ordinaires publiques à l'effet de prendre les mesures nécessaires pour faire enlever la croix au-dessus du clocher de la maison des ci-devant religieux de cette ville et autres qui peuvent dépendre de ce bâtiment, ainsi que tous autres signes de féodalité et de culte relativement à la délibération du Directoire du District de Rambervillers du tridi de la deuxième décade de frimaire, présent mois, et de la missive des administrateurs du même District du 12 aussi courant; voulant mettre à exécution cette délibération, considérant que la présence des citoyens Jean Jauffroy et Maurice Campagne, charpentiers de Charmes viennent de descendre la croix de la flèche de l'église paroissiale de Châtel, qu'ils ont encore les instruments nécessaires pour l'opération à faire, que les ouvriers de cette ville ne sont pas munis de ces sortes d'instruments, la municipalité a pris le parti d'inviter lesdits citoyens à vouloir se prêter aux opérations susdites, et après avoir vu le local ils ont rapporté que la descente de la croix éprouvait des difficultés à défaut de crochets dans la flèche ; qu'il faudrait de nécessité dresser des échafauds et théâtres, ce qui entraînera plus de dépens et demandera un emploi de temps plus considérable, pourquoi ils ont demandé pour les opérations susdites une somme de cent livres de laquelle ils veulent bien se contenter, vu leur présence sur les lieux, pourquoi il leur a été passé traité pour cette somme. »

Cent livres dépensées pour abattre une simple croix ! N'eussent-elles pas été mieux employées à nourrir les pauvres de Châtel plongés alors dans la plus noire famine ? Mais l'impiété révolutionnaire s'embarrasse bien des misères du peuple !

Comment finirent ces malheureux ouvriers de Charmes qui se prêtèrent de si bonne grâce à cette triste entreprise ? Ne peut-on pas craindre qu'ils n'aient ressenti dès cette vie les coups de la justice divine, ainsi que ces autres forcenés de Châtel qui, après avoir mis tant de fureur à la descente des cloches et à la destruction de tout les emblêmes religieux, les aidèrent encore dans leur sacrilège besogne ?

Destitution de la municipalité.

Notre municipalité, on le voit, ne reculait plus devant l'application d'aucun décret : sa faiblesse s'est accentuée de jour en jour, et les menaces des sans-culottes l'ont tellement terrorisée qu'elle se laisse entraîner aux actes les plus répréhensibles, au vandalisme et au sacrilège.

Elle sait que beaucoup de ses menbres sont entachés d'incivisme ; elle n'ignore pas non plus le reproche qu'on leur fait de donner asile à des prêtres insermentés, et pour se mettre à l'abri des violences et dépister les soupçons elle s'empresse de faire exécuter toutes les lois. Il n'y a que le premier pas qui coûte : elle l'a bien prouvé.

Il ne faut pas, croyons-nous, l'incriminer totalement ; si elle doit porter, devant la postérité, la responsabilité de tant de sacrilèges spoliations et d'actes de vrai vandalisme, on ne peut néanmoins lui refuser le bénéfice des circonstances atténuantes. Certes elle eut des faiblesses impardonnables et l'on ne peut à aucun titre justifier ses dernières délibérations ; mais que d'évasions ne favorisa-t-elle pas grâce aux avertissements secrets qu'elle faisait parvenir aux intéressés.

En faisant chorus, extérieurement du moins, avec nos révolutionnaires, en lâchant complètement la bride aux féroces partisans de Nirel, elle cherchait surtout à cacher son double jeu ; mais sa réputation était trop ébréchée et ses compromissions les plus répréhensibles ne parvinrent pas à la sauver.

Sur ces entrefaites, arrivait, en effet, à Épinal le représentant du peuple, Balthazar Faure, qui devait acquérir une si triste célébrité dans les départements des Vosges, de la Meurthe et de la Moselle. Escorté de deux femmes publiques de Strasbourg, qu'il avait décorées du nom de Jacobines, d'héroïnes du 6 octobre 1789, et auxquelles il faisait rendre de grands honneurs dans toutes les sociétés populaires, le farouche député de la Haute-Loire commença son enquête sur chacune des communes du département.

Notre municipalité s'attend à recevoir des compliments. Peut-on faire appliquer plus scrupuleusement tous les décrets révolutionnaires ? Il n'y a plus à Châtel aucune trace du cy-devant culte superstitieux et de la féodalité ; pour arriver à ce résultat, on a puisé sans compter dans la caisse communale.

Aussi quelle stupeur ! quand le 17 frimaire an II (7 décembre 1793) le juge de paix, entrant dans la salle des séances se met à lire un lettre du citoyen Faure, dans laquelle il se plaint fortement des sentiments réfractaires du Conseil général de la commune et lui adresse les plus vifs reproches sur son apathie et sur son incivisme !

Nos conseillers n'en peuvent croire leurs oreilles. Est-ce donc de l'apathie que de s'interposer eux-mêmes, au péril de leur vie, au milieu des troubles qui n'ont cessé d'agiter Châtel? Leur incivisme ! Mais ils se sont dépensés de toutes manières pour faire enrôler les jeunes gens dans les armées de la République et pour subvenir aux nombreuses réquisitions militaires.

De tels reproches ne peuvent venir que d'insinuations calomnieuses qu'il faut se hâter de détruire. Deux membres du conseil, Gerbaut et Astoin iront donc à Épinal trouver le représentant du peuple, ou même à Paris devant la barre de la Convention, protester contre des accusations aussi mensongères.

Voici la délibération prise à ce sujet; c'est la dernière de cette municipalité, elle mérite d'être citée intégralement :

« La municipalité et le conseil général de la commune de Châtel assemblés au lieu des séances ordinaires, instruits qu'il était parvenu par une lettre au citoyen Juge de paix de la même ville portant différents chefs d'accusation contre eux, notament d'apathie et d'incivisme; considérant que ces inculpations calomnieuses n'ont pu être faites (que) par des malveillants, qu'il leur est intéressant de s'en justifier, en faisant constater de leurs activités à exécuter et à faire exécuter les loix et à montrer que dans tous les temps ils ont montré leur attachement à la Révolution par l'application continuelle qu'ils ont apporté dans l'exercice de leurs fonctions, ce qui est confirmé par les vœux unanimes de la Société consignés dans ses registres, a délibéré que les citoyens Gerbaut et Astoin iraient porter leurs réclamations au représentant du peuple Faure, ou à la Convention nationale, à l'effet de quoi ils sont autorisés à lever toutes pièces nécessaires.

Fait en la chambre municipale le 17ᵉ jour de frimaire, l'an II de la république une et indivisible.

Signé : Mengin, maire; Joseph Collardel; Joseph Moinel; Laurent Coché; Dominique Cosserat; N. Vinot; Forquin; Dieudonné; D. Bonavoine; Raidot; L. Grancolas. »

Malgré la plaidoirie des députés, les vertus civiques et révolutionnaires de notre municipalité ne parurent encore à Faure qu'à l'état embryonnaire; ils revinrent à Châtel rapportant la destitution de tous les membres du conseil et l'ordre de procéder à de nouvelles élections.

Elles ont lieu dès le lendemin 18 frimaire (8 décembre 1793), et font sortir du scrutin les noms suivants :

Maire : . . . . George Briguel.
Officiers municipaux : Alexis Hacquart.
George Bailly.
Joseph Henry.
Charles-François Dodinaire.

Charles-François-Xavier Clément, (curé).

Notables. . . . . Jean-Nicolas Vauthier.
Claude-François Briscoin.
François II.
Florentin Salmon.
Charles V.
Joseph Charles.
Jean-Baptiste Petitdemange.
Claude Poncin.
Claude Villemin.
Pierre G.
Joseph Poncelet.
Jean-Blaise Pitois.

A peine élus, les nouveaux conseillers se réunissent dans la salle des délibérations, et en présence du juge de paix Tanant, prononcent le serment qui suit :

« Je jure haine implacable aux tyrans, je jure ralliement constant à la Convention nationale, et je jure de maintenir de tout mon pouvoir l'unité et l'indivisibilité de la République. »

Comme on le voit, Briguel' est seul jugé digne de rentrer dans le nouveau conseil ; de même aussi le citoyen Forquin fils, « qui a toujours montré, dit-il, son attachement à la Constitution, » demande et obtient de continuer ses fonctions de secrétaire (¹).

Apostasie officielle du curé Clément.

Voilà bien la municipalité telle que l'a toujours désirée la bande révolutionnaire de Châtel. Mais Nirel ne semble pas avoir joui de ce triomphe : depuis plus d'un mois il a complètement disparu de la scène sans que nous puissions connaître les motifs ou les circonstances qui l'ont éloigné du théâtre de ses exploits (¹).

Cependant sa haine de démagogue, sa fureur de sans-culotte, sa soif de vengeance, il les a laissées en héritage à un autre révolutionnaire que nous ne connaissons que trop pour l'avoir vu à l'œuvre : nous voulons parler de ce malheureux curé constitutionnel, de cet « homme prudent et modéré » que nous a vanté M. Félix Bouvier.

C'est lui, évidemment qui a dénoncé l'ancienne municipalité et qui a demandé sa destitution afin d'arriver lui-même à la direction des affaires.

(¹) Le premier n'assistait guère aux délibérations de l'ancienne municipalité sans doute parce qu'il la trouvait trop peu révolutionnaire ; le second a tout intérêt, comme engagé volontaire en congé aussi indéfini qu'arbitraire, à rentrer comme greffier et à faire parade de sentiments patriotiques.

(²) Le 3 germinal an II (23 mars 1794) il est encore à Châtel ; il loue deux portions de prés communaux et donne pour caution la veuve Parisot, aubergiste.

Il se fait donc porter aux élections du 18 frimaire comme officier municipal et sort avec toute la liste révolutionnaire. A peine élu, le nouveau conseil, pour lui manifester son entière confiance, l'institue Officier public à la place de l'ancien maire George Mengin : il est chargé comme tel de « tenir les sept registres de l'année courante et la loi N° 1560 (¹) . »

Nous avons assisté au terrible serment qu'il prononce avec les autres conseillers aussitôt après son élection ; mais cette scène qui nous apparaît déjà si profondément écœurante n'est rien encore à côté du dernier acte d'apostasie que ce malheureux va commettre.

Gobel, l'évêque intrus de Paris, avait déposé sur l'autel de la Patrie élevé devant la barre de la Convention sa croix et son anneau ; le curé Clément croit devoir l'imiter jusqu'au bout.

Le 3 nivôse, l'avant-veille de Noël, il se présente devant la nouvelle municipalité et requiert fièrement l'inscription de l'abdication qu'il a faite, un mois auparavant, des fonctions de son ministère pastoral. C'est un titre de gloire qu'il tient à laisser en souvenir à la postérité et qu'il veut compléter aujourd'hui en foulant aux pieds ses lettres de prêtrise.

On lui remet donc le registre des délibérations et il y écrit lui-même, d'une main ferme de renégat, l'acte de son odieuse apostasie :

(¹) On lui adjoint comme suppléant Jean-Baptiste Petidemange.

« Cejourd'hui trois nivos an second de la République française une et indivisible s'est présenté le Citoyen Charles-François Xavier Clément cy-devant curé, maintenant officier municipal et public pour demander inscription sur le Registre courant de la municipalité de cette commune de l'abdication des fonctions de son ministère qu'il a faite publiquement à l'église paroissiale le vingt-quatre novembre (vieux style) et dont la société populaire de cette commune a ordonné l'impression et l'envoy tant du discours qu'il a prononcé pour lors que d'une lettre de leur recommandation à la Convention nationale et aux Représentants du peuple près les armées du haut et du bas Rhin Milhaud et Guiardin.

Le citoyen Clément a fait remise sur le bureau de ses lettres de prêtrise et autres ordres.

Fait en la chambre de la commune les ans et jours susdits.

CLÉMENT, *officier municipal*. »

C'était un digne émule des Thomas Lindet, des Lalande, des Gay-Vernon (¹), des Sieyés et des Grégoire; s'il n'en vient pas aux pires excés, ce n'est pas qu'il en ait horreur, mais ce sont les circonstances et les événements qui ne le servent pas au gré de ses désirs.

Nous sommes arrivés, en effet, à l'époque des arrestations en masse; les prisons de la ville ne

---

(¹) Evêques schismatiques de l'Eure, de la Meurthe et du Cher.

sont plus suffisantes, et l'on convertit en maison de détention l'ancien couvent des capucins.

C'est la vengeance de l'ex-curé constitutionnel qui s'exerce contre les anciens réfractaires : elle est sans pitié !

Un mois ne s'est pas écoulé depuis son entrée à l'hôtel-de-ville que tous les membres de l'ancienne municipalité et les autres notabilités de Châtel sont arrêtés. Cela ne suffit pas. Les détenus ont peut-être des armes cachées dans leurs maisons, il faut se hâter d'organiser des perquisitions minutieuses, car la « Société populaire » les réclame et la municipalité ne peut que se conformer à ses ordres.

Aussitôt investi des pouvoirs nécessaires, le citoyen Bailli, l'un de ses membres, se met en campagne escorté d'un piquet de quatre gardes nationaux sous la conduite du farouche adjudant Pierre C..... Les recherches sont des plus acharnées, presqu'un jour entier est consacré à chaque perquisition.

Tout d'abord ils fouillent la maison de Joseph Collardel, mais n'y trouvent « qu'un pistolet d'arçon en mauvais état. » Le second jour ils vont chez Laurent Coché et, devant sa fille aînée, bouleversent tous les appartements pour n'y découvrir absolument rien.

Sans perdre courage nos six brigands continuent leurs investigations chez Jean-Baptiste Gerbaut, Jean-Léopold Périné et George Mengin ; mais aucun fusil (¹) ne leur tombe sous la main, on leur répond qu'ils ont été vendus depuis peu, et ils se contentent de recueillir quatre vieux pistolets « une mauvaise épée et un coutelas de chasse. »

Ils auront peut-être plus de chance chez Joseph Moinel: en un clin d'œil toute la maison est remuée, mais…. toujours rien ! Ils vont se retirer, lorsque la femme Moinel qui a assisté impassible à leurs recherches infructueuses, tire de sa poche un chapelet et, le leur montrant: Tenez, dit-elle malicieusement, ce n'était pas la peine de vous donner tant de mal, voilà toutes les armes que nous avons.

Le ridicule s'en mêlait ; ils jugèrent prudent de cesser leurs perquisitions. De retour à l'hôtel-de-ville ils déposent néanmoins une plainte : « la femme Moinel, racontent-ils, nous a montré un chapelet qu'elle a dit par dérision être la seule arme qu'elle avait. »

Après le désarmement, c'est la séquestration des biens des prisonniers ! Nos sans-culottes n'ont pas encore fini leurs recherches que cinq commissaires, envoyés par le District, arrivent à Châtel pour en dresser les inventaires. Le Conseil s'empresse de leur adjoindre cinq municipaux qui devront établir les estimations ; certes le choix qu'il fait n'est pas des plus rassurants.

Mais le surlendemain (26 nivôse an II, 15 janvier 1794) on s'aperçoit qu'on a oublié de poser aussi les scellés sur les biens des pères et mères d'émigrés:

(¹) Il s'agit de fusils de chasse qu'on leur connaissait.

l'oubli est vite réparé. C'est à trois veuves éplorées et sans défense, à trois mères de prêtres exilés, que les scélérats vont s'attaquer. Chose digne de remarque, c'est presque toujours contre les femmes que nos fougueux démagogues sont partis en guerre !

Poussé par sa fureur de révolutionnaire et surtout par sa haine de prêtre renégat, Clément demande à être élu commissaire. La municipalité fait nécessairement droit à sa demande, et aussitôt il s'en va opérer chez la veuve Dupoirieux en compagnie de Charles Dodinaire et du trop fameux Joseph Vétier ; tandis que Georges Bailli, Jean-Nicolas Vauthier, Jean-Baptiste Dodinaire, Joseph Henry et Jean-Baptiste Petitdemange se rendront, les trois premiers chez la veuve Dieudonné et les deux autres chez la veuve Durand. (26 nivôse an II, 15 janvier 1794).

Cependant nos farouches commissaires ont oublié un bon et inoffensif vieillard, Philippe Marchal, coupable lui aussi d'être père d'émigré. Le 4 pluviôse (23 janvier) le Conseil s'en préoccupe et déclare « qu'il est urgent de poser les scellés sur les meubles, de séquestrer et faire l'inventaire de tout ce qui peut lui appartenir. » Et Clément se fait nommer de nouveau premier commissaire pour l'exécution de l'arrêté ; il procédera en compagnie de son inséparable Joseph Vétier, la confiscation sera complète.

C'est encore notre ex-curé qui se charge de dresser procès-verbal de l'argent et du mobilier que possède la Congrégation des filles : sous son œil vigilant, la République ne peut-être frustrée d'un liard(¹). Le 14 ventôse an II (6 mars 1794) il contrôle les comptes des Confréries du Rosaire et des Agonisants, et verse tout le reliquat de leur argent (2794 livres) dans la caisse du citoyen Astoin, receveur des droits d'enregistrement(²).

Il y a déjà plus d'un mois que Châtel jouit des bienfaits d'une municipalité révolutionnaire, et néanmoins le représentant du peuple vient d'être informé, le croirait-on, qu'il y a encore dans la ville des emblêmes suspects. Le 27 nivôse (16 janvier 1794), Faure

---

(¹) Signalons encore un dépôt fait entre ses mains le 10 pluviôse an II (29 janvier 1794) par le citoyen Forquin, père, qui déclare « vouloir acquitter 1° une somme de 600 livres originairement due par feu Eloi Bourgeois et Catherine Grandpaire son épouse, par contrat du 16 novembre 1754 et dont la rente était destinée aux pauvres de la paroisse et de ses annexes ; 2° une autre somme de 752 livres de Lorraine, dont la rente de 300 livres comprise dans cette somme était affectée à l'écolage des enfants pauvres de la commune suivant une disposition du testament de feu Jean Bernard, vivant officier de l'Hôtel-des-Invalides. (24 juillet 1747). »

Ces dépôts furent reversés le 19 germinal an III (8 avril 1795) dans la caisse, ou plutôt à côté de la caisse du citoyen Astoin, car on peut lire ce qui suit au-dessous de sa quittance : « La somme portée dans la quittance ci-dessus n'est pas portée en recette ;—relevé par procès-verbal du vérificateur soussigné du 15 juin 1810. Signé : Jaral.»

Qu'était devenu cet argent ? Disparu sans doute comme tant d'autres legs charitables que s'approprièrent plus d'une fois nos intègres démocrates. Sans vouloir accuser ou simplement mettre en suspicion l'honnêteté du citoyen Astoin, on aimerait cependant à connaître l'emploi de cet argent disparu.

(²) De par l'ordre du District, des affiches furent placardées dans toutes les villes du département annonçant pour le 2 floréal an III (21 avril 1795) la vente des orgues de l'église de Châtel, mais la lettre qui nous renseigne sur ce détail ne nous dit pas quel en fut l'adjudicataire. (Arch. des Vosges. L. 990).

prend donc un arrêté virulent « portant entr'autres choses que dans un délai de trois jours toutes les figures qui rappellent un culte religieux disparaîtront des lieux où elles sont publiquement en évidence, et et que le drapeau tricolore flottera sur tous les édifices publics. »

On se demande quels peuvent être les signes de superstition qui sont restés debout. Et pourtant ce n'est pas sans raison que le représentant du peuple a pris un arrêté si comminatoire !

Après quelques jours de réflexion on s'aperçoit que plusieurs statuettes de la Vierge ornent la façade de certaines maisons particulières, que les croix du cimetière restent debout et, ce qui est plus grave et plus compromettant pour la municipalité, que la croix domine toujours l'ermitage de St-Marin, propriété communale.

Le 14 pluviôse an II (2 février 1794), le Conseil se réunit et nomme deux commissaires D..... et Henry, chargés de veiller à l'exécution des ordres reçus. Évidemment l'ex-curé Clément n'est pas le dernier à prendre part à cette séance. Le lendemain, les deux commissaires viennent rendre compte de leur mission, déclarant « qu'ils ont fait disparaître de la ci-devant paroisse et du ci-devant ermitage de St-Marin tous les signes du culte religieux et que trois drapeaux tricolores viennent d'être posés, savoir : un sur le temple de la Raison, un sur la maison commune et un sur le bâtiment national. »

Pour remplir leur odieuse mission les commissaires de la municipalité s'étaient adjoints toute la bande de vauriens qui terrorisaient Châtel. Ils avaient parcouru les rues de la ville, le blasphème à la bouche, arrachant les statuettes de la vierge et les croix qui ornaient les maisons, et les jetant sur le pavé avec des cris d'une joie satanique et des ricanements dignes de vrais démons sortis de l'enfer.

La porte de la chapelle de Notre-Dame de Bon-Secours avait été enfoncée et l'un des forcenés avait abattu d'un coup de massue la tête de la vierge ; puis la troupe furieuse, munie de haches et de marteaux, s'était portée au cimetière où elle avait achevé son œuvre, mutilant toutes les croix, brisant tous les monuments et assujettissant les morts comme les vivants au niveau de l'égalité républicaine. Cette scène avait lieu le jour de la Purification de la sainte Vierge.

Les statuettes abattues pas ces ineptes vandales avaient été laissées éparses dans les rues ; plusieurs de celles qui avaient échappé à une destruction complète furent religieusement recueillies pendant la nuit par leurs propriétaires et réinstalées, après la Révolution, à leur place d'honneur. Elles sont encore là comme autant de témoins impartiaux, dénonçant d'une part la fureur et l'impiété des révolutionnaires et proclamant de l'autre les sentiments chrétiens qui animaient la grande majorité de la population [1].

---

[1] C'est probablement dans le cours de cette période de dévastation que disparurent l'église des religieuses de Notre-Dame et la cha-

Le cimetière est tout couvert des débris des tombes mutilées ; personne n'ose y pénétrer pour relever une croix ou donner aux morts un pieux souvenir: ce serait s'inscrire soi-même sur la liste des suspects. Et pendant deux mois on l'abandonne dans ce pitoyable état ; enfin on juge bon d'y aviser, et le 15 germinal an II (4 avril 1794) on prend la délibération suivante :

« La Municipalité de Châtel-sur-Moselle assemblée en séance publique à l'effet de procéder à la vente et adjudication des pierres, tombes et débris qui se trouvent actuellement existants dans le cimetière de cette commune, après publications réitérées faites qu'à ce jour lieu et heure ladite adjudication se ferait, y a procédé aux clauses et conditions suivantes.

Art. I. — L'adjudicataire payera sur-le-champ le montant de son adjudication, il payera en outre les frais d'enregistrement, et d'une expédition à remettre au receveur de la commune et dix sous à Pierre D.....

Art. II. — L'adjudicaire ne pourra se prétendre propriétaire de deux tombes appartenant à Barthélemy Sidox.

Art. III. — Il sera tenu d'enlever tout ce qui lui appartiendra dans les dix jours.

Art. IV. — Il sera propriétaire des moëllons qui

---

pelle des Capucins, car d'après Chatrian elles étaient déjà démolies en 1797. (Chatrian K d. 88).

sont au-devant dudit cimetière et non point des pierres qui sont dans la ci-devant chapelle. »

Charles-François Dodinaire qui avait été chargé avec le citoyen Henri de procéder à ce vandalisme officiel, en devient lui-même l'adjudicataire pour la somme de 30 livres 10 sols, et le procès-verbal de l'adjudication est transcrit sur le registre par l'ex-curé constitutionnel.

Et que dit Clément en face de sacrilèges aussi monstrueux? Il est dans la jubilation! Il a déjà, de gaîté de cœur, livré son église aux spoliateurs; aujourd'hui le malheureux se charge de dépouiller lui-même toutes les autres églises du canton, et c'est en compagnie du citoyen Forquin, greffier de la municipalité, qu'il va procéder à cette odieuse besogne. D'ailleurs le District a pleine confiance dans son honnêteté de renégat; il lui remet le soin de dresser un minutieux inventaire de tous les objets saisis et d'en surveiller lui-même le transport à Rambervillers : lui présent, on n'aura pas à regretter comme la première fois certaines disparitions surprenantes. (15 floréal an II, 4 mai 1794).

Enrichie de tant de dépouilles précieuses, la République se charge de payer grassement les spoliateurs; c'est du moins ce qu'ont promis les Administrateurs du District. Mais il y a déjà deux mois que l'ex-curé s'en remet à leurs promesses et à leur générosité; peut-être attendra-t-il longtemps encore; il le craint et c'est pourquoi il pétitionne avec Forquin et réclame le payement du temps employé à remplir sa mission sacrilége. (16 messidor an II, 4 juillet 1794)(¹).

Reçut-il satisfaction, peu nous importe, qu'il nous suffise de constater en passant que c'est par centaines qu'arrivent sur le bureau du Directoire départemental les pétitions de ce genre(²) : s'agit-il de payer seulement quelques dettes criardes, la République a toujours les poches vides !

Clément termine ses exploits en procédant à la vente aux enchères des ornements, autels et autres objets du culte dont il a dépouillé son église et qui n'ont pu être transportés à Rambervillers. (20 floréal an II, 9 mai 1794).

La punition réservée à tant de sacrilèges ne se fait pas attendre. La famine la plus cruelle sévit à Châtel ; la misère, qui s'est accentuée depuis 1789, redouble d'intensité et réduit la population à la dernière extrémité : la situation est des plus alarmantes.

Malgré les démarches incessantes des commissaires de la municipalité qui parcourent les villages voisins pour assurer a la ville des subsistances, le blé fait totalement défaut. Au sein de cette détresse, l'ex-curé Clément et Dodinaire sont envoyés près de Faure, le représentant du peuple. Ils le supplient de leur donner l'autorisation de puiser quelque peu

---

(¹) Archives des Vosges. L. 960 et 961.
(²) Le 19 thermidor an II (6 juillet 1794) la municipalité revenait encore à la charge, réclamant des indemnités pour la conduite des deux cloches et des ornements à Rambervillers, et pour la descente des croix (Arch. des Vosges L. 961).

dans les approvisionnements nationaux. Mais la réponse ne laisse aucun espoir de ce côté : nos conseillers sont dans la situation la plus critique.

Ils se hâtent d'envoyer à une ville amie, sans doute Rambervillers, la lettre suivante dont les appels pleins d'angoisses ne nous montrent que trop la situation désespérée.

« Cejourd'hui, 1er ventôse an II de la République française une et indivisible, la municipalité assemblée a délibéré de dépêcher près la vôtre deux de ses membres en vous invitant en frères et amis de leur enseigner et faire donner des grains de toute espèce dont vous pourriez vous passer. Les habitants de Châtel étant dans la plus grande détresse à raison des subsistances, en vous invitant de leur prêter aide et secours comme nous ferions à vos égards si vous ressentiez comme nous les horreurs de la famine.

Châtel, dans la chambre de la commune les jour et an cy-dessus. Signé : Briguel, Clément, Hacquart, Henry, George Bailly, Dodinaire. »

L'argent dépensé à briser les croix n'eût-il pas été d'un grand secours dans la circonstance ; mais, pour nos sans-culottes, périsse plutôt le peuple et vive l'impiété.

La déesse Raison.

La folie de l'athéisme essaye de s'implanter par les moyens les plus ridicules. Poussés par les extravagances du jour, quelques-uns de nos démocrates donnent á leurs enfants des prénoms insensés qui rappellent le souvenir de la Révolution et mettent en honneur les saints du calendrier républicain.

A la naissance de son fils, Antoine C.... lui donne le prénom de *la Raison;* Louis Geai appelle sa fille *Décadi*, enfin Antoine G.... baptise ses deux filles jumelles des noms de *Jeanne-Marie-Décadi* et *Marie-Claire-Quintidi*. Cependant tous les saints révolutionnaires n'inspirent pas beaucoup de confiance ; le bon sens du peuple et les sentiments de foi qu'il conserve au fond du cœur lui font sentir tout ce qu'il y a d'insensé et de sacrilège dans ces baptêmes républicains : ce sont là en effet les seuls enfants de Châtel qui aient reçu ces ridicules prénoms. (Floréal an II, avril et mai 1794).

Les saturnales qui ont eu lieu á Notre-Dame de Paris sous la présidence de Chaumette et de ses hideux acolytes se reproduisent dans presque toutes les villes de France : la plupart de nos temples sont désormais consacrés au culte de la déesse Raison, et plusieurs sont profanés par l'idolâtrie et la débauche personnifiées.

Nous ne savons si l'église de Châtel fut souillée par les scènes scandaleuses de nos grandes villes ; les archives municipales sont muettes sur ce point, mais la tradition nous a encore conservé quelques souvenirs. Ainsi Madame Antoine Ballot (née Marie Châtelain) racontait souvent à ses enfants que cette déesse Raison était portée en triomphe à travers les rues de la ville. Un jour, s'étant trouvée, toute petite fillette, sur le passage du cortège avec plusieurs autres de son âge, elles furent amenées devant la créature qui se prêtait à cette parodie sacrilége, et obligées à plusieurs reprises de fléchir le genou devant elle.

On se souvient encore à Châtel d'une malheureuse nommée Poirot qui avait pris part à toutes les saturnales révolutionnaires et qui, frappée subitement de cécité, vécut trente ans dans ce malheureux état.

La Fête de l'Être suprême.

Le culte idolâtrique de la déesse Raison n'était pas du goût de Robespierre qui voulait prendre pour base de sa nouvelle religion l'idée si redoutable de l'existence et de la toute-puissance de Dieu. L'entreprise n'était point sans péril : on avait à craindre ce mouvement athée et impie dont Hébert et Chaumette n'avaient été que les apôtres délirants, mais qui remontait en réalité à Voltaire et à son école : il fallait parler de Dieu et professer une sorte de spiritualisme en face de cette Convention qui avait dansé la Carmagnole derrière Gobel et adoré, sur les autels profanés de Notre-Dame, les idoles vivantes de la Philosophie et de la Raison.

Ce fut Robespierre qui prit l'initiative de cette mission. Dans la séance du 18 floréal an II (7 mai 1794) il vint imposer à la Convention un système politique et religieux. Des applaudissements prolongés éclatèrent à plusieurs passages de son discours et la Convention rendit à l'unanimité un décret par lequel elle reconnaissait l'existence de l'Être suprême et l'immortalité de l'âme; elle établissait ensuite des fêtes pour rappeler l'homme à la pensée de la Divinité et à la dignité de son être; elle déclara que la liberté des cultes serait maintenue, enfin elle annonça pour le 20 prairial (8 mai) une fête solennelle en l'honneur de l'Être suprême.

C'est pour préparer le cérémonial de cette fête et en régler tous les détails que la municipalité de Châtel se réunit dès le 17 pairial. Le compte rendu qui suit nous édifiera sur la pompe extérieure des cérémonies de la religion nouvelle et nous donnera certains détails qui ne manquent pas d'intérêt.

« Cejourd'hui 17 prairial an II de la République française une et indivisible.

Le Conseil général de la commune de Châtel assemblé en séance publique à l'effet de déterminer le mode de la fête à célébrer en cette commune à l'instar de toutes celles de la République, laquelle est consacrée à l'Être suprême ; considérant qu'il importe de donner à cette fête toute la solennité que les facultés de la localité permettront, a adopté la rédaction du procès-verbal dudit mode ainsi que s'en suit pour le 20 du courant.

La fête sera annoncée la veille à 9 heures du soir par deux coups de canon et par un son de cloche pendant un quart d'heure.

Le jour de cette fête à 4 heures du matin il sera aussi fait une décharge de deux coups de canon et il sera aussi donné un son de cloche pendant un quart d'heure.

Les tambours de la garde nationale accompagnés des musiciens de cette commune qui seront invités à s'y trouver annonceront le lever du soleil dans toutes les rues de la commune, en commençant leur marhe auprès de l'arbre de la liberté.

Les citoyens sont invités d'orner la façade de leurs maisons de verdure et de fleurs.

L'intérieur du temple de la Raison sera orné de même. Il sera placé sur l'autel des pots de fleurs, il sera garni de guirlandes, de verdure et de fleurs que les citoyennes sont invitées de faire.

Les rues seront parsemées de fleurs par les citoyens chacun devant leur domicile.

Rassemblement.

Les citoyens des deux sexes se rassembleront sur la place, les citoyens à droite, ayant en main des branches de chêne et les citoyennes à gauche ayant en main des fleurs.

Au centre de ces deux lignes seront placées toutes les autorités constituées entremêlées et tenant chacun par la main des jeunes enfants de l'un et de l'autre sexe ornés des couleurs nationales; une partie des citoyens vétérans sera en avant et l'autre partie à la suite des autorités constituées.

Ordre de la marche.

Un piquet de la garde nationale composé de seize hommes ouvrira la marche précédé d'un tambour, les citoyens et citoyennes placés sur deux lignes ainsi qu'il est dit plus haut, suivront ayant dans leur sein les vétérans et les jeunes citoyens.

Immédiatement après le piquet de la garde nationale marcheront les musiciens et un chœur de chanteurs des deux sexes, placés au milieu du peuple, portant une corbeille de fleurs pour encenser la divinité.

Marche.

Le rassemblement sera annoncé 8 h. 1/2 au son de la cloche. L'heure de la marche sera à 9 heures précises; elle sera annoncée par trois coups de canon et par un son de cloche ; ce rassemblement se fera comme il est dit plus haut sur la place de la liberté. Après une fanfare, il sera chanté une hymne à la Nature et une hymne à la Liberté. Ensuite la marche se mettra en mouvement; on descendra par la rue du Bal, on remontra par la côte qui gagne le haut de la ville et on se rendra au temple de la Raison où il sera chanté une hymne à la Divinité, ensuite il sera prononcé un discours suivi d'une prière á l'Être suprême. La fête se terminera par un cantique á la Fraternité.

Le citoyen Forquin fils est choisi comme orateur.

Les citoyens Vétier, Henriot, Joseph Petitdidier et Jacques-François Vauthier sont chargés de l'ordonnance de la fête. Le présent procès-verbal sera publié á l'instant á son de caisse. Fait et délibéré les an et jour avant dits.

Signé : G. Briguel, George Bailly, Lasselle, Dodinaire, Forquin secrétaire. »

Expulsion du curé Clément.

A partir du mois d'avril 1794, les archives municipales deviennent muettes sur les agissements de nos révolutionnaires ; néanmoins, ainsi que nous le verrons plus loin, la terreur continue á régner á Châtel : la délation, le vol et l'impiété étant alors réputés comme vertus civiques, il ne faut pas s'étonner de ne plus trouver aucun procès-verbal des perquisitions ou des arrestations qui s'accomplissent tous les jours. D'ailleurs l'alerte inquiétante du 13 mai est lá pour nous donner á ce sujet bien des appréhensions.

Ce jour lá vers 10 heures du matin, un gendarme de la brigade de Mirecourt arrive á toute bride, demande á parler au maire, et quelques instants après la générale est battue dans les rues de la ville.

Aux armes! des suspects se sont évadés la nuit précédente des prisons de Mirecourt et le brigadier Laplanche a des doutes qu'ils sont cachés à Châtel.

La municipalité est convoquée, la garde nationale se rassemble, des patrouilles s'organisent et les honnêtes gens qui ne savent de quoi il s'agit se tiennent prudemment à l'écart et s'enferment chez eux.

Plusieurs piquets de gardes nationaux sont consignés au débouché de toutes les routes et sur les sentiers qui donnent accès dans la campagne : il faut bien couper toute retraite aux fugitifs. Clément qui est arrivé l'un des premiers sur le théâtre de l'action, surveille l'exécution de tous les ordres, il se multiplie et voudrait être partout à la fois. Avec quelle joie féroce il mettrait la main sur l'un des réfractaires qu'il abhorre! Et pendant qu'avec une activité fébrile il parcourt la ville, des patrouilles composées des plus purs sans-culottes pénètrent dans toutes les maisons suspectes, et malheur à qui oserait résister à leurs brutales sommations.

Outre l'arrestation des évadés on peut craindre aussi celle de plusieurs autres prêtres réfugiés ou cachés à Châtel. Heureusement les recherches restent infructueuses et le brigadier Laplanche s'en retourne comme il est venu, mais non sans avoir fait signer par le maire Briguel et par Clément le procès-verbal de leurs perquisitions.

L'ex-curé qui avait déjà perdu depuis son apostasie toute considération aux yeux mêmes des plus ardents démocrates, commençait aussi à voir son influence diminuer sensiblement. Comme à Paris où les Conventionnels se dévorent les uns les autres, nos révolutionnaires de Châtel sont jaloux du despotisme exercé par Clément, et n'attendent que l'occasion de s'en débarrasser.

Dès le 5ᵉ jour complémentaire de l'an II (25 septembre 1794) il est tombé complètement en disgrâce et ne paraît plus à l'hôtel-de-ville. Cependant son expulsion de Châtel n'a lieu que deux mois plus tard, 27 brumaire an III (17 novembre 1794), comme en fait foi la délibération suivante :

« Cejourd'hui 27 brumaire an III.

Le Conseil général de la commune de Châtel-sur-Moselle assemblé en séance publique, un membre a dit que le citoyen Clément ex-curé ne pouvant plus faire les fonctions d'officier municipal attendu l'arrêté du représentant Michaud qui enjoint à tout ex-prêtre de se retirer à quatre lieues de la commune où il a exercé des fonctions pastorales, il était urgent qu'il fût remplacé; en conséquence, après avoir ouï l'agent national, il a été délibéré que le citoyen Jean-Nicolas Vauthier, second notable de cette commune, gérerait les fonctions d'officier municipal. »

Malgré l'ignoble conduite du renégat, malgré le peu de sympathie qui s'attache à son nom, on serait encore tenté, à la lecture de cette pièce officielle, de le ranger parmi les dernières et les moins intéressantes victimes de la Révolution. Mais l'abbé Chatrian va nous édifier sur le vrai motif de son départ (¹) : « Clément, dit-il, curé intrus de Châtel, qui vivait scandaleusement avec une... (femme) qu'il n'avait cependant pas épousée, fut chassé par les habitants de cette petite ville. »

C'était le triste couronnement de tant de scandales, « *corruptio optimi pessima.* » Comme on le voit, l'écœurement a tellement gagné les membres mêmes du Conseil municipal qu'ils s'empressent de lui appliquer l'arrêté Michaud.

Où le malheureux va-t-il alors cacher sa honte ? Dans quel pays va-t-il bien se retirer ? C'est encore Chatrian qui nous renseigne : « Il s'est réfugié avec cette femme, nous dit-il, vers Bulgnéville sa patrie. » En 1802, il exerçait le culte à Vallerois-le-Sec, mais au grand scandale de tous ; à cette époque le juge de paix de Bulgnéville écrit de lui à la préfecture : « C'est un prêtre absolument nul, l'ivresse est son état habituel. »

Nous ne savons au juste combien de temps il resta encore à Vallerois, mais il paraît que, plus tard, il revint à de meilleurs sentiments, rétracta ses erreurs et fut nommé à la succursale de Serauville, et peut-être aussi, d'après Chatrian, à celle d'Outremécourt (2).

(¹) Chatrian. K. d. 88.

(2) Le curé constitutionnel de Châtel était le frère cadet d'Antoine-Benoît Clément né en 1751, prémontré, prêtre en 1777, curé à Frebécourt en 1788, et curé de Ruppes au rétablissement du culte (Chatrian passim). Avant d'être envoyé à Serauville, on avait parlé de

Plaise à Dieu que sa conversion ait été bien sincère ; quoi qu'il en soit, le curé Clément portera devant la postérité la responsabilité d'avoir, lui prêtre du Christ, déchristianisé la bonne ville de Châtel alors si pleine de foi et si attachée à sa religion ; il portera devant elle la honte de l'apostasie la plus servile jointe à la haine du Dieu qu'il était chargé de défendre ; il apparaîtra enfin aux yeux de tous ceux qui liront ces pages comme le type de la bassesse, de la délation, de la jalousie, de la rancune et de la violence personnifiées et comme un exemple terrible des prêtres que Dieu dans sa colère punit dès cette vie par une dégradation plus profonde.

Un autre apostat vint paraît-il à Châtel, achever, par sa vie scandaleuse, l'œuvre néfaste de l'indigne curé Clément. « Il y a dans cette ville, nous dit Chatrian, un autre prêtre marié, (dont il cache le nom) qui a femme et enfants ; mais, ajoute-t-il, les catholiques ne manquent pas des secours spirituels (1). »

---

notre ex-curé pour la cure d'Igney, village voisin de Châtel et témoin de ses déportements. Cette combinaison échoua heureusement.

(1) Le triste exemple du curé Clément entraîne bientôt l'apostasie des curés constitutionnels des localités voisines, Nomexy et Moriville. Le premier, Nicolas Maire, ex-frère Pacifique du couvent de Bayon, qui avait prêté le serment schismatique le 6 avril 1791, vient le 21 thermidor an II, (8 août 1794) faire l'abdication de ses fonctions pastorales entre les mains de la municipalité. Le second, Jean-Baptiste T....., livre aussi, vers la même époque, ses lettres de prêtrise ; c'étaient tous deux d'anciens Tiercelins. (Arch. des Vosges. L. 1011).

La disgrâce de Clément, arrivée quatre mois après la chute de Robespierre, provoqua dans la population un soupir de soulagement. On se prit à espérer des jours meilleurs et l'on se hâta de pétitionner près de la Convention nationale pour demander la mise en liberté des nombreuses victimes du curé patriote.

Le Comité de sûreté générale, qui avait reçu du district de Rambervillers plusieurs autres pétitions semblables, fit bon accueil à toutes ces requêtes et répondit par l'expédition de la pièce suivante :

Convention nationale

Comité de sûreté générale et de surveillance de la Convention nationale.

Du 13 vendémiaire an III de la République française une et indivisible.

Le Comité, après avoir vu les tableaux politiques et autres pièces relatives aux ci-après nommés du District de Rambervillers, Département des Vosges, arrête que Joseph Collignon, ci-devant instituteur à Bult, Joseph François, Quirin Gillot, détenus à Nancy, la femme de Boyé, tanneur à Châtel, la veuve Dupoirieux âgée de 67 ans, Laurent Coché, vigneron à Châtel, Joseph Moinel meunier audit lieu, Pierre-René Dieudonné, tanneur, François Collard, ancien domestique, Joseph Poirson, Marie-Anne et Joseph Poirson, deux de ses enfants, résidants à Rambervillers, Marie-Anne Tarillon dudit lieu, Jean-Joseph Jacquel, menuisier du même lieu, Anne François veuve de Joseph Robert, meunière, Sébastien Robert meunier,

Dieudonné-Joseph-Henri Cosserat, détenu à Châtel, Pierre-Charles Drouot, assesseur du juge de paix domicilié à Châtel; Anne Richard, veuve de Dominique Paris vendant du vin, Georges Mengin chirurgien, Jean-Baptiste Gerbaut ex-avocat, Joseph Collardel, père de cinq enfants du lieu de Châtel, Françoise Ondernod, détenus à Châtel;

Seront mis en liberté sur-le-champ et les scellés apposés chez eux levés.

Charge l'agent national du district de Rambervillers de l'exécution du présent et d'en rendre compte au Comité.

Les représentants du peuple membre du Comité de sûreté générale : Amar. — Montuayons. — Goupillau de Fontenai. — Merlin de Thionville. — Legendre. — Bourdon. — Louis de La Mothe.

Collationné : Braux, agent national. — Forquin. »

Les Fêtes décadaires.

Le jour même du départ de l'ex-curé, le représentant du peuple, Michaud, invite la municipalité de Châtel à dresser un cérémonial pour la célébration des fêtes décadaires. Après quelques jours de réflexion le Conseil se réunit et prend la délibération suivante :

« Cejourd'hui 9 frimaire, 3me année républicaine.

Vu par la municipalité de Châtel-sur-Moselle l'arrêté du représentant du peuple Michaud en date du 27 brumaire, dont les dispositions tendent à la destruction du fanatisme et à la réunion des citoyens les jour décadaires; considérant qu'il est de son devoir d'employer toutes les mesures pour l'observation de ces fêtes qui tiennent comme point essentiel à notre régénération politique; considérant que la connaissance des lois et une instruction destructive des préjugés accélérera le bonheur du peuple à quoi doivent aboutir les travaux des représentants du peuple français.

Considérant que pour l'assemblée des citoyens, il faut fixer un mode uniforme pour toutes les décades et y faire observer l'ordre et le silence nécessaires.

A délibéré, ouï l'agent national.

Article I. — Le Nonodi de chaque décade il sera donné un coup de cloche pendant un quart d'heure au moins et ce, sur le déclin du jour, pour l'annonce de la fête.

Art. II. — Tous les décadis au point du jour, pour réitérer cette annonce, il sera pareillement donné un coup de cloche pendant un quart d'heure.

Art. III. — L'assemblée décadaire des citoyens est fixée à 10 heures du matin; un quart d'heure auparavant la cloche sera sonnée et la générale battue pour le rassemblement.

Art. IV. — Le Conseil général de la commune, les officiers municipaux en écharpe, le juge de paix et ses assesseurs, chacun avec la décoration attachée aux fonctions qu'ils exercent, seront invités à assister aux assemblées ; une invitation servira pour toutes les décades.

Art. V. — Le commandant de la garde nationale sera requis de convoquer toute la garde nationale pour se rendre en ordre au lieu de l'assemblée. Le même commandant fera vérifier par chaque capitaine le nombre des absents de chaque compagnie, le capitaine remettra cette liste au commandant et ce dernier la remettra exactement au corps municipal qui en conformité de l'article II de l'arrêté du représentant Michaud, fera prononcer contre les absents, en cas de négligence ou de mauvaise volonté de leur part, les peines correctionnelles établies par les décrets sur l'organisation des gardes nationales.

Art. VI. — La société populaire de cette commune sera invitée à nommer dans son sein un orateur chargé de faire aux citoyens chaque jour de décade un discours de morale ; elle sera pareillement invitée à nommer cet orateur la décade qui précédera celle où le discours devra être fait.

Art. VII. — Tous les citoyens en général sont invités à se rendre aux assemblées décadaires.

Art. VIII. — Les instituteurs auront grand soin de conduire leur éléves aux fêtes décadaires.

Art. IX. — Les musiciens de cette commune, les citoyens et les citoyennes qui savent chanter, sont invités à se concerter pour former un ou plusieurs chœurs.

Art. X. — Le citoyens Pierre G., et Henri Husson sont choisis et invités à faire observer l'ordre dans l'assemblée et à faire placer les assistants de la manière qui va être prescrite pour faire régner l'ordre et éviter toute confusion.

Art. XI. — Attendu la saison présente, l'assemblée se tiendra dans la grande salle de la maison commune.

Art. XII. — De l'emplacement des citoyens et citoyennes qui assisteront à l'assemblée :

1° Les Officiers municipaux membres du conseil, le juge de paix et ses assesseurs auront place dans la partie supérieure de la salle, les musiciens et le chœur des chanteurs se placeront aussi dans la partie supérieure.

2° Il y aura des bancs pour placer les citoyens.

3° Les instituteurs et leurs élèves seront placés au milieu de l'assemblée.

4° Les citoyens composant la garde nationale seront sous les ordres du commandant et des capitaines, rangés par compagnie à l'entour de la salle sur deux ou trois lignes, en ne se plaçant néanmoins que sur les deux côtés de longueur de la salle.

5° Les citoyennes qui assisteront à l'assemblée seront placées dans la partie inférieure de la salle du côté de la place.

Art. XIII. — Chaque assemblée décadaire commencera par des fanfares et des chansons patriotiques.

Art. XIV. — Il sera ensuite donné lecture des lois et arrêtés arrivés pendant le cours de la décade ainsi que des nouvelles politiques, après quoi l'orateur prononcera un discours, et l'assemblée sera terminée par des fanfares et des chansons patriotiques.

Art. XV. — Les citoyens Joseph Husson et Pierre G..... ordonnateurs sont chargés de faire exécuter les dispositions cy-dessus rappelées.

Art. XVI. — La municipalité arrête qu'elle surveillera exactement l'exécution de la présente délibération qui sera à l'instant publiée à son de caisse. Copie d'icelle sera affichée dans la salle et une autre envoyée à l'administration du District.

Fait les an et jour avant dits.

Signé : Lasselle, agent national. — Forquin, secrétaire. »

Que de réflexions la lecture de ces ordonnances ne soulèverait-elle pas si l'on voulait seulement faire ressortir le côté burlesque du cérémonial ; le thème serait digne de la plume satyrique de Gilbert, lui qui, seize ans auparavant, avait stigmatisé si vigoureusement déjà les précurseurs de cet athéisme officiel.

Une délibération du 22 frimaire an X nous apprend

qu'un autel monumental avait été érigé sur la grande place de Châtel, en face de l'hôtel-de-ville, sans doute à l'ombre de l'arbre de la Liberté. C'était *l'Autel de la Patrie* et il est probable que pendant la belle saison il servait de point de ralliement pour les fêtes décadaires Démoli avant le 12 décembre 1801, une partie des matériaux avait été vendue, et le reste encombrant la rue, on en fit une nouvelle adjudication.

Après la Terreur.

La mort de Robespierre avait mis fin à la Terreur; néanmoins les passions révolutionnaires étaient encore loin d'être assouvies. Du 9 thermidor an III (27 juillet 1794) au Consulat, la persécution n'en reste guère moins à l'ordre du jour : la loi des suspects n'est pas abolie ; les prêtres en particulier sont toujours l'objet des perquisitions haineuses, le culte privé ne leur est pas même concédé, et la peine de mort frappe le premier qui osera ouvrir une église. D'autre part aucun adoucissement n'est apporté aux mesures prises contre les émigrés ; la confiscation est maintenue contre eux, mais le séquestre mis sur les biens de leurs parents est néanmoins apposé avec moins de rigueur ; plusieurs parviennent même à se faire partiellement rembourser des confiscations qu'ils ont subies.

A Châtel la Terreur continue à régner de la façon la plus intense jusqu'au 25 brumaire an IV (12 novembre 1795), c'est-à-dire jusqu'à la chute de la municipalité révolutionnaire.

L'église est convertie en un immense magasin à fourrage; les fêtes décadaires ont remplacé le culte catholique et quiconque refuse d'y assister ou se permet de travailler ces jours fériés, est regardé comme suspect et dénoncé à la vindicte des lois. C'est ainsi que Marie-Anne Munier, épouse de Grégoire Dieudonné « s'est rendue coupable de désobéissance à la loi et va être déférée aux tribunaux » pour avoir manqué à l'une des cérémonies révolutionnaires. Sur le point d'être enfermée, elle se hâte de pétitionner afin d'arrêter les poursuites, et « d'après l'avis favorable et le pardon de la municipalité » le District veut bien user d'indulgence (¹). (16 nivôse an III, 5 janvier 1795).

Et si l'on osait en croire les derniers échos d'une tradition qui nous arrive sans doute amplifiée, tous les excès auxquels nous avons assisté ne seraient rien auprès des scènes lamentables qui se produisirent à cette triste époque.

D'après le récit de quelques personnes, la cour de l'ancien couvent des sœurs de Notre-Dame aurait été le théâtre des actes les plus inhumains et les plus barbares.

Plusieurs suspects ou contempteurs des fêtes décadaires auraient été jetés debout et garrottés dans une

---

(¹) Archives des Vosges. L. 990.

fosse étroite que l'on remplissait de terre, la tête seule émergeant du sol, et abandonnés des heures entières en proie aux tortures les plus affreuses, jusqu'à ce que la mort venait mettre fin à leur supplice.

C'est, répétons-le, sous toutes réserves que nous donnons ce récit, et nous voulons bien croire qu'il s'est plus amplifié de l'imagination populaire que de la réalité des faits. Néannoins il nous laisse entrevoir à quels excès révoltants se portèrent nos farouches sans-culottes, et quelle épouvante ils semaient sur leur passage.

Treize d'entr'eux, paraît-il, se firent surtout remarquer par leurs brigandages et par leur féroce impiété. Mais, dès cette vie, Dieu laissa appesantir sur leurs têtes les coups de sa justice : pas un seul ne mourut de mort naturelle, et tous furent, d'après la tradition, victimes de quelque terrible accident.

L'un d'eux, Pierre B....., dont le marteau sacrilège avait mutilé la statue de Notre-Dame de Bon Secours, expire sur un fumier dans les tortures les plus affreuses et les plus incompréhensibles ; un autre, Joseph Vétier, le factotum du trop fameux Nirel, est précipité du haut d'un toit, et rend aussi le dernier soupir sur le fumier voisin, au milieu de souffrances non moins aiguës.

Le souvenir de ces morts violentes et incompréhensibles est encore vivace dans la mémoire de plusieurs vieillards. Quelques-uns même ont assisté aux derniers moments de ces malheureux et les ont vus expirer au milieu des plus atroces douleurs. Devant un spectacle aussi terrifiant, ajoutaient-ils, tous proclamaient bien haut les châtiments de la justice divine.

Les élections du 25 brumaire an IV (12 novembre 1795) allaient mettre un terme au régime d'oppression sous lequel gémissaient nos Châtellois. C'était une sorte de municipalité cantonale qu'il s'agissait d'organiser et dans laquelle les communes de Nomexy, Frizon, Igney, Moriville, Pallegney, Vaxoncourt et Zincourt devaient être représentées chacune par deux membres.

Or les élections firent rentrer au Conseil la plupart des membres qui deux ans auparavant avaient été destitués pour leurs sentiments réactionnaires.

Avec des hommes aussi honorables que M.M. George-Nicolas Colin, et Dieudonné-Henri-Joseph Cosserat, le premier choisi comme *président*, le second comme *agent national*, Châtel ne pouvait que gagner au change et jouir enfin d'un peu de repos.

En effet, la nouvelle municipalité prend tout d'abord des mesures très sévères contre les aubergistes et les taverniers qui avaient l'habitude de laisser leurs maisons ouvertes toute la nuit. C'était mettre un frein à la débauche inquiétante de la jeunesse et couper court aux désordres et aux scandales quotidiens, qui dégénéraient souvent dans la rue en troubles sérieux. (19 prairial an V, 7 juin 1796.

Mais, comme nous l'avons dit, les lois de persécution contre les prêtres, les nobles et les émigrés n'ont pas été abolies et le Directoire départemental, par suite de délations occultes qui lui venaient des communes, prescrivait aux municipalités des perquisitions domiciliaires.

C'est ce qui arriva pour Châtel le 23 fructidor an V (9 septembre 1797). La veille au soir, M. Cosserat recevait l'ordre de se transporter immédiatement avec une escorte de la garde nationale « dans toutes les maisons de Châtel à l'effet de reconnaître s'il n'y avait aucuns émigrés, prêtres ou gens non munis de passeports, et de se faire représenter les registres des aubergistes. »

Nirel se fût mis aussitôt en campagne : M. Cosserat attendit au lendemain, faisant prévenir secrètement les familles qui auraient pu se trouver compromises. D'ailleurs l'escorte dont il s'entoure n'est composée que de braves gens qui seraient eux-mêmes tout à fait marris d'opérer la moindre arrestation (¹).

Évidemment leurs recherches sont infructueuses et M. Cosserat se hâte d'informer le Directoire « qu'il n'a rien trouvé chez les citoyens de cette commune qui soit contraire à la loi. »

Monsieur Cosserat était surveillé de près : nos

(¹) Monsieur Tanant, juge de paix ; M. Grégoire Dieudonné, dont la femme était poursuivie naguère pour n'avoir pas assisté aux fêtes décadaires ; M. Laurent Coché, membre de la municipalité destituée le 8 décembre 1793 ; Louis Renaudin et Nicolas Châtelain, gardes nationaux.

révolutionnaires, qui n'avaient pas désarmé depuis les élections du 25 brumaire an IV, avaient provoqué ces visites domiciliaires; ils savaient que des prêtres exerçaient leur saint ministère dans plusieurs maisons de Châtel, et les perquisitions devaient aboutir à des captures certaines. Comment donc expliquer le contraire sinon parce que les autorités municipales elles-mêmes sont de complicité et favorisent les évasions.

Le Directoire est vite informé des agissements clandestins de MM. Colin et Cosserat; on a dénoncé leur tiédeur dans l'application des décrets : depuis qu'ils sont à l'hôtel-de-ville, les fêtes décadaires ont perdu tout leur prestige, et ils ne songent à prendre aucune des mesures recommandées par les lois pour y attirer le peuple de gré ou de force.

Les accusations sont graves : aussi le Département y répond immédiatement par un décret de destitution. On reproche aux deux membres compromis « leurs sentiments anti-républicains, la protection qu'ils accordent aux prêtres rebelles et leur mépris pour les fêtes nationales et les institutions républicaines. » (27 fructidor an V, 13 septembre 1797) (1).

Antoine Philippe commissaire du Directoire exécutif du canton de Châtel est chargé de l'exécution du décret: le Département peut compter sur lui; il

---

(1) Archives des Vosges. L. 338.

l'a vu à l'œuvre lorsqu'il figurait parmi les administrateurs du District.

L'ancien maire révolutionnaire George Briguel rentre alors en charge et remplace M. Colin, tandis que Jean-Baptiste Martin est choisi comme agent municipal au lieu de M. Cosserat.

Au moment où Antoine Philippe va faire partir un exprès pour informer le Département de l'exécution du décret, voici qu'arrive à Châtel la garde nationale d'Igney, poussant devant elle un prisonnier. C'est un prêtre, l'abbé Bellot, ancien vicaire de Pallegney, qui, revenu naguère de la déportation, est tombé entre ses mains alors qu'il se dirigeait sur Épinal.

Par le même courrier Antoine Philippe informe le Directoire de cette bonne capture et demande des instructions en conséquence : en attendant l'abbé Bellot est mis sous les verrous (1).

Châtel vécut trois ans sous cette nouvelle administration révolutionnaire (2), et même à ce déclin de cette triste époque on vit se renouveler la persécution ouverte des premières années. Les prêtres catholiques furent traqués avec non moins d'acharnement et les maisons suspectes soumises aux perquisitions les plus minutieuses et les plus tracassières.

Durant le mois de septembre 1799 en particulier,

---

(1) Archives des Vosges. L. Délibérations du Directoire.
(2) Du 7 fructidor an V (13 septembre 1797) au 30 messidor an VIII (19 juillet 1800).

c'est une levée générale de boucliers : des prêtres ont été aperçus à Moriville, Frizon, Igney, Pallegney, Vaxoncourt et Nomexy ; ils y reçoivent une hospitalité inquiétante pour la tranquillité de la République!

Martin l'agent municipal de Châtel va y mettre ordre, et pour avoir toute chance de réussir il mobilise le quatrième jour complémentaire de l'an VII non seulement la garde nationale de Châtel, mais aussi les agents municipaux de bonne volonté des villages voisins et fait subitement et le même jour des recherches actives dans les villages compromis.

Son adjoint, Jean-Claude Martel, se charge de Moriville. Il se présente d'abord avec son escorte armée chez Dominique Fournier, le plus suspecté d'entretenir des intelligences avec les prêtres réfractaires ; mais c'est en vain qu'il fouille la maison, il n'en trouve nulle trace. Peut-être sont-ils retirés dans quelque ferme ; il s'en va donc continuer sa ronde dans les maisons isolées, au moulin et à la ferme de Bédon : toujours même insuccès!

Et pendant que son adjoint travaille à Moriville, Martin part pour Frizon avec son peloton de gardes nationaux. Il prend au passage le maire, Jean Colin, et un autre notable du village, Bernard Sauvot, puis il se rend chez Jean-Baptiste Villaume, fermier de M. Jean-Baptiste Roussel d'Igney. Celui-ci est le père de plusieurs enfants émigrés qu'on dit être rentrés et qu'on a vus dans ces parages. Comme on n'en découvre aucun, n'aurait-on pas plus de chance de se diriger immédiatement sur Igney et d'aller perquisitionner chez M. Roussel lui-même ! C'est ce à quoi l'on se dispose ; mais deux autres maisons de Frizon sont encore suspectées de recéler des prêtres : il s'agit des dames de Villemont et de Julien Queuche leur fermier. On ne manque pas d'y passer et d'y fureter avec non moins d'activité..... toujours rien !

De guerre las, ils partent pour Igney, sûrs cette fois de leur coup de filet ; mais la malchance les suit jusqu'au bout et ils reviennent à Châtel peu fiers de leur expédition.

A Pallegney et à Vaxoncourt c'est l'agent municipal de cette dernière commune, Gabriel Collardel, qui se met en campagne. En même temps qu'une délégation en règle, il a reçu de Martin la liste des maisons suspectes : mais les émigrés qui lui sont signalés lui échappent encore sur tous les points.

Enfin, à Nomexy, les perquisitions sont menées avec toute l'habileté désirable par l'agent municipal de Moriville, Jean Joseph Banneraut. Il ne doute pas du succès étant donné son plan d'exécution.

En effet, bien avant l'aurore, il arrive à Châtel, mobilise secrètement une partie de la garde nationale et en confie le commandement au caporal Barthélemy Sidot. Les hommes sont partagés en plusieurs groupes et postés sur toutes les routes et sur toutes les issues du village. Ces précautions prises, il se fait escorter du reste de sa compagnie et va surprendre dans leur sommeil « tous les ex-nobles, et les parents d'émigrés ou de prêtres réfractaires. »

Mais, ô déception ! impossible de rien découvrir. Que faire ?... Il y a encore les maison isolées : vite il rassemble ses hommes et s'en va faire un siège en règle du moulin et des fermes d'Aubiey et de St-Antoine. Mais les habitations ont beau être cernées et fouillées de la cave au grenier, toujours même insuccès (¹)

Le secret de l'énigme, c'est que Jean-Claude Martel, celui même que Martin envoyait perquisitionner à Moriville, informé dès la veille de la battue générale qui se préparait, avait dépêché secrètement son domestique dans tous les villages susdits pour en avertir les familles intéressées. Nous l'avons déjà vu user de ce subterfuge.

Quant à Jean-Joseph Banneraut et à Gabriel Collardel, disons à leur honneur et à leur décharge qu'ils s'efforcèrent d'expier plus tard, le premier par l'érection d'une chapelle, le second par des œuvres pies, les actes de persécution auxquels ils s'étaient laissé entraîner contre les prêtres fidèles (²).

(¹) Archives des Vosges. L. passim.

(²) La chapelle située à 150 mètres du village de Moriville est dédiée à Notre-Dame de Grâces et porte l'inscription suivante :

« Jésus et Marie à qui j'ai consacré ce monument, soyez-moi propice. Vous
« qui venez ici implorer le secours du ciel, priez pour moi : je suis un pécheur.
« — Dites : mon Dieu ayez pitié de lui. — Priez pour ma famille et pour
« la paroisse de Moriville. — Par autorisation de l'Ordinaire cette chapelle
« a été bénite par Messire Augustin Penant, très digne curé cantonal de Châtel,
« le dimanche 11 octobre 1835, Die u en soit à jamais glorifié. Ainsi soit-il. »

Cependant nos Châtellois, fatigués de cette agitation continuelle et toujours inquiétante, secouèrent définitivement le joug révolutionnaire aux élections municipales du 10 brumaire an IX (1ᵉʳ novembre 1800). Leurs suffrages se portèrent sur les noms suivants :

Maire : Jean-Baptiste Gerbaut.
Conseillers : George Mengin, officier de santé.
George-Nicolas Colin, notaire.
Antoine Philippe, fils, homme de loi.
Jean-Léopold Périné, homme de loi.
Claude-Antoine Dumont, homme de loi.
Laurent Grandcolas, négociant.
Pierre Govillot, menuisier.
Alexis Hacquart, négociant.
Jean-Claude Raidot, négociant.

A partir de ce moment, c'est-à-dire six mois avant la signature du Concordat, les prêtres fidèles peuvent se montrer au grand jour, et même exercer sans entraves le saint ministère. Il faut songer maintenant à réparer les ruines accumulées pendant dix ans : c'est ce que va entreprendre la nouvelle municipalité. La biographie succinte que nous donnerons plus loin de Monsieur de Thumery, premier curé de Châtel après la Révolution, nous fournira l'occasion de dire quelques mots sur le rétablissement du culte.

EPILOGUE.

LES VICTIMES DE LA RÉVOLUTION.

LES VICTIMES DE LA RÉVOLUTION.

Après la bataille on donne un souvenir aux morts, sinon pour inscrire leurs noms sur le marbre, au moins pour les graver dans la mémoire des survivants.

C'est un devoir que nous remplissons avec un plaisir d'autant plus vif que nous n'avons pas une défection à flétrir. Chacun des nôtres peut se rendre le témoignage de l'apôtre St Paul : « J'ai combattu le bon combat, j'ai sauvé le dépôt sacré de la foi, je n'ai plus qu'à attendre la couronne glorieuse » promise aux serviteurs fidèles.

Honneur à eux !

Et ils sont nombreux ceux dont Châtel fut alors la mère, soit comme étant leur patrie, soit comme étant leur refuge : une véritable phalange ecclésiastique et religieuse. Nous pouvons être fiers des uns et des autres : dans le nombre, pas un lâche !

L'intrus Clément resta seul : aucune main ne se tendit vers la sienne. Certes, nous n'avons pas cherché à jeter le voile sur ses bassesses ; les rancunes de son amour-propre blessé, les lâchetés de l'homme et les sacrilèges du prêtre déchu, les hontes de sa vie et les scandales de son ministère nous ont trouvé impitoyable.

Mais Clément n'était pas de Châtel : il y vint contre le vœu de toute la population, s'y maintint par la force et n'y acquit jamais droit de cité.

Et qu'on ne nous jette pas à la face les noms d'un Père Romain ou d'un Frère Marcel : ils ne font point tache dans le clergé de Châtel auquel ils n'appartenaient plus.

Le P. Romain avait sans doute fait partie de la communauté des capucins de Châtel, mais dès l'année 1784 il avait déserté le couvent, jeté le froc aux orties et passé en Suisse d'où on l'avait ramené, c'est vrai, mais non pour le réintégrer dans la communauté, mais bien pour le reléguer dans le *Capharnaum*, c'est-à-dire dans le pénitencier du monastère.

Aussi, quand la Convention vint ouvrir la porte des couvents sous le prétexte d'émanciper les religieux, un seul profita de la liberté accordée par la loi, le P. Romain qui saisit l'occasion de reprendre le cours de ses tristes exploits.

Ce fut du reste tout ce que le culte constitutionnel put recruter dans le clergé de Châtel. Or il n'était pas même digne de servir sous Maudru. Envoyé par lui à Brû comme vicaire résident, il s'y fait tellement mépriser « par ses courses, ses chasses, ses ivrogneries et sa conduite libre et indécente que, dès le 25 septembre 1791, on parle de l'interdire et de lui retirer sa desserte (¹). »

Le Frère Marcel, lui aussi, avait d'abord fait partie du clergé de Châtel, comme directeur du couvent de Notre-Dame. Mais il avait quitté nos murs bien des années avant la Révolution, pour devenir curé du Tholy. En 1791 il prêta le serment constitutionnel et fut nommé par l'évêque schismatique vicaire de Remiremont. L'apostasie le conduisit également au déréglement des mœurs (²).

A ces deux religieux qui n'appartenaient plus au clergé de Châtel quand la Révolution y souffla la guerre, on peut ajouter un prêtre, l'abbé Martel, qui n'en faisait pas encore partie : en 1791 il n'était pas même sous-diacre ; c'est Maudru qui lui conféra tous les ordres sacrés. Celui-là ne fut jamais des nôtres et nous n'avons pas à nous en occuper quoiqu'il soit né à Châtel (³).

Nous avions donc raison de dire que Châtel peut être fier des prêtres autour desquels il se serra si énergiquement pour la lutte héroïque. Plusieurs d'entre eux ont déjà attiré l'attention du lecteur dans le courant du récit, nous leur consacrons ici des notices plus étendues.

Malgré nos recherches, nous avons dû souvent

(¹) Chatrian. Kd. 90. 70.
(²) *Ibidem* « 72.
(³) *Ibidem* « 91.

laisser des lacunes dans ces esquisses; mais en attirant l'attention des chercheurs sur des figures trop oubliées, nous aurons déjà beaucoup fait, d'autres achèveront de les mettre en lumière.

La Révolution ne s'attaqua pas seulement aux prêtres, religieux et religieuses, elle poursuivit de sa haine tous ceux qui leur étaient unis par les liens du sang ou de l'amitié. Tous ceux qui gardaient le culte du passé sur le terrain politique ou religieux se virent englobés dans cette proscription à jet continu.

Or elles étaient nombreuses à Châtel les familles que la noblesse du cœur ou du sang sacrait aux yeux de la foule. C'est dans leur sein que les prêtres proscrits trouvèrent un asile jusque dans les plus mauvais jours de la Terreur.

Parfois même les chefs de la municipalité risquèrent leur vie pour cacher les proscrits et leur fournir chez eux un refuge qui semblait inviolable, parce qu'il était masqué par un civisme de commande ou de parade.

A la liste des ecclésiastiques et des religieuses victimes de la Révolution, nous avons cru devoir joindre le nom de ces généreux laïques qui se sont dévoués pour la même cause, « heureux et fiers de souffrir quelque chose pour le nom de Jésus. »

Et nous constaterons qu'ici, comme dans la Passion, ce ne sont pas toujours les femmes les moins intrépides. Aussi en avons-nous inscrit plusieurs au livre d'or des confesseurs de la foi.

PRÊTRES SÉCULIERS.

Jean-Antoine SYMON.

Parmi les nombreux ecclésiastiques qui à des titres divers, intéressent l'histoire de Châtel pendant la Révolution, le vénérable curé est sans contredit celui qui mérite d'occuper la place d'honneur.

Jean-Antoine Symon, fils de François-Martin-Symon ([1]), écuyer, et de Anne Babelon, naquit à Brainville (Haute-Marne) le 22 décembre 1716.

Le troisième jour après sa naissance, il était tenu sur les fonts-baptismaux par Antoine Béguin Thomassin, écuyer, seigneur de Montdoré([2]) et chevau-léger de la Garde de S. A. R., et par Jeanne de l'Isle, épouse du sieur de la Caussade, capitaine pour le roi, demeurant à Bourg-Sainte-Marie ([3]).

([1]) François-Martin Symon, écuyer, avocat, Conseiler ès sénéchaussée de la Mothe et de Bourmont, Maître particulier des eaux et forêts du Bassigny, receveur des finances du roi et seigneur du fief de Doncourt (situé à Fresnoy (Hte-Marne).

([2]) Canton de Vauvillers (Haute-Saône).

([3]) Canton de Bourmont (Haute-Marne).

La famille Symon qui descend de Jacques Symon, qualifié de chevalier dès la fin du XIVme siècle, obtint, le 9 Février 1753, un arrêt et des lettres patentes par lesquelles elle fut maintenue dans les privilèges de la noblesse, relevée, et réhabilitée de tous actes de dérogeance. Elle portait : *D'azur, à la fasce cousue de gueules, accompagnée en chef de deux aigles d'or et en pointe d'une coquille de même* (1).

De bonne heure le jeune Symon montra un goût très prononcé pour la carrière ecclésiastique; ses études sans doute commencées sous la direction de son oncle curé de Clinchamp furent brillantes; il soutint avec le plus grand succès sa thèse de théologie et fut reçu docteur de la faculté de Paris, maison et société de Navarre.

Ordonné prêtre vers 1746(2) il devint Chapelain d'une Chapelle de l'Assomption érigée à Romain-sur-Meuse et jouit jusqu'à sa mort de ce bénéfice.

Le 16 octobre 1749, l'abbé de Ravinelle, chanoine de la Primatiale, le présentait pour la cure de Dieulouard, et quelques jours après (27 octobre) le nouveau curé recevait l'institution canonique de Mgr Bé-

---

(1) Lepage et Léon Germain. — Complément du nobiliaire de Lorraine.

(2) Chatrian fixe l'époque de sa prêtrise en 1741, mais d'après des recherches faites aux archives de Bourmont par M. H. de l'Isle et communiquées à M. l'Abbé Pierfitte, il n'était encore que diacre en 1745.

A sa mort il légua six cents livres à la fabrique de la Paroisse de Clinchamp.

gon évêque de Toul. M. Symon attendit un an avant de se rendre au milieu de ses paroissiens, mais ayant enfin prêté le serment de fidélité au bailliage de Verdun le 5 octobre, il alla aussitôt prendre possession de sa cure (7 octobre). Il n'y resta que cinq mois, la résigna en faveur d'un cousin Jean-Baptiste Symon et devint procureur au collège de La Marche à Paris ([1]).

La cure de Châtel, l'une des plus lucratives de la région, était devenue vacante en 1761 par la mort de M. Martin-François de Bouvier. Le patronage en appartenait aux religieux de Saint-Léopold de Nancy qui s'en disaient les curés primitifs, prétentions que les curés de Châtel combattaient énergiquement.

Ceux-ci voulurent maintenir leurs droits curiaux dans toute leur intégrité ; de là des procès interminables qui durèrent près d'un siècle ([2]).

Dom Joseph de l'Isle, alors prieur de Saint-Léopold, qui connaissait intimement l'abbé Symon ([3]), crut-il en lui offrant Châtel, mettre fin à tous les sujets de discorde et amener peut-être le nouveau curé à faire une guerre moins acharnée aux revendications des religieux ? C'est possible.

([1]) Chatrian. K. d. 64.
([2]) Archives communales. Série F.
([3]) Les deux familles Symon et de l'Isle étaient en relations suivies ; déjà nous avons vu que la marraine de M. l'abbé Symon était Jeanne de l'Isle ; plus tard Errard de l'Isle, neveu de Dom Joseph de l'Isle, épousa la nièce de M. l'abbé Symon. (Renseignements communiqués à M. l'abbé Pierfitte par M. H. de l'Isle).

L'abbé Symon accepta ; mais comme il ne pouvait se rendre immédiatement dans sa paroisse, il envoya un enfant-prêtre (¹) de Mirecourt, M. Charles Masson, avec le titre de vicaire administrateur et il n'arriva lui-même à Châtel que l'année suivante (1762) (²).

Certes la paroisse n'était pas une sinécure : elle comprenait quatre annexes importantes : Portieux, Rehaincourt, Moriville et Hadigny. Les trois premières étaient desservies par des vicaires résidents, M. Symon se chargea de la quatrième et prit avec lui un vicaire commensal.

Son zèle dans l'administration de ses deux églises n'avait d'égal que sa charité inépuisable pour ses paroissiens.

Pendant seize ans il partage avec son vicaire les fatigues d'une annexe distante de plus de 5 km. et lorsqu'il sent ses forces faiblir et qu'il appréhende de laisser peser sur son vicaire tout le poids d'un ministère aussi pénible, il n'hésite pas à établir et à pensionner un vicaire résident à Hadigny (³). Il y construit à ses frais une maison de cure, meuble la sacristie de tous les ornements et objets nécessaires au culte et demande comme premier vicaire admi-

---

(¹) Ou plutôt un enfant de Mirecourt, prêtre. — Les prêtres originaires de Mirecourt formaient une sorte de société, ce qu'on appellerait un syndicat, sous le nom d'*Enfants prêtres de Mirecourt*.

(²) Chatrian. K. d. 64.

(³) *Ibid.*

nistrateur un jeune prêtre (¹) l'abbé Nicolas-Albert Mathieu, natif de Rupt « autrefois captif en Barbarie » et précédemment vicaire commensal à Champdray et à La Chapelle, annexe de Champ (1778) (²).

La science consommée et les vertus pastorales de M. l'abbé Symon avaient attiré sur lui l'attention des évêques de Nancy et de Saint-Dié.

Le premier le nomme, le 3 août 1764, examinateur des vicaires des doyennés de Jorxey, Épinal et Deneuvre (³), puis supérieur au couvent de Notre-Dame établi à Châtel (1774) (⁴), et enfin confesseur extraordinaire des religieuses (1786) (⁵).

L'année qui suit l'érection du diocèse de Saint-Dié auquel Châtel est rattaché, Mgr Chaumont de la Galaizière fait à M. Symon l'honneur d'une visite pastorale (⁶); il le nomme examinateur synodal et inscrit Châtel au nombre des huit doyennés institués dans le nouveau diocèse (⁷).

Mais, sur la fin de 1778, un remaniement survient dans la délimitation des deux diocèses, et Châtel est rattaché à celui de Nancy, comme étant situé à droite de la route qui va de Charmes à Rambervillers.

(¹) Ordonné prêtre en 1773.
(²) Chatrian. K. d. 64.
(³) *Ibid.* » 84.
(⁴) *Ibid.* » 51.
(⁵) *Ibid.* » 66.
(⁶) *Ibid.* » 54.
(⁷) Les autres doyennés étaient: St Dié, Salm, Remiremont, Épinal Escles, Dompaire, Bruyères.

Mgr Chaumont de la Galaizière en écrit tout son regret à M. Symon le 28 décembre 1778, le priant par la même occasion, d'avertir de ce changement les capucins, les religieuses et tous ses vicaires ([1]).

Monseigneur de Fontanges, évêque de Nancy, qui avait su non moins apprécier la droiture et la noblesse de caractère du curé de Châtel que sa science théologique, s'empressa de lui confier l'examen d'une affaire très délicate. Il s'agissait de faire une enquête minutieuse, de dresser un rapport détaillé sur une guérison prétendue miraculeuse attribuée au Vénérable Benoît Labre et dont avait été favorisée une religieuse du couvent du Tiers-Ordre de St-Dominique à Charmes, Mme de Langeac, née Lénoncourt ([2]). Chatrian qui nous parle de cet événement ne nous dit pas si le rapport conclut au miracle (1784).

Nous avons parlé des anciennes prétentions des bénédictins de St-Léopold de Nancy sur la cure de Châtel : elles devaient surgir de nouveau, sous une forme ou sous une autre, surtout après le départ du prieur Dom de l'Isle.

Le 14 juin 1775, veille de la Fête-Dieu, plusieurs religieux se présentent au presbytère de Châtel, annonçant l'intention de présider en qualité de curés primitifs de la paroisse, les offices et la procession

---

([1]) Chatrian. K. d. 54.
([2]) Chatrian. K. d. 62.

du lendemain. Que faire devant une démarche qui le prenait au dépourvu ? Jouer au plus fin ! ....

M. Symon ne voit aucun inconvénient à ce que tout se passe comme les bons religieux l'entendent ; leur présence ne pouvant que rehausser l'éclat d'une si belle fête, tout sera pour le mieux.

L'on se sépare après force compliments.

Le lendemain, nos bénédictins impatients de faire les préparatifs pour la cérémonie, commencent à trouver M. Symon peu matinal. Cependant le temps presse, il faut sortir les riches ornements que l'Eglise de Châtel doit à la munificence de son pasteur.... où sont les clés du buffet ? toujours pas de curé !..... les commentaires vont leur train..... Et M. Symon aussi, car accompagné de ses chapelains et des autres prêtres habitués de Châtel il arrivait à la cure de Charmes où l'accueil était d'autant plus sympathique que l'apparition de tels hôtes était plus subite et paraissait plus étrange. En deux mots l'aventure est contée, et l'on décide aussitôt que les honneurs de la journée seront réservés aux fugitifs. M. Symon officia donc et porta lui-même le Saint-Sacrement, escorté du curé de Charmes et de cinq autres prêtres ([1]).

Les bénédictins de St-Léopold comprirent la leçon et se désistèrent pour toujours de leur prétentions.

([1]) Chatrian. K d. 53.

Une autre aventure (¹) ne nous montrera pas moins quelle fermeté doublée de finesse M. Symon apportait dans l'administration de sa paroisse.

C'était le 25 août 1784, un huissier du baillage se présente à la cure; il vient de la part de tout le barreau signifier au curé de célébrer une messe solennelle dans la matinée. l'heure a été fixée par ces Messieurs, et les chantres requis. « Eh bien, soit ! répond M. Symon, nous dirons une messe à l'intention de Messieurs les Magistrats. » Mais à bon rat bon chat !

La cloche sonne : tous les officiers du baillage arrivent en corps à l'église, les chantres entonnent *l'introït* et le célébrant sort de la sacristie.

Eh quoi ?.... ce n'est que le vicaire !....

Ce n'est pas tout, il passe devant le maître-autel et où va-t-il ? à un autel collatéral !

Tout le monde se regarde, pendant que l'on chuchotte, les chantres continuent et la messe commence. Le *Kyrie eleïson* est terminé, mais le célébrant récite déjà l'évangile, puis achève la messe aussi basse qu'il l'a commencée. Et nos avocats, avec leur sans gêne et leurs allures si cavalières, commencent à comprendre. Ils eurent du moins le bon esprit de reconnaître leurs torts et n'en estimèrent pas moins leur digne pasteur.

D'ailleurs la fermeté naturelle de son caractère

(¹) Ibid. Kd. 61.

était tempérée par une bonté, une charité inépuisables qui lui avaient concilié tous les cœurs et lui valurent en 1789 les suffrages de ses paroissiens dans différentes élections.

La Révolution le trouva inébranlable sur les principes, non seulement il repoussa énergiquement le serment constitutionnel, mais il crut devoir publiquement instruire ses paroissiens de l'acte d'apostasie qui était demandé et sur le manque de juridiction des nouveaux curés assermentés. C'est donc bien à lui que revient l'honneur d'avoir, par ses conseils et par ses enseignements, préservé du schisme, et ses paroissiens et les nombreux ecclésiastiques sur lesquels peut s'étendre son action.

Le 23 juin 1791, Monsieur Symon, accompagné de son vicaire l'abbé de Rozières, se trouvait chez Monsieur Galland, curé de Charmes, avec lequel il était lié de la plus étroite amitié. On parlait de la marche inquiétante des événements et l'on s'encourageait mutuellement dans la résistance aux impiétements du pouvoir civil, quand tout à coup des vociférations arrivent jusqu'à leurs oreilles.

Ils vont sortir se rendre compte de la cause de ces troubles lorsqu'ils entendent les cris de la populace retentir à la porte du presbytère. Heureusement la maison n'est pas encore cernée, ils parviennent à s'évader. La bande se retire d'autant plus furieuse que sa proie lui échappe ; cependant elle a capturé trois prêtres : MM. Saucourt, chapelain de Charmes, Carrez vicaire résident à Florémont et Contault, vicaire de Gripport, qui sont écroués dans les prisons de la ville (¹).

Pourquoi cette levée si subite de boucliers ? C'est qu'on vient d'apprendre la fuite du roi, et pour les révolutionnaires de Charmes, le clergé doit être coupable de ce forfait.

Obligé de quitter le presbytère lors de l'arrivée de l'intrus Clément, M. Symon avait été reçu à bras ouverts, par l'honorable M. Dieudonné-Henry-Joseph Cosserat, juge de paix, qui s'était empressé de mettre l'une de ses maisons à sa disposition.

Nous n'avons pas à revenir sur les deux dernières années de sa vie et sur les démonstrations sympathiques qui éclatèrent à Châtel lorsqu'il fut question de son départ. Il crut néanmoins devoir quitter ses chers paroissiens pour ne pas attirer sur eux les foudres du Directoire départemental et laissa au milieu d'eux sa bibliothèque et la plus grande partie de son mobilier, dans l'espérance que des temps meilleurs le rendraient bientôt à leur affection. En attendant, il se retire à Vroncourt chez Monsieur Charles-Hubert Clermont Crévecœur qui, n'habitant cette localité qu'à de rares intervalles, avait mis à sa disposition et sa maison et ses domestiques (²).

(¹) Chatrian K. d. 70.

(²) Archives de la famille de Valentin de la Tour. — Le frère de M. l'abbé Symon, M. François-Hubert Symon de la Treiche, habitait Bourmont en qualité de receveur du District.

Sa nièce, Marie-Charlotte Symon, accourut à ses côtés, car les forces du vénérable vieillard s'affaiblissaient sensiblement. Brisé par les ans, miné par les émotions de toutes sortes, et enfin sans cesse préoccupé de ses chers paroissiens qu'il sentait livrés au loup ravisseur, il tomba bientôt dangereusement malade, et, le 4 Janvier 1792, il allait recevoir au ciel la récompense d'une vie si pleine de mérites (¹).

Les obsèques furent celles d'un indigent : « Il ne sera fourni à mon enterrement, disait une clause de son testament, que huit cierges de deux onces l'un, et il ne sera chanté aucune messe ni fait aucun service. »

Cette disposition avait été prise à dessein, M. Symon voulant réduire le rôle du clergé intrus à sa plus simple expression dans ses funérailles. Par une autre clause de son testament, il demande en effet qu'on fasse célébrer pour le repos de son âme « deux mille messes, par *des prêtres catholiques romains* qui n'auront pas prêté le serment. »

Il avait passé en faisant le bien, il mourut de même. Après avoir laissé un souvenir à chacun des membres de sa famille il consacra tout le reste de sa fortune en bonnes œuvres.

La paroisse de Clinchamp où il avait commencé ses études, les fabriques et les confréries de la Charité, de Dieulouard et de Châtel, les œuvres du diocèse

---

(¹) *Ibidem).*

de Nancy, les prêtres insermentés et exilés, les pauvres de la paroisse de Châtel et de ses annexes, ses anciens domestiques et ceux qui aidèrent sa nièce dans sa dernière maladie, tous furent l'objet de sa générosité (¹).

(¹) Voici quelques-uns des legs portés sur le testament de M. Symon.

1º A la paroisse de Clinchamp : 600 livres.

2º A la paroisse de Dieulouard : 300   »

3º Aux prêtres insermentés : le montant d'une créance à lui dûe par son frère, et tout l'argent qu'il a reçu à cette destination.

4º Aux pauvres de Châtel : tout le blé et les autres denrées qui sont sur ses greniers.

5º A Mgr de la Farre, pour son diocèse : 2000 livres et sa bibliothèque.

6º A Mgr de la Farre ou à M. Galland, curé de Charmes, pour être dsitribué aux pauvres prêtres : tout l'argent qu'il a laissé à Châtel.

7º Aux bonnes œuvres de la paroisse de Châtel et de ses annexes : une créance de 300 louis d'or.

8º Aux pauvres malades catholiques de Moriville et de Rehaincourt de Portieux et de Hadigny : 30 louis d'or.

9º A la communauté de Hadigny : la maison qu'il a fait bâtir pour le maître d'école, mais à condition que le prêtre constitutionnel ne l'habitera jamais ; de même aussi les masures qui sont adjacentes à cette maison.

10º A M. Paucherois, curé d'Athenay : une pension annuelle de 245 livres et remise de toutes ses dettes.

11º A la fabrique de Châtel : les nombreux ornements qui lui appartiennent.

M. Dieudonné-Henry-Joseph Cosserat, juge de paix à Châtel, était choisi comme exécuteur testamentaire et recevait pour ses peines : 1º Le Traité des arbres fruitiers par Duhamel, 2 vol. in-4º ; 2º l'Histoire de France par Daniel, 17 vol. in-4º ; 3º une cafetière d'argent.

Lorsqu'on voulut partager les 2603 livres qui revenaient aux pauvres de la commune de Châtel, on classa ces derniers en trois catégories : 6 livres 3 sols furent attribués à chacun des 286 individus de la première catégorie ; 4 livres 1 sol à chacun des 173 indi-

La nouvelle de sa mort jeta la consternation dans tous les cœurs ; un seul homme à Châtel s'en réjouit : l'intrus Clément !

Louis-François GAUDEL DE NOMEXY.

Seigneurs de Nomexy où ils avaient leur maison de campagne, les Gaudel, anoblis une première fois en 1651 (¹), avaient toujours habité Châtel. Louis-Ignace Gaudel, ancien officier, avait vingt-six ans lorsqu'il prit pour épouse Marie-Marguerite Grandpaire. Louis-François, l'aîné de sa nombreuse famille, naquit le 15 février 1764 et fut tenu sur les fonts baptismaux par Melle Elisabeth l'Epée et par son aïeul Jean-François Gaudel, avocat à la cour, lieutenant-général au baillage de Châtel, anobli par lettres de Léopold I données à Nancy le 8 mai 1715, en considération de ses alliances avec des familles nobles et de son application à remplir les devoirs de son emploi. (²).

Il portait : *D'or au chevron de gueules accompagné de*

---

vidus de la seconde, et 2 livres 1 sol à chacun des 67 individus de la troisième. (25 brumaire an II. — 25 novembre 1793).

Il y avait donc au 25 novembre 1793 au moins 526 individus portés sur la liste des indigents, la plupart ruinés par la Révolution ; la liste devait encore augmenter.

(¹) Dans la personne de Claude Gaudel.
(²) Dom Pelletier annoté. — Bibliothèque de Nancy.

trois lionceaux de même, deux en chef et un en pointe, et pour cimier un lionceau de l'écu, issant d'un armet morné, orné de son bourlet et lambrequin aux métail et couleur dudit écu (¹).

L'abbé Gaudel fit sa théologie au grand séminaire de Nancy, reçut les ordres à la Trinité de 1789 (6 juin) et vint passer quelques mois dans sa famille en attendant sa nomination : il fut envoyé comme vicaire à Damas-au-Bois (²).

Le refus qu'il opposa à la prestation du serment schismatique et l'arrivée, comme curé constitutionnel, d'un ex-chanoine régulier, l'obligèrent à quitter sa paroisse et à se retirer au moins provisoirement à Châtel ; mais la vue des bouleversements qui agitaient la petite ville le décide à partir pour l'exil, où Chatrian le suit d'une façon toute particulière.

Il arrivait à Trèves au commencement de l'année 1792. M. Galland, curé de Charmes, était parvenu, après bien des difficultés, à établir dans cette ville une maison de refuge appelée la *suffragance* (³) pour les prêtres français qui fuyaient la Révolution.

A peine arrivé depuis quelques semaines, l'abbé Gaudel, fort et zélé, s'engage comme aumônier d'ambulance à la suite de nos blessés et prisonniers de guerre qui partent pour la Souabe.

(¹) Les lettres furent entérinées le 21 mai 1715.
(²) Thiriet. — *Le grand séminaire de Nancy.*
(³) Palais du coadjuteur ou *suffragant* du prince évêque.

Il rentre à Trèves le 7 octobre, « reprenant volontiers sa place, dit Chatrian, à la suffragance, où plus de 110 prêtres sont nourris aux frais de M. Galland, » et le 31 octobre il quitte de nouveau cette ville pour se rendre à Prüm et de là à Dusseldorf, près de M. Thouvenel, curé d'Essey-les-Nancy (13 février 1793) (¹).

L'abbé Gaudel y fait un séjour de vingt mois, mais obligé de quitter cette dernière ville pour des raisons que Chatrian ne dit pas, il prend le chemin de la Bavière (²) et, après plusieurs pérégrinations, vient s'établir définitivement à Munich avec une personne de service qu'il amène de Vilzbiburg, (24 février 1795) (³).

L'abbé de Rozières, directeur des religieuses du couvent de Notre-Dame de Châtel, se trouvait alors à Furstenfeld, non loin de Berlin. M. Gaudel qui avait reçu 35 louis d'or à son adresse, ayant appris le lieu de sa retraite, s'empresse de les lui porter (⁴) (21 juillet 1795) et le décide à venir fixer comme lui, sa résidence à Munich.

Vers le mois d'août 1796 M. de Rozières quittait Munich, mais l'abbé Gaudel était bien décidé à finir dans cette ville le temps de son exil ; il semble d'ail-

---

(¹) Chatrian : K. d. 70.
(²) Ibidem.
(³) Chatrian : K. d. 72.
(⁴) Ibidem.

leurs par le récit de Chatrian qu'il y avait ouvert une sorte d'externat, car, dit notre chroniqueur, le 26 août 1798, il alla passer quelques jours de vacances à Landsberg, puis à Landshut et à Alt-Otting (¹). Quinze jours avant son voyage il avait même demandé, mais sans succès, à la Régence de Bavière, l'autorisation d'ouvrir une école de français à Munich (²).

Quoique ses biens aient été mis sous séquestre, il apprend durant son exil que son nom n'a cependant pas été porté sur la liste des émigrés; il fait aussitôt pétitionner en sa faveur auprès du Directoire départemental (13 thermidor an IV, 31 juillet 1796), et demande avec l'avis favorable de la municipalité de Châtel, de rentrer dans la possession de ses biens (³). La réponse du Directoire nous manque.

Sur la fin de 1799 l'abbé Gaudel se trouve dans la gêne, il renonce à tenir ménage et vit, avec les autres prêtres exilés, de la vie commune : c'est qu'il n'avait pu obtenir l'autorisation de continuer ses classes de français et s'était vu privé du plus net de ses revenus (13 février 1800).

Il rentrait à Châtel le 20 septembre de la même année. Mais pendant son exil il a pris goût au professorat; après quelques jours donnés à sa famille, il se rend à Nancy et va s'y installer maître de

---

(¹) Chatrian, Kd. 91.
(²) Ibidem : Kd. 72.
(³) Archives municipales.

pension jusqu'au moment ou Monseigneur d'Osmond, réorganisant les paroisses, l'envoie à Damas-aux-Bois au milieu de ses anciennes ouailles.

Dès le 5 messidor an XI (24 juin 1803) il y éprouve de graves difficultés qui nécessitent son déplacement. Le provicaire de Saint-Dié, l'abbé Georgel, propose de le faire permuter avec l'abbé Robert qui désire sortir de Claudon. Mgr d'Osmond sans s'y refuser fait cependant remarquer que M. Gaudel est bien faible pour une paroisse aussi populeuse et aussi difficile que Claudon, « il y donnera du moins, ajoute-t-il, le bon exemple, et c'est en vérité beaucoup » (19 messidor, an XI, — 8 juillet 1803).

Cependant, au lieu de partir pour Claudon, M. Gaudel est envoyé à Regnévelle remplacer M. Fenard, fort triste sujet, mais proche parent du maire qui reçoit le nouveau curé avec toute la malhonnêteté possible, lui déclarant que la commune ne le logera pas et qu'il n'a rien de mieux à faire que de s'en retourner. (29 novembre 1803).

Informé d'une hostilité aussi révoltante, le provicaire envoie aussitôt à l'abbé Gaudel sa commission pour Harol. Le jeune abbé Duguenot qui en était curé venait de quitter la paroisse après un lutte désespérée contre le maire et une partie de la population. Mais l'abbé Gaudel n'était pas l'homme de la situation : dès le 3 novembre 1804, le provicaire écrit à son évêque : « le desservant de Harol est retiré chez sa mère, hors de combat. C'est une perte (¹). »

En effet, sa santé était complètement compromise; le repos absolu qu'il alla chercher au pays natal dans le sein de sa famille ne put enrayer le mal, et Dieu le rappelait à lui le 22 février 1806. Il n'était âgé que de 38 ans.

Pierre-Louis-Henri DE BARVILLE.

Pierre-Louis-Henri de Barville, né à Châtel en 1749, était fils de Henry de Barville, écuyer seigneur de Saligny et de dame Marie-Catherine Archambault ; Jean-François Gaudel, aïeul et parrain de l'abbé Gaudel, le tint aussi sur les fonts baptismaux (²).

Ordonné prêtre en 1773, il accepte un préceptorat à Paris après cinq ans de vicariat à Malzéville, (avril 1778) (³). Il ne s'accommode pas longtemps de son nouveau genre de vie, car deux mois après il est de retour au pays. Mais il ne se plait guère

---

(¹) D'après les notes prises dans la correspondance de Monseigneur d'Osmond et gracieusement communiquées par M. l'abbé Pierfitte, curé de Portieux.

(²) Son grand'père Henry de Barville, ancien lieutenant dans le bataillon de Mortagne, s'était établi à Châtel en 1746. Il y fut maintenu dans les privilèges de la noblesse par arrêt de la Chambre des Comptes du 10 août 1750, à charge de vivre noblement et de ne faire acte de dérogeance. — Pas d'armes. — (Lepage et Léon Germain. — *Complément du nobiliaire de Lorraine.*)

(³) **Chatrian** : Kd. 58.

mieux comme vicaire commensal à Vomécourt, près de Rambervillers, gagne de nouveau Nancy dans les premiers mois de l'année 1779, accepte, quelques mois plus tard, le vicariat de Champigneulles et l'échange encore l'année suivante contre celui de St-Sébastien (13 juillet 1780) (¹).

La cure de Vincey devenue vacante en 1782, lui est offerte par Madame de Spada, abbesse d'Epinal : il l'accepte et vient s'y établir d'une façon définitive (²).

La Révolution arrive, il faut se soumettre au serment constitutionnel ou céder la place à un intrus : l'abbé de Barville n'hésite pas ; il résiste et quitte le presbytère à l'arrivée du curé schismatique, le R. P. Girardin, ex-chanoine régulier.

Assuré des sentiments dévoués de ses paroissiens, il s'établit au milieu d'eux, et continue à habiter Vincey. C'était paralyser le ministère de l'intrus : celui-ci s'en vengea par toutes les vexations possibles et l'abbé de Barville y mit un terme en venant s'établir à Châtel avec ses deux servantes. Il y était à peine installé que les événements l'obligèrent à prendre, comme l'abbé Gaudel, le chemin de l'exil (³).

De Trèves, où il arrive le 21 mai 1791, il se rend à Epternach, en sort au mois de Novembre 1792 (⁴),

---

(¹) *Ibidem* Kd. 54.

(²) *Ibidem* Kd. 60.

(³) Chatrian : Kd. 70.

(⁴) Le 13 mai 1793, les deux servantes de l'abbé de Barville quittent la maison qu'il a louée et habitée à Châtel avant son départ et se réfugie chez les bénédictins de Bayern qu'il quitte seulement le 7 mars 1795 (¹).

Sur ces entrefaites il apprend que l'abbé Gaudel est installé à Munich, il va donc le rejoindre dans cette ville, avec l'espoir d'y recevoir des soins que nécessitait sa santé chancelante (²). Pendant l'été de 1795 il prend même une saison aux eaux de Gastein (province de Salsbourg), et le 25 août nous le trouvons à Alt-Otting « où il se fait soigner, dit Chatrian, pour une plaie et enflure considérable à la jambe » (³).

Guéri de son infirmité, il retourne à l'abbaye de Bayern, qu'il se voit encore obligé de quitter peu après, « le prieur trouvant qu'il y restait trop longtemps. » (octobre 1796). Il cherche alors successivement fortune à Munich, Ingolstad, Ratisbonne, Straubing, Passau, Alt-Otting, et finit par se caser à Tholz en Bavière, comme professeur de français (⁴). Fatigué comme il l'est à la suite de toutes ces pérégrinations, il espère bien y passer le reste de ses jours; mais lorsque les prêtres émigrés sont autorisés à rentrer il se hâte de gagner la France. Il revient à Châtel et n'y trouve plus rien de

---

pour Trèves. A leur sortie, le propriétaire visite sa maison pour soigner ses intérêts et ceux de la République, et découvre au grenier plusieurs meubles, tels que glaces, fauteuils, chaises, qui ont appartenu à l'émigré; il s'empresse de les remettre aux soins de la municipalité qui les envoie au District. (Archives municipales).

(¹) Chatrian Kd. 70.
(²) Ibidem Kd. 72.
(³) et (⁴) Ibidem Kd. 72.

ce qu'il y avait laissé : ses biens meubles et immeubles avaient été vendus pendant son absence au profit de la Nation.

A peine de retour, ses anciens paroissiens le réclamaient à grands cris pour curé ; cependant le provicaire des Vosges, qui l'avait en haute estime, le réservait pour un poste supérieur : à ses yeux l'abbé de Barville était un esprit distingué, plein de sens et de tact ; il n'ignorait pas non plus sa charité inépuisable et la sympathie qu'il provoquait naturellement autour de lui ; c'est pourquoi il avait même pensé à lui pour Epinal avant la nomination de M. Hamart.

Sur ces entrefaites, plusieurs démarches furent tentées auprès de M. Georgel pour le faire nommer à Châtel, mais les instances de ses premières ouailles furent si pressantes qu'on accéda à leurs désirs. L'abbé de Barville retourna donc à Vincey où il mourut en 1831 (¹).

Francois-Xavier-Henry-Joseph COSSERAT.

Si la Révolution avait privé M. Symon de la consolation tant désirée de mourir dans sa chère paroisse, le vénérable curé avait eu du moins la satisfaction d'être recueilli par les siens et de rendre

---

(¹) Archives des Vosges. L. V. 114.

le dernier soupir au milieu d'eux. Cette joie suprême devait être refusée à un jeune prêtre issu de la plus honorable famille de Châtel, l'abbé François-Xavier-Henry-Joseph Cosserat, né le 23 février 1754.

Henry Cosserat, son père, marié à Marie-Marguerite Hanus, était procureur du roi au baillage de Châtel, et avait été anobli par Stanislas, le 1ᵉʳ août 1747 (¹).

Après avoir suivi les cours de théologie et reçu les ordres à Nancy, l'abbé Cosserat était devenu prêtre approuvé de la communauté de St Sébastien de cette ville en 1782, (²) puis curé de Moyenvic vers 1786 (³).

Avec l'éducation foncièrement chrétienne et la trempe de caractère qu'il avait reçue au sein de la famille, le jeune curé ne pouvait hésiter entre le serment constitutionnel ou l'exil. Il se retire d'abord dans le voisinage de Bouquenon (Lorraine allemande), 30 décembre 1791(⁴), puis rayonne dans les environs jusqu'au mois de mai 1793.

A cette date nous le trouvons à Trèves, mais il ne songe pas à s'y établir, car il vient d'apprendre que son frère Dieudonné va pétitionner pour le faire rayer de la liste des émigrés (26 juin 1793) (⁵).

(¹) Dom Pelletier.— *Nobiliaire de Lorraine.*
(²) Le 5 mai 1774, il assiste à Châtel aux funérailles de M. Charles-Bernard de Bouvier et signe : François-Xavier-Henry-Joseph Cosserat, écuyer. (Arch. municipales).
(³) Chatrian. K d. 72
(⁴) *Ibidem.* 70
(⁵) Archives des Vosges. L. District de Rambervillers.

Il se rapproche donc de la frontière, fait même acte de résidence à Volmunster et y demande un passeport pour aller à Deux-Ponts, territoire neutre qui n'était pas en guerre avec la France et sur lequel on pouvait se retirer sans être inscrit comme émigré. Après la pétition du 26 juin, le Département avait déclaré qu'il n'y avait pas lieu de délibérer, puisque le pétitionnaire ne pouvait fournir les pièces attestant que son frère n'avait pas quitté le territoire de la République.

Le 13 juillet une nouvelle pétition était déposée sur le bureau du Directoire d'Épinal avec le passeport délivré à Volmunster. Toujours même fin de non recevoir de la part de l'assemblée qui réclame, pour délibérer, un passeport pris à Moyenvic même, afin d'être bien renseignée sur le chemin suivi par l'abbé Cosserat pour se rendre à Deux-Ponts. M. Dieudonné Cosserat revient une troisième fois à la charge (3 août) et obtient deux jours après une radiation provisoire ; mais cette demi-mesure de clémence ne donne pas au prêtre fugitif des garanties suffisantes pour songer à revenir en France, et le pauvre curé n'a plus qu'à se créer une situation qui lui permette de vivre, en attendant la fin de la persécution.

Il part alors pour Coblentz où il arrive dans les premiers jours de 1794, après un voyage très pénible et par le froid le plus intense. Mais il est dépourvu de toutes ressources : à peine a-t-il de quoi se défrayer quelques jours, et pour comble de malheur, il ne sort de la diligence que pour se mettre au lit, brisé de fatigue et atteint d'une maladie de poitrine qui met ses jours en danger.

Heureusement la Providence l'a déposé entre les mains de personnes dévouées qui ont recueilli le pauvre exilé et ont fait appel à la générosité de leurs amis pour venir en aide au malheureux prêtre (20 février 1794) ([1]).

Grâce aux bons soins dont il est entouré, l'abbé Cosserat est hors de danger à la fin d'avril. « mais, ajoute Chatrian, ce qu'il appelle un rhume paraît à plusieurs de ses confrères une pulmonie qui ne lui laissera plus une longue carrière à parcourir. » Trop confiant dans ses forces renaissantes, il se met en route pour Manheim, mais son état ne fait qu'empirer et c'est dans cette ville qu'il rend le dernier soupir à l'âge de 40 ans, muni, dit Chatrian, des sacrements de l'Eglise (novembre 1795).

Le séquestre mis sur ses biens fut levé le 18 frimaire an IV (9 décembre 1795). La prétention émise par le fisc de faire payer aux héritiers les contributions des trois dernières années malgré les revenus que l'Etat en avait tirés ne fut pas admise par le Directoire. Il répondit à la pétition expédiée à ce sujet que la Nation ayant encaissé les canons de ces

---

([1]) Chatrian : Kd. 70.

biens, c'était à elle de payer l'imposition foncière (¹).
Les frais de la main-levée du séquestre montèrent
à 220 livres (²).

Antoine DIEUDONNÉ.

Vingt-deux mois auparavant un autre jeune prêtre
de Châtel, l'abbé Antoine Dieudonné, avait déjà succombé sur la terre étrangère, à peine âgé de 34 ans.

« Fils de Claude Dieudonné, huissier au bailliage
de Châtel-sur-Moselle et de Marianne-Catherine
Grandcolas, Antoine naquit dans cette petite ville
le 31 janvier 1760 (³). Il était déjà tonsuré en 1780; le
16 août de la même année il soutint sa *Tentative* (⁴),
le 18 il obtint son *Baccalauréat biblique*, et le 17 du même mois de l'année suivante le *Baccalauréat formé*.
Ordonné prêtre le 18 avril 1784 il fut nommé vicaire
commensal à Brouville. Il allait succéder à M. Voirin son pasteur et son ami, quand ils furent l'un et
l'autre obligés de partir pour l'exil.

(¹) Arch. municipales.
(²) Les héritiers étaient le frère du défunt M Dieudonné-Henry-Joseph Cosserat et ses deux sœurs Marie-Thérèse Cosserat et Suzanne-Charlotte Cosserat, épouse de M. Charles-Joseph-Hyacinthe de Bouvier.
(³) Extrait du *Séminaire de Nancy* par H. J. Thiriet, p. 30.
(⁴) La première épreuve des grades universitaires de théologie se nommait la *Tentative*, la seconde *Baccalauréat biblique*, la troisième *Baccalauréat formé*. Venaient ensuite la *Licence* et le *Doctorat*.

L'abbé Dieudonné eut la triste consolation de fermer les yeux à son digne curé, dès les commencements du séjour sur la terre étrangère : lui-même se retira à l'abbaye de Wiblingen en Souabe, mais pour y continuer son ministère de charité. Il se consacra au soulagement spirituel et corporel des soldats ses compatriotes, prisonniers et malades et succomba dans sa 34ème année, le 18 janvier 1794, victime de son dévouement (1).

C'est l'abbé Dieudonné, croit-on, qui avait composé, en décembre 1783, une chanson fort spirituelle sur le retour quotidien des choux à la table des séminaristes. »

Joseph-Alexandre RELLOT (2).

L'abbé Joseph-Alexandre Rellot naquit à Châtel le 20 octobre 1753. Ordonné aux Quatre-Temps de septembre 1778, il fut, le 20 octobre suivant, envoyé comme vicaire commensal à Tantimont qu'il quitta bientôt pour le vicariat de Velaine près de Nancy.

Pour des motifs qui nous sont inconnus, l'abbé

---

(1) Le 29 brumaire an II (19 novembre 1793), la municipalité de Châtel, pour se conformer à la délibération du District, décide qu'il sera procédé à l'inventaire de ses meubles.

(2) Il ne faut pas le confondre avec un autre abbé Rellot curé en 1785 de la Neuville-sous-Châtenois. En 1750 on trouve encore comme prêtre habitué à Châtel un abbé A. Rolot, peut-être son oncle.

Rellot quitte ce dernier poste sans aucune autorisation de l'évêché, et pour cet acte d'indiscipline se voit retirer tous ses pouvoirs dans le diocèse (12 juillet 1782). Il revient alors à Châtel dans sa famille ; mais les informations prises par l'officialité diocésaine lui sont sans doute très favorables, car trois semaines après (3 août 1782), l'abbé Rellot est nommé vicaire commensal à Vallois, canton de Gerbévillers (1).

Parti en exil en 1791, il était de retour à Nancy le 20 février 1793, où une indiscrétion malheureuse de sa part amena l'arrestation de plusieurs prêtres. Il avait ébruité que M. Charlot, curé de St-Sébastien était, lui aussi, revenu dans cette ville, et aussitôt des perquisitions domiciliaires avaient été organisées pour le saisir. Prévenu à temps, le brave curé put s'esquiver ; par contre les révolutionnaires surprirent plusieurs autres prêtres catholiques qu'ils ligotèrent et enfermèrent au couvent des Tiercelins (2).

Il fallut de nouveau gagner l'étranger : l'abbé Rellot, se dirigea sur la Bavière, et il était à Wasserbourg le 23 novembre 1794.

Cependant, fatigués du ministère d'un intrus, les paroissiens de Vallois réclament à grands cris leur ancien vicaire ; ils adressent même dans ce sens une pétition, au Département de la Meurthe (1er octobre 1795). Comme on le pense, on n'en tint pas compte. Mais ils ne se découragent pas : une délégation com-

---

(1) Chatrian : Kd. 60.
(2) *Ibid.* Kd. 91.

posée des notables de Vallois vient supplier la mère de l'exilé, lui demandant en grâce de le faire revenir de Wasserbourg (¹).

L'abbé Rellot ne voulut pas sans doute affronter une seconde fois les hasards d'un retour trop précipité; il resta en Bavière et Chatrian nous apprend à la date du 23 août 1798 « qu'il est affligé d'un érésipèle à Alt-Otting. De retour en France, il fut envoyé en 1803 comme succursaliste dans son ancienne paroisse de Vallois (²).

Dominique VAUDEL.

Il était né à Châtel le 30 mai 1744. Ordonné prêtre le 24 septembre 1768, il devint successivement vicaire commensal à Damas-aux-Bois (20 novembre 1768), administrateur à Charmes, vicaire résident à Rehaincourt (octobre 1773), et enfin curé de Cercueil au concours du 9 août 1782 (³).

Le 29 brumaire an II (19 novembre 1793), les meubles qu'il possède à Châtel sont inventoriés comme biens de prêtre déporté (⁴).

Au commencement de l'an X il est de retour au pays où il s'attire la sympathie et l'affection de ses

---

(¹) *Ibid.* Kd. 72.
(²) *Ibid.* Kd. 91.
(³) *Ibid.* Kd. 64.
(⁴) Archives municipales.

concitoyens. Le juge de paix, M. Tanant, écrit de lui au Préfet : « C'est un prêtre très vertueux qui s'est toujours fait estimer par sa franchise et par ses bonnes œuvres (¹). »

Jean-Baptiste JACQUES.

Fils de Jean-Baptiste Jacques, huissier au baillage de Châtel et de Jeanne Parisot, il naquit dans cette ville le 3 novembre 1754. Sa mère qui était déjà veuve au moment de la Révolution suivit son fils nommé curé de Saint-Hilaire (5 mai 1790); mais il fallut presqu'aussitôt se séparer : l'abbé Jacques qui avait refusé le serment schismatique prenait le chemin de l'étranger et sa mère rentrait à Châtel.

Pour ne pas être porté sur la liste des émigrés il gagne le territoire de Deux-Ponts, et néanmoins son nom y figure aussitôt après son départ de Saint-Hilaire. Rayé une première fois (1er décembre 1792) il y est replacé par décision du Ministre de la police générale; puis sur une nouvelle pétition de sa mère appuyée par un avis favorable du District et des certificats de séjour à Deux-Ponts, il est rayé une seconde fois et considéré comme déporté (11 mars 1793) (²).

Mais les événements qui se précipitent en France

(¹) Archives des Vosges. L. 114.
(²) Archives des Vosges. L. District de Rambervillers.

sont loin de l'engager à revenir : c'eût été de la dernière imprudence, et l'abbé Jacques, au lieu de regagner la Lorraine, part pour la Bavière et va s'engager comme aumônier missionnaire à la suite des prisonniers français qui sont dirigés sur la Hongrie, (février 1794) (1).

Lorsqu'à la conclusion de la paix, ceux-ci reprennent le chemin de la France, il se retire quelque temps à l'abbaye de Neufstift et enfin à Munich où il s'était probablement donné rendez-vous chez M. Gaudel, avec les abbés de Barville et de Rozières.

En 1820, il est curé de Vaxoncourt et devient en 1824 chanoine titulaire de la cathédrale de Saint-Dié. Sa mort arriva le 15 novembre 1830 (2).

Joachim CORDIER.

Enfant de Châtel, l'abbé Joachim Cordier y passa presque toute sa vie comme prêtre habitué. Il naquit le 5 octobre 1722, fut ordonné à Toul en 1747, y devint

---

(1) Chatrian : K. d. 91.

(2) Il y a deux chanoines de Saint-Dié qui ont porté le nom de Jacques, de là une confusion fréquente dans les souvenirs.

1o Jean-Baptiste Jacques de Châtel dont nous venons de parler.

2o Jean-Baptiste Jacques, né à Romont le 16 décembre 1792, chanoine de Saint-Dié le 13 décembre 1839, démissionnaire en 1846. Il avait été successivement curé de Senones, puis de Saales (ou Schirmeck), chanoine de Saint-Dié. En 1846, il avait permuté avec M. l'abbé Châtelain, de Châtel-sur-Moselle, curé de Baccarat. Voilà comment M. Jacques mourut curé de cette dernière paroisse.

chapelain pendant quelques années et enfin se retira dans sa ville natale (¹).

Comme tous les autres prêtres ses compatriotes, il ne faillit pas à son devoir lors de la prestation du serment constitutionnel; comme eux aussi il fut expulsé de sa maison le 21 juillet 1792 et obligé de vivre en mendiant et en fugitif.

Mais à 70 ans on ne peut supporter longtemps les fatigues d'une vie errante, et il se retire à l'hospice de Maréville pour y soigner sa santé. Il est de retour à Châtel au mois d'avril 1793, dès lors son arrestation ne se fait pas attendre ; il est appréhendé malgré son grand âge, jeté dans les prisons d'Épinal (aux Annonciades) et ses biens sont frappés de séquestre. (29 brumaire an II. — 19 novembre 1793).

Cependant sa présence dans les prisons est devenue encombrante à cause de l'état de sa santé ; on se débarrasse provisoirement de sa personne et le 22 novembre 1794 un arrêté du représentant Michaud lui rend la liberté (²).

De retour à Châtel, l'abbé Joachim Cordier cherche à s'effacer le plus possible ; avec la municipalité

(¹) Chatrian : K. c. 11.
(²) Il est ainsi libellé :
« Épinal le 2 frimaire l'an 3 de la République une et indivisible.
  Egalité, Liberté, Fraternité ou la Mort.
Michaud, représentant du peuple envoyé dans les Départements de la Meurthe et des Vosges. Vu l'âge et les infirmités des citoyens Charles Thénon, Joachim Cordier et Dominique Cordier, ex-prêtres.... arrête qu'ils seront mis en liberté et resteront cependant sous la surveillance de la Municipalité. » (Archives municipales).

révolutionnaire d'alors, la moindre démarche eût été interprétée en mauvaise part. Il pétitionne pourtant à la fin de décembre 1794, sans doute pour demander un traitement ; mais le Directoire constate « qu'il n'a pas prêté le serment voulu par la loi du 14 août 1792, qu'il ne produit aucun acte prouvant qu'il a prêté le serment civique antérieurement au 23 mai 1793, mais qu'il s'est trouvé seulement à l'assemblée des citoyens, et en conséquence il refuse de délibérer (¹) ».

Le départ de l'ex-curé Clément l'enhardit cependant ; le 24 fructidor an III (10 septembre 1795), il déclare à la municipalité qu'il se propose d'exercer dans l'étendue de la commune le culte catholique et romain, et requiert en même temps qu'il lui soit donné acte de sa soumission aux lois de la République (²).

Cette démarche était prématurée.

Le 11 frimaire an IV (1ᵉʳ décembre 1795), il est de nouveau arrêté malgré le mauvais état de sa santé et envoyé en réclusion à l'hôpital de Rambervillers. Sur une pétition de sa part dans laquelle il demande sa mise en liberté, la municipalité s'informe s'il a prêté le serment du 14 août à Maréville, et le District, influencé par certaines démarches faites en faveur du prêtre captif, ordonne de le relâcher

---

(¹) Archives des Vosges. L. 990.
(²) Archives municipales.

(21 frimaire an IV. — 12 décembre 1795) ; mais quatre jours plus tard le Département oppose son veto, parce que le reclus n'a pas prêté le serment du 14 août 1792.

Le malheureux vieillard est encore sous les verrous le 24 prairial an IV (14 juin 1796); heureusement les élections ont fait arriver au pouvoir une nouvelle municipalité qui se hâte d'intercéder en sa faveur. Elle pétitionne en effet, disant qu'il « y a lieu de renvoyer l'abbé Cordier dans ses foyers où il s'est toujours conduit de la manière la plus régulière et avec une soumission exemplaire aux lois, qu'il est au surplus à la connaissance de l'administration que le pétitionnaire n'a jamais été fonctionnaire public, qu'il s'est borné à dire simplement la messe, qu'il s'est abstenu de la dire depuis un long temps, que toujours il a eu l'esprit de tranquillité et de douceur en partage sans qu'on puisse lui imputer aucun acte ni aucun propos tendant au fanatisme; que dès le commencement de la Révolution, il s'est présenté aux assemblées lors des convocations qui ont eu lieu en différents temps ; qu'enfin il a rempli les devoirs d'un bon citoyen et que ce ne peut être que par erreur qu'il a été porté sur le tableau des prêtres sujets à la déportation (¹). »

Cette pétition provoque une enquête de la part du

(¹) Archives municipales.

Directoire qui se décide enfin le 7 messidor an VI (25 juin 1796) à ordonner l'élargissement de l'abbé Cordier « attendu qu'il résulte des pièces et renseignements produits que celui-ci, prêtre domicilié à Châtel, n'a jamais rempli aucune fonction publique ecclésiastique soit comme vicaire, soit comme curé ni à quelqu'autre titre que ce soit, que par conséquent il n'était pas attenu de prêter le serment prescrit aux ecclésiastiques par la loi du 26 décembre 1790 sur la ci-devant Constitution civile du clergé ; attendu encore que le concessionnaire n'ayant jamais touché aucun traitement ni pension sur le trésor public, que n'ayant pas même eu le droit d'y prétendre, il n'était point attenu de prêter le serment de maintenir la liberté et l'égalité, conformément à la loi du 14 août 1792, avant l'époque du 23 Mars 1793, sous peine de la déportation; qu'il n'était obligé à prêter ce serment que comme tout autre citoyen et qu'à cet égard il paraît y avoir satisfait dans une assemblée générale des citoyens de la commune de Châtel qui a eu lieu le 28 avril 1793. »

L'abbé Cordier revint à Châtel et y demeura jusqu'à sa mort, 7 novembre 1809.

François-Bernard THOMAS.

Fils de Jean-Baptiste Thomas, ancien maire royal de Châtel et de Marie-Françoise Colin, François-

Bernard naquit dans cette ville en 1770. Il faisait ses humanités quand éclata la Révolution. Ne voulant pas continuer ses études dans un séminaire soumis à la juridiction d'un évêque schismatique, il revint à Châtel et attendit chez ses parents la fin de la tourmente.

Sortir du séminaire dans de telles conditions, c'était s'attirer les mauvaises grâces du curé Clément et par suite l'hostilité et la haine des révolutionnaires. On le vit bien dans la nuit du 29 au 30 juin 1792, lorsque sans aucune provocation, il fut en compagnie de son frère Abdon attaqué en pleine rue par la bande Nirel et jeté en prison. Nous n'avons pas à revenir sur la révolution qui éclata dans la petite ville à la suite de cette incarcération arbitraire. Toute la population se porta au secours des deux jeunes gens, et leur ouvrit les portes de la prison après avoir infligé une verte leçon à leurs agresseurs.

Cependant la présence de François-Bernard ne peut manquer d'attirer sur lui des représailles. Quatre mois plus tard, il est de nouveau appréhendé avec trois jeunes gens des plus honorables familles de Châtel et mis sous les verrous. Leur détention dure onze jours, et ils ne sortent de prison que grâce au conseil municipal.

Pour échapper à la vengeance des sans-culottes il faut donc gagner comme tant d'autres les pays étrangers. Mais à 20 ans fuir le danger !... Non, certes, et il part pour Coblentz s'engager dans l'armée des

Princes. Les trois autres jeunes gens emprisonnés avec lui quittent également Châtel et vont s'enrôler comme volontaires au 1er Régiment de Chasseurs en garnison à Lunéville (août 1793).

Il rentre à Châtel le 8 frimaire an IX (29 novembre 1800), va à la préfecture des Vosges prêter le serment de fidélité à la Constitution et retourne au grand séminaire de Nancy où il est ordonné prêtre en 1803 ([1]).

Vicaire de Châtel en 1805, ([2]) et ensuite de Vittel, il est nommé à la cure de They-sous-Montfort le 13 mai 1806, et devient enfin curé de sa paroisse natale en 1821. Tandis que le gouvernement de la Restauration le récompensait comme fidèle et dévoué serviteur de la royauté en le décorant de la croix de St. Louis, Monseigneur Jacquemin, évêque de St.-Dié, appréciait non moins ses vertus sacerdotales et le revêtait de la dignité de chanoine honoraire.

La Révolution de 1830 le remplit de frayeur : était-ce une réédition de 1789 ? Il le crut, et, pour n'avoir

---

([1]) Chatrian : Kc. 11.

([2]) La prétention qu'il avait émise aussitôt après son ordination de devenir curé de Thaon-Chavelot ne plut pas au provicaire qui lui écrivit une lettre de reproches en même temps qu'il demandait des renseignements à M. de Thumery, curé de Châtel, sur le jeune prêtre son paroissien. Quelques jours plus tard M. Georgel rend compte à Mgr d'Osmond de sa manière d'agir à l'égard de l'abbé Thomas, et il ajoute : « Je lui crois des vertus et de bonnes qualités d'après une lettre de M. de Thumery, mais ici il a manifesté de la présomption et peu de déférence pour une volonté qui ne serait pas d'accord avec la sienne. » (13 thermidor an XI — 18 juillet 1803).

pas á subir les mêmes avanies, il démissionna et partit pour la Trappe. C'est là qu'il mourut le 2 mars 1838. Son corps, ramené au milieu de ses chers paroissiens, repose dans le cimetière de Châtel á côté de son frère Abdon.

Joseph-Nicolas THOMAS.

Joseph-Nicolas Thomas, frère aîné de François-Bernard, naquit á Épinal en 1764, fut ordonné á Pâques de l'année 1789 et envoyé comme vicaire á Brantigny où il s'attira pendant les deux années de son ministère toute l'estime et toute l'affection de ses paroissiens. Ayant refusé catégoriquement le serment constitutionnel, il dut céder la place à un intrus, revint dans sa famille á Châtel (10 avril 1791) où il resta jusqu'au 22 juillet 1792, et prit enfin le chemin de l'exil.

Le 2 novembre 1792, sa mère vient déclarer à la mairie que, depuis la promulgation de la loi qui enjoint aux prêtres insermentés de sortir du royaume, elle ne sait ce qu'est devenu son fils [1].

Il revient sur la fin d'avril 1795, et son retour provoque dans Châtel les manifestations les plus sympathiques, chacun lui baise les mains ; on se prosterne à ses pieds pour recevoir sa bénédiction. Néan-

[1] Archives Municipales.

moins il lui faut vivre caché au milieu des siens, mais il n'en travaille pas moins, dit Chatrian, au salut des âmes en faveur des catholiques de Châtel (¹).

Il n'oublie pas ses anciens paroissiens et va au péril de ses jours leur porter les secours de la religion. Les familles chrétiennes d'Ubexy lui font aussi le plus bienveillant accueil, elles le voient à l'œuvre et savent apprécier son zèle et son dévouement.

Pendant cinq ans il échappe aux recherches des sans-culottes, et lorsque le calme commence à renaître, la Préfecture le met en surveillance à Châtel où il exerce ouvertement le culte.

Quand il est question de réorganiser les paroisses, le maire d'Ubexy, M. E. Perrin, se hâte d'écrire au préfet (3 floréal an X — 23 avril 1802), le priant d'inscrire cette commune au nombre des succursales et d'y nommer un curé, « attendu que l'église qui peut contenir 450 individus a été réparée avec le plus grand soin, que les habitants sont portés pour la religion de leurs pères et désireraient même s'il se pouvait la personne du citoyen Joseph-Nicolas Thomas de Châtel, homme zélé, charitable, pacifique et attaché à la religion ».

Sur cette pétition, le préfet accorde à l'abbé Thomas une permission verbale d'exercer le saint ministère à Ubexy. Il s'y rend avec joie, mais n'y reste que

---

(¹) Chatrian : Kd. 91.

quelques semaines, une dénonciation calomnieuse l'ayant desservi à la préfecture. Pendant que M. Thomas reprend le chemin de Châtel, le maire revient à la charge et écrit le 16 thermidor an X (4 août 1802) :

«J'ai appris sourdement que le citoyen Thomas avait été proposé pour être pasteur dans cette commune, mais que quelques calomnies répandues sur son compte avaient empêché sa nomination. Il n'y a pas à croire, citoyen préfet, que cet homme a causé du trouble dans la commune d'Ubexy pendant le temps qu'il y est venu exercer le culte d'après votre permission verbale ; au contraire, il s'y est toujours comporté en honnête homme et en ministre de paix, pourquoi j'ai l'honneur de vous mettre ces lignes sous les yeux pour vous démontrer que si quelques mauvais rapports vous étaient parvenus, vous pourriez en toute assurance ne pas y ajouter foi (¹).»

Quelque temps après, l'abbé Thomas, réclamé à grands cris par la population, retourne à Ubexy sans aucune autorisation préfectorale ; mais le maire qui veut se tenir sur le terrain de la légalité afin de parvenir plus sûrement à son but, prie lui-même M. Thomas de se retirer encore à Châtel jusqu'à ce qu'il ait demandé à l'autorité civile son changement de surveillance. Ceci obtenu, sa nomination ne pourra plus souffrir aucune difficulté.

(¹) Archives des Vosges L. District de Rambervillers.

Contre l'attente du maire et de toute la paroisse d'Ubexy, l'abbé Thomas reçoit une autre destination ; il est nommé à Golbey, mais le provicaire des Vosges l'en retire quelques mois après et l'envoie à Adompt (floréal an XII, mai 1804.)

François GRANDCOLAS.

Nous manquons absolument de renseignements sur lui ; tout ce que nous savons c'est qu'il était encore Directeur de l'hôpital Saint-Maurice d'Épinal à la date du 2 décembre 1792 [1].

Nicolas COSSERAT.

L'abbé Nicolas Cosserat, né à Châtel le 24 avril 1757, était fils de Nicolas Cosserat « marchand lhuillier » et de Marie Boulanger ; il ne semble pas qu'aucun lien de parenté l'ait uni à son homonyme l'abbé François-Xavier-Henri-Joseph Cosserat. Son père quitta bientôt Châtel pour aller s'établir à Rozelieures, pays de sa mère.

Ordonné prêtre le 25 mai 1782, il est nommé vicaire-commensale à Franconville, mais il y est à peine installé qu'il est appelé à St-Germain pour desservir la paroisse pendant la maladie du curé M. Joseph

---

[1] Archives municipales.

Drand, son parent. A la mort de ce dernier (1785), l'abbé Cosserat, qui avait d'abord été désigné pour le vicariat d'Einville-au-Jard, reçoit avant de s'y rendre une commission de vicaire-commensal pour Tantimont qu'il quitte encore après quelques mois pour Rozières-aux-Salines (18 avril 1786).

« Au jugement de Chatrian, dit M. l'abbé Mangenot à qui nous empruntons cette biographie ([1]), l'abbé Cosserat était un bon vicaire, qui à Rozières gagna vite la confiance des paroissiens, mais excita la jalousie du curé, le «singulier Harmand de Bénaménil. Celui-ci renvoya, le 17 juillet de la même année, son vicaire qui devint vicaire-résident à Moriville.

« La révolution le trouva à ce poste. Ferme et inébranlable, fidèle à sa conscience et à son devoir, il refusa le serment schismatique et en 1792 il émigra. Il passa successivement à Einsiedeln (Suisse) et à Furstenzel en Bavière. Le 22 juillet 1797 il partit de sa retraite pour rentrer en France. Quand il arriva, la persécution avait recommencé. Il dut se cacher. Pendant deux années il échappa à la vigilance de la police. Il se consacra à l'administration spirituelle des environs de Charmes. Il trouvait un abri, tantôt sous le toit du grand'père de l'abbé Augustin

---

([1]) Extrait des « Ecclésiastiques martyrs et confesseurs de la foi pendant la Révolution française ». Nos vifs remerciements à M. l'abbé Mangenot qui nous a autorisé à puiser à discrétion dans ce bel ouvrage.

Vautrin, à Ortoncourt, tantôt à Vennezey, tantôt à Hergugney, chez Bretonnèche, tantôt entre ces deux points extrêmes, mais plus volontiers chez sa sœur Mme Moine. Dans le courant de messidor an VII (juin 1799) il fut arrêté à Vennezey avec l'abbé Claude-Joseph Dombrot.

« La cause des deux prisonniers fut déférée à une commission militaire. Du quartier général de la 4e division, le général Gilot écrivait, le 17 messidor an VII (5 mai 1799), au commissaire départemental : «J'ai reçu la lettre que vous m'avez adressée relativement aux prêtres Cosserat et Dombrot. Je me suis fait rendre compte, par le président de la commission militaire de ces deux individus. Il m'a dit que l'un des deux n'avait pas son extrait de baptême et que l'autre en avait un qui a paru faux, d'autant plus qu'il lui donne 48 ans et que sur son passeport il ne se trouve âgé que de 35 ; que les deux prénoms de ces deux prêtres ne sont pas les mêmes sur la procédure, que ceux qui se trouvent sur la liste des émigrés ; qu'en conséquence les membres de la commission militaire ont rendu un jugement interlocutoire et ont envoyé les citoyens Jacob et Carbillier, tous deux capitaines, pour se rendre dans les communes respectives de ces deux prévenus afin de prendre tous les renseignements qu'exige cette affaire.» — Le commissaire écrivit à l'instant au ministre de la police générale.

« L'instruction de la cause prit du temps. Le jugement définitif ne fut porté que le 6ᵉ jour complémentaire de l'an VII (21 septembre 1799). La commission militaire condamnait les deux prêtres à la déportation et à la confiscation de leurs biens.

« Le texte du jugement qui nous manque fut envoyé à Paris et mis sous les yeux du ministre de la police générale. Celui-ci trouva la sentence irrégulière en deux points : 1° en ce que la commission, ayant reconnu que les prêtres n'avaient pas encouru la peine déterminée par la loi du 19 fructidor, n'avait plus aucune juridiction à exercer contre eux et c'était à l'administration centrale à ordonner leur déportation ; 2° en ce que la confiscation des biens, que la commission avait ordonnée, était contraire aux lois alors existantes.

« Aussi écrivait-il au commissaire départemental, le 25 vendémiaire an VIII, (16 octobre 1799) ; « Il importe de faire annuler ce jugement et il convient à cet effet d'établir un conflit d'attribution. Je vous recommande en conséquence de provoquer auprès de l'administration centrale de la Meurthe un arrêté qui déclare illégal le jugement de la commission militaire, fasse défense d'y obtempérer et revendique la connaissance de l'affaire. Un autre arrêté ordonnera la déportation des prêtres et la remise de leurs biens à leurs familles. Vous m'adresserez des expéditions de ces arrêtés et je prononcerai alors conformément à l'article XXVII de la loi du 21 fructidor an III, sauf l'approbation du Directoire exécutif. Je n'ai pas besoin sans doute de vous faire remarquer que ma lettre est confidentielle et qu'elle ne doit recevoir aucune espèce de publicité. » Dans une seconde lettre du 6 frimaire (24 novembre), il répétait les mêmes conseils.

« Le conflit ne fut pas soulevé parce que la sentence qu'il s'agissait de casser avait déjà reçu son exécution. On s'était empressé d'expédier vers les côtes maritimes les deux déportés qui arrivèrent à l'île de Ré le 15 novembre et furent écroués à la citadelle, l'abbé Dombrot avec le numéro 1105 et l'abbé Cosserat avec le numéro 1108. Ils sont inscrits sur le registre d'écrou comme ayant été condamnés par une commission militaire de Nancy le 6e jour complémentaire de l'an VII.

« Le sort des détenus s'était un peu amélioré. Après leur retour, les deux prêtres disaient qu'ils avaient enduré peu de souffrances et de privations et qu'ils avaient pu célébrer la sainte Messe. Leur détention d'ailleurs ne se prolongea guère. Au bout de quelques mois, dans le cours de 1800, l'abbé Dombrot réussit à s'évader et vint rejoindre son frère puîné à Vennezey, chez leur mère.

« Plus tard, à une date inconnue, l'abbé Cosserat fut libéré légalement. Le 13 prairial an X (31 mai 1802) il fit à la préfecture de la Meurthe sa déclaration de communion avec les nouveaux évêques français et de fidélité au gouvernement ; il fut autorisé à fixer sa résidence à Rozelieures (¹).

« En 1803, Mgr d'Osmond, évêque de Nancy, le nomma succursaliste de Moriville, où il avait été vicaire résident. L'abbé Cosserat desservit la paroisse jusqu'en 1836. Presque octogénaire, il se retira à Châtel-sur-Moselle, sa patrie et il y mourut le 13 janvier 1838.

« Il était pauvre et ne laissa presque rien à ses nombreux neveux et petits-neveux. Ses anciens élèves dont plusieurs étaient prêtres, élevèrent au cimetière de Châtel, sur sa tombe, une humble croix de pierre sur laquelle ils firent graver son nom, son titre, son âge et ces mots : « *Chrétien qui honnore la vertu, salue cette tombe* » (²).

Nicolas DUGUENOT (³).

Si l'abbé Nicolas Duguenot ne vit pas le jour dans la petite ville de Châtel, il y acquit au moins le

---

(¹) Dès le 7 avril 1802, il exerce le saint ministère à Moriville comme prêtre missionnaire, et le 5 février 1803 comme prêtre desservant. (Archives paroissiales de Moriville).

(²) La pierre tombale est aujourd'hui renversée et mutilée.

(³) Il ne faut pas le confondre avec son neveu Nicolas Duguenot né le 12 décembre 1743, prêtre en 1768, chapelain à Arches, vicaire résident à Rugney où nous le trouvons exerçant le saint ministère le 19 juin 1802, puis à Pouxeux en 1765 ; émigré à Cologne et en Autriche, curé à son retour d'exil de Harol (1803), de Thaon (1804), de Frenelle-la-Grande (1805) et plus tard de Jeuxey ; il meurt le 2 octobre 1832.

droit de cité en l'habitant pendant plus d'un demi siècle.

Sa paroisse natale était Jeuxey, (canton d'Épinal); il était fils de Nicolas Duguenot et d'Anne Pierrat. Né le 4 septembre 1718, il est ordonné prêtre vers 1842, prend possession de la chapelle ducale de Châtel le 28 novembre 1753 et en acquitte les charges jusqu'à son incarcération.

Le Directoire départemental lui ayant ordonné le 25 septembre 1790 de dresser l'inventaire des biens, des titres et autres papiers concernant la chapelle castrale, il s'y refuse formellement, ne reconnaissant à l'Etat aucun droit de contrôle sur les biens de l'Eglise. Procès-verbal est dressé contre lui ; le District informé signifie de nouveau de dresser l'inventaire non plus seulement des titres de la chapelle castrale, mais encore de ceux de la chapelle de la Madeleine, ou chapelle de l'Hôpital (¹).

L'abbé Duguenot avait compris que c'était là un acheminement vers la spolation générale qui se préparait. Le Directoire connaît bien les revenus qu'il tire de son bénéfice, puisque sur une pétition qu'il a envoyée quelques jours auparavant pour demander réduction des 210 livres qu'il doit verser comme contribution patriotique, il lui est répondu, le 15 septembre, que cette taxe est maintenue « attendu qu'il jouit comme chapelain d'un revenu de 1287 livres et

---

(¹) Archives des Vosges. L. 990.

qu'il possède des vignes, des maisons et une fortune personnelle (¹). »

Depuis qu'il a refusé de livrer les titres de son bénéfice, notre chapelain a été mal noté auprès du Directoire qui le laisse imposer d'une façon exorbitante et ne fait aucune attention à sa demande en réduction du mois de décembre.

Mis en demeure de prêter le serment constitutionnel, il refuse à l'exemple du vénérable curé M. Symon ; puis arrive l'ordre d'expulser tous les prêtres domiciliés à Châtel (21 juillet 1792). Sur la sommation d'un agent de police il quitte la ville. Et maintenant où aller, où se réfugier ?... Il n'en sait rien. Pendant plusieurs nuits il erre de village en village cherchant une famille charitable qui lui offre l'hospitalité. Il a déjà frappé à bien des portes, mais personne n'ose assumer la responsabilité de recéler un prêtre, quand touché de compassion, un brave cultivateur de Thaon, nommé Mathieu, le recueille chez lui (²).

Le 27 août il y apprend l'ordre envoyé par le Directoire départemental à tous les prêtres insermentés de se rendre à la maison d'arrêt d'Épinal sous peine d'encourir les condamnations les plus sévères. Il y va dès le lendemain, craignant sans doute d'être

---

(¹) Archives des Vosges : L. 990.
(²) *Ibidem* : L. V. 114.

trop longtemps à charge à son bienfaiteur et de l'exposer à des perquisitions domiciliaires.

Cette première détention ne fut pas longue: au bout de dix jours, le Département le faisait relâcher parce qu'il se trouvait sans effets (1); mais défense à lui de retourner à Châtel (7 septembre 1792).

Cependant fatigué de mener une vie errante et malheureuse, l'abbé Duguenot revient chez lui où nous le trouvons le 30 mai 1793 (2). Sa présence dans la ville provoque sans doute une dénonciation, car le surlendemain il se rend en arrestation à Épinal. Dès lors tous ses biens sont séquestrés ; le 29 brumaire an II (19 novembre 1793) le citoyen Comte, administrateur du District, en fait l'inventaire et l'on procède à la vente de son mobilier au mois de juin suivant.

Quelques jours auparavant, la municipalité, informée que des personnes au service du prêtre reclus tiraient du vin de sa cave, avait ordonné à Nirel de faire cesser cet abus et de ne plus rien laisser enlever « sinon comme réquisition pour la République. » Une autre fois l'ex-curé Clément se charge de reposer les scellés que l'humidité avait fait tomber (12 floréal an II. — 1er mai 1794) (3).

---

(1) Archives des Vosges : L. V. 114.

(2) Archives municipales.

(3) Les quinze roseaux de blé et le méteil provenant de la récolte des champs qu'il possède à Nomexy sont achetés par la municipa-

Cependant sur le serment qu'il prête à Épinal de la Liberté et de l'Égalité, l'abbé Duguenot voit une seconde fois les portes de sa prison s'ouvrir devant lui. (1er floréal an III. — 20 avril 1795).

Un arrêté du Comité des finances du 14 floréal an III (3 mai 1795), ordonne même la levée du séquestre mis sur ses biens, et la restitution d'une somme de 5000 livres qui avait été saisie sur la créance de l'un de ses neveux.

A peine sorti de prison, l'abbé Duguenot, réclame, dans une pétition, le payement des arrérages de son traitement; mais il doit se contenter des 451 livres 17 sols qui lui reviennent depuis sa mise en liberté (1). De plus comme une partie de son mobilier et de ses propriétés a été vendue, l'Etat lui verse une indemnité de 11.254 livres (20 thermidor an III — 7 août 1795) (2).

Sa vieillesse et ses deux longues années de réclusion semblaient mettre l'abbé Duguenot à l'abri de nouvelles persécutions. Il n'en fut rien, et le 4 nivôse an IV (23 décembre 1796) il était encore arrêté et jeté en prison. Mais grâce à l'appui et aux bonnes recommandations de la municipalité de Châtel qui atteste « que depuis sa dernière sortie de réclusion

---

lité de Châtel dont la population se débat sous les étreintes de la famine.

(1) Sa pension annuelle était de 1054 livres 9 deniers.
(2) Archives des Vosges : L. 990.

il a toujours montré soumission aux lois de la République, » il est mis en liberté au bout de trois jours.

Il revient à Châtel où il demeure jusqu'à la réorganisation des paroisses, se soumettant à toutes les lois qui exigeaient soumission au gouvernement établi.

La note officielle donnée à la préfacture par M. Tanant, juge de paix, est celle-ci : « Agé de 80 ans, l'abbé Nicolas Duguenot réside depuis plus de 30 ans à Châtel où il dit seulement la messe ; bonne moralité. » (24 prairial an X — 13 juin 1802).

Envoyé comme desservant à Rancourt ([1]), il y reste tout au plus deux ans et revient mourir à Châtel.

Joseph-Léon BARBIER.

Chatrian fait naître l'abbé Barbier à Rambervillers le 11 avril 1730 ([2]) Quels postes occupa-t-il après son ordination (1754) et avant de devenir curé d'Igney et Doyen rural d'Épinal, nous l'ignorons.

Au mois de mars 1791, ses paroissiens qui désirent à tout prix le conserver au milieu d'eux imaginent de le faire passer pour jureur au yeux du Directoire départemental ; mais l'Assemblée, qui en cette matière ne se paye pas de paroles, arrête le 18 mars que

---

([1]) D'après M. l'abbé Ch. Pierfitte, curé de Portieux.
([2]) Chatrian : K e. 11.

« le sieur curé d'Igney sera tenu de signer le procès-verbal de sa prestation de serment dans un délai de trois jours. S'il refuse il sera censé n'avoir pas prêté le serment dont il s'agit, de plus, il sera réputé avoir renoncé à son office, et en conséquence on pourvoira à son remplacement (1). »

M. Barbier résista et se prépara à gagner l'étranger; il arrivait à Trèves le 26 juillet 1791 (2).

Après avoir vécu quelque temps à la *Suffragance* il partit pour l'abbaye de Bœudingen à quelques lieues de Bonn, où il reçut l'accueil le plus sympathique (3).

Le désir de connaître en détail les événements qui se déroulaient en France et particulièrement en Lorraine le ramenait à Trèves, le 24 mai 1793, d'où il comptait bien retourner à bref délai au milieu de ses paroissiens. Mais à cette époque la Révolution battait son plein : mettre à exécution un semblable projet eût été de la dernière imprudence ; néanmoins il passe huit grands mois à Trèves espérant toujours que le calme allait renaître. De guerre las, il regagne son abbaye de Bœudingen (24 février 1794).

Là, il fait connaissance d'un curé du voisinage et va s'établir chez lui au mois d'août de la même année ; mais cinq mois plus tard (2 février 1795), il nous est signalé par Chatrian comme habitant la ville de Wetzlar, en Westphalie (4).

---

(1) Archives des Vosges : District de Rambervillers.
(2) Chatrian : K d. 70.
(3) Chatrian : K d. 70.
(4) Chatrian : K d. 72.

L'abbé Barbier n'était pas encore au bout de ses pérégrinations.

Le 24 août 1796, il se retire à Egva sur les frontières de la Bohême ([1]) ; le 30 novembre suivant il arrive au monastère de Waldsassen (Palatinat), et c'est là qu'il reçoit une lettre de ses deux nièces par laquelle elles lui annoncent qu'il n'y a plus aucun danger de rentrer en France.

Il quitte alors ce dernier monastère (4 juin 1797) et se met en route pour Châtel par Bâle et Lunéville où il arrive le 22 juin en compagnie de M. Lhomée ([2]).

Après s'être retiré quelque temps à Châtel, il va habiter Nancy (thermidor an V. — juillet 1797) et d'après un certificat de résidence dans ces deux villes, il se fait rayer de la liste des émigrés. Mais son son retour a été prématuré, il s'en aperçoit bien vite et pour mettre ses jours en sûreté il juge prudent de regagner le monastère de Waldsassen (10 janvier 1798).

Enfin un décret du 13 messidor an VIII (2 juillet 1800) ([3]) l'autorise à rentrer en France à la condi-

---

([1]) *Ibidem*,

([2]) *Ibidem*.

([3]) « Paris le 13 messidor an VIII de la République une et indivisible.

Le Ministre de la police générale de la République au préfet du Département des Vosges.

« Je vous préviens, citoyen préfet, que d'après les renseignements avantageux qui m'ont été fournis, j'ai permis à Joseph-Léon Barbier, ex-curé d'Igney, département des Vosges, soumis à la déportation, de rentrer en France et de se rendre dans le département des Vos-

tion de jurer fidélité à la Constitution ; c'est ce à quoi il se soumet le 25 fructidor suivant (12 septembre 1800), en présence de la municipalité de Châtel (¹).

Le 20 prairial an X (13 juin 1802), M. Tanant, juge de paix, interrogé par la préfecture, répondait : « M. Barbier, âgé de 70 ans, exerce le culte à Châtel depuis un an où il mène une vie paisible. »

Envoyé quelque temps à Bettegney (²), il y réussit, mais ne peut y demeurer, probablement à cause de son grand âge. et vient achever ses jours à Châtel où nous le trouvons en 1805. Il y vit encore 15 ans et meurt en 1820 à l'âge de quatre-vingt-dix ans (³).

Jean-Charles DE ROZIÈRES (⁴).

Né à Gerbéviller en 1722, l'abbé de Rozières était entré chez les Jésuites le 4 juin 1740. Il fut ordonné

---

ges au sein de sa famille. Je vous autorise en conséquence à le placer sous votre surveillance à la charge de faire la promesse de fidélité à la Constitution.

Vous aurez soin de m'informer de l'exécution de cette mesure de simple police.

    Salut et fraternité.
     Fouché. »

Archives des Vosges. L. District de Rambervillers.

(¹) Archives municipales.
(²) D'après M. l'abbé Pierfitte.
(³) Chatrian : K. c. 11.
(⁴) Jean-Charles Rozières ou de Rozières qu'il ne faut pas confondre avec François-Philippe Rozières qui, interné à l'évêché de

prêtre en 1752 et devint successivement professeur de philosophie à Pont-à-Mousson, procureur au collége d'Épinal et enfin, à la dissolution de la compagnie de Jésus, vicaire commensal de M. Symon, curé de Châtel (¹).

Une chute malheureuse qu'il fit au printemps de l'année 1781, le mit dans l'impossibilité de remplir ses fonctions vicariales et de desservir Hadigny. M. Symon, tout en conservant l'abbé de Rozières auprès de lui, écrivit alors à l'évêché de Nancy, demandant un second vicaire (13 octobre 1781).

On lui envoya l'abbé Vouzot de Rozières, jeune prêtre de la dernière ordination, qui n'arriva pas même jusqu'à Châtel et rebroussa chemin à Charmes, sur le conseil de M. Galland qui lui assurait la résolution de M. Symon de ne pas accepter un jeune prêtre comme vicaire.

Il fallut résoudre la difficulté autrement. La maison vicariale de Hadigny avait été détruite par l'épouvantable incendie qui, le 26 avril 1780, avait anéanti vingt-quatre maisons : M. Symon la releva, en fit en même temps une école et l'abbé de Rozières put continuer son ministère malgré une nouvelle

---

Saint-Dié, s'est enfui le 1ᵉʳ septembre 1793, et avec Jean-Baptiste Rozière, ancien chanoine du Chapitre d'Épinal qui réside à Nomexy le 4 brumaire an VI et se trouve inscrit sur la liste des émigrés. (Archives des Vosges : L. 375).

(¹) Chatrian : K. d. 84.
(²) Chatrian : K. d. 58.

chute qu'il fit en juin 1785, alors qu'il célébrait la messe à l'église paroissiale de Châtel (¹).

Arrive la Révolution : malgré l'état précaire de sa santé et ses soixante-dix ans, il préfère s'expatrier plutôt que de prêter le serment constitutionnel : d'ailleurs, comme ancien Jésuite il ne manquerait pas d'attirer tout spécialement sur sa personne les avanies et la haine des sans-culottes.

Il part donc sur la fin de l'année 1791 et arrive le 31 décembre dans le petit village d'Alteim sur les confins de la Lorraine allemande (²), où il est accueilli à bras ouverts par le bon curé « homme intéressant et généreux. »

Il doit bientôt reculer devant l'invasion française, se retire dans le Grand duché de Bade à Manheim ou à Heidelberg (février 1793), puis gagne la Bavière. Il est accueilli à Munich par l'abbé Gaudel (13 février 1796); mais il ne reste là que quelques mois, va demander l'hospitalité à l'abbaye d'Andex en Haute-Bavière. (24 août 1796) et ensuite se dirige vers le monastère de Furstenberg, ordre de Citeaux. Il y arrive à bout de forces et c'est là qu'il meurt à l'âge de 74 ans, laissant à l'abbé régulier, en dédommagement des bons soins qu'il en a reçus, la somme de soixante louis d'or (8 novembre 1796).

(¹) Le 6 janvier 1786, il fonde dans l'église de Châtel une neuvaine en l'honneur de Saint François-Xavier, pendant laquelle on devra réciter la prière du soir et les litanies du saint, suivies de la bénédiction du Saint-Sacrement. (Archives municipales : G 5, 24).

(²) Chatrian : K. d. 70.

Claude RAIDOT.

L'abbé Claude Raidot natif de Hadigny, annexe de Châtel, avait commencé ses humanités à la cure de Domèvre-sur-Durbion où on le trouve en 1746 comme jeune étudiant. L'année suivante il suit les cours du collège d'Épinal, et en 1761 il est vicaire de Clézentaine et dessert cette paroisse jusqu'au 27 septembre 1787. Il la résigne alors à M. Deltry, vicaire résident à Borville (annexe de Rozelieures et vient se retirer à Châtel où il a de nombreux parents.

Sur les instances des Religieuses du Couvent de Notre-Dame établi dans cette ville, il consent à devenir leur aumônier en remplacement du R. P. Gascaire, ex-jésuite, qu'une cécité presque complète obligeait à la retraite [1]. Quoiqu'insermenté, il réclame son traitement au District, comme exerçant les fonctions publiques de son ministère. On lui répond que les religieuses de Châtel, ayant conservé cette année l'administration de leurs biens par suite de l'éducation et de l'instruction des jeunes filles dont elles sont chargées, c'est le couvent qui doit lui payer son traitement, (3 septembre 1790) [2].

Nous le trouvons exerçant encore ses fonctions

---

[1] Chatrian Kd. 69.
[2] Archives des Vosges : L. 9Je.

d'aumônier le 22 mai 1791, et la liberté qu'il accorde aux nombreux prêtres insermentés qui habitent Châtel de célébrer la sainte Messe dans la chapelle du monastère, n'est pas sans exciter la fureur du curé constitutionnel.

Le 21 juillet 1792, on vient signifier aux religieuses l'arrêté du 29 juin par lequel le Directoire départemental ordonne à tous les prêtres insermentés réfugiés dans la ville de s'éloigner dans les vingt-quatre heures à la distance de cinq lieues. Mais, comme ses autres collègues, l'abbé Raidot n'avait pas attendu cette notification et s'était enfui devant les menaces de Nirel et consorts.

Cependant, dans l'impossibilité où il se trouve de supporter aucune marche fatigante, il ne peut songer à prendre le chemin de l'exil : il rayonne pendant quelques mois dans les environs de Châtel où il a de nombreux parents et amis. Nous le trouvons même rentré dans la ville au mois de décembre 1792 et se soumettant au serment de l'égalité.

Il n'y est pas longtemps en paix, car le 22 mai 1793 il est écroué aux Annonciades à Épinal (¹) d'où il n'est pas encore sorti le 25 messidor an II (23 juillet 1794).

Son frère Nicolas Raidot de Haillainville, dans la crainte de voir le séquestre mis sur ses biens, part pour Clézentaine où l'abbé, à son expulsion de Châ-

---

(¹) Semaine religieuse du diocèse de St-Dié : année 1880, p. 700.

tel avait ramené son mobilier, et se met en devoir d'en charger ses voitures. Mais la municipalité ne l'entend pas ainsi, et procès-verbal est dressé contre lui (¹).

Comme frère de prêtre, ses moindres démarches sont surveillées. Dans le courant du mois de mai 1792 les révolutionnaires de Haillainville apprenant sur le soir que leur ancien vicaire l'abbé Mangin est caché dans le village, font mettre sur pied la garde nationale et organisent une battue en règle. Toutes les maisons suspectes sont fouillées.

Ils arrivent chez François Cartier et comme ailleurs, veulent procéder à leurs perquisitions illégales. Mais le propriétaire de la maison ne l'entend pas de cette oreille : son garçon de ferme, Dominique Thiébaut est un solide gaillard, et Nicolas Raidot, qui passait tranquillement la soirée avec eux au moment de l'irruption, est tout disposé à prêter main forte.

En un clin d'œil, les premiers envahisseurs ont reçu leur compte, mais nos trois braves tombent presqu'aussitôt écrasés sous le nombre. Ils sont roués de coups, piétinés, traînés hors de la maison, et jetés, Nicolas Raidot et le garçon de ferme, dans une fosse à purin.

Il fallait donner au Directoire l'explication de cette brutale agression : nos révolutionnaires ne

---

(¹) Archives des Vosges : L. 990.

furent pas en peine et inventèrent une histoire de brigands.

« Etant allés, disent-ils, à la porte de François Cartier où ils voyaient de la lumière, ils entendirent une lecture dangereuse faite par Nicolas Raidot qui s'exprimait ainsi : *Quand nous serons du monde assez, nous brûlerons ceux que nous ne pourrons tuer, nous ferons comme autrefois le jour de la St-Barthélemy à Paris.* — Indignés de cette lecture ils se sont emparés dudit Raidot et du garçon de ferme et les ont jetés dans les égouts du fumier en disant qu'il fallait les raffraîchir (¹). »

Ils avaient oublié de donner à leur récit la moindre teinte de vraisemblance ; car enfin en admettant que tous aient pu s'approcher de la porte sans occasionner le moindre bruit qui eût fait interrompre la lecture incriminée, comment expliquer que, maîtres de la maison, ils ne se soient pas emparés du corps du délit, du livre suspect ?... Mais le Directoire n'en demandait pas tant pour approuver et louer leur conduite (²).

Revenons maintenant à l'abbé Raidot enfermé aux Annonciades quelques jours après ces événements. Sur le serment de l'Egalité qu'il consent à prêter il

---

(¹) Archives des Vosges : L. 989.

(²) Le 1ᵉʳ mai 1792, M. Barbier, maire d'Haillainville avait déjà été convoqué à la barre du Directoire. Entr'autres questions on lui demande pourquoi il a favorisé les prêtres réfractaires, notamment M. Mangin. Il répond que celui-ci est sorti d'Haillainville depuis la mort du sieur Thiéry, curé, décédé depuis treize mois.

est mis en liberté (2 floréal an III — 21 avril 1795) (¹), et parcourt les environs de Châtel, exerçant en secret le saint ministère. C'est Rehaincourt qu'il a choisi comme centre de ses opérations; il s'y est établi après sa réclusion (²); puis quand la persécution commence à devenir moins aigüe il revient à Châtel, et le 19 frimaire an VI (9 décembre 1797), déclare à la municipalité fixer sa résidence au domicile de Jean-Baptiste Gerbaut, rentier.

Malgré son âge assez avancé et ses infirmités il exerce encore le saint ministère dans les villages voisins (³). Mais à la restauration du culte, il ne peut songer à accepter l'administration d'une paroisse : il est loin cependant de manquer des qualités qui le recommandent à l'attention de ses supérieurs, il a été signalé à la préfecture comme ayant « un caractère pacifique et d'excellentes mœurs »; mais il a soixante-dix ans et le repos lui est absolument nécessaire : il lui faut même aller prendre une saison à Bains en 1802. Trois ans plus tard (1805), il a disparu de Châtel, et ne figure plus parmi les prêtres donnés par Chatrian.

Dominique (?) COLLIN.

Ancien Jésuite natif de Châtel, l'abbé Collin, dont nous n'avons pu trouver le prénom, était vicaire

---

(¹) Archives des Vosges: L. 960.
(²) Chatrian : Kd. 106.
(³) Le 1ᵉʳ mars 18.., il fait un baptême à Portieux.

résident à Portieux en 1787. Serait-ce lui qui, au 29 janvier 1739, signe ainsi un acte de baptême : « Dominique Collin, garçon étudiant la langue latine » ? C'est possible, car il est déjà sur un âge avancé au moment de la Révolution ([1]).

Il refusa le serment schismatique, partit pour Trèves et de là pour Francfort où il mourut ([2]).

Charles-Joseph DE MARCHAL.

Né à Châtel le 25 mars 1760, il descendait par son père Antoine-Jean-Philippe, de Jean Mareschal anobli par le duc Henry le 15 juillet 1621.

En 1777, il achève brillamment sa rhétorique au collège de St.-Claude où il remporte tous les premiers prix, et le 8 octobre il se dirige sur Paris où il va prendre ses grades en théologie ([3]).

Chatrian, qui nous donne ces détails, ajoute à la date du 6 avril 1783 : « Nous apprenons avec plaisir que M. Charles-Joseph de Marchal court avec honneur sa licence en la faculté de théologie de Paris ; il est de la maison et société de Sorbonne ([4]). »

([1]) Il ne faut pas le confondre avec l'abbé Jean-Léopold Colin, de Châtel devenu vicaire de Clézentaine en 1768 et mort curé de Gigney avant la Révolution.
([2]) Chatrian : Kd. 91.
([3]) Ibidem : Kd. 55.
([4]) Ibidem : Kd. 61.

Le 7 février 1790, l'abbé de Marchal n'est encore que clerc tonsuré, il habite Châtel et devient secrétaire de la nouvelle municipalité. Un an après (17 avril 1791), il déclare qu'il se dispose à quitter Châtel pour quelques années, et donne pour caution le sieur Dieudonné Galland (1). Où se dirigea-t-il, et que devint-il dans la suite ? nous l'ignorons absolument.

Nicolas ROBERT.

L'abbé Robert appartient à une ancienne famille de Châtel. Ses parents semblent quitter cette ville, où étaient nés d'ailleurs ses deux frères Joseph et Sébastien, vers 1760, pour exploiter simultanément les moulins de Nomexy et de Vaxoncourt. C'est dans ce dernier village qu'il vient au monde en 1762. A la mort de son père Claude-François Robert, sa mère Anne François habite Nomexy; il vient lui-même s'y retirer auprès d'elle lorsqu'il est destitué de ses fonctions de vicaire de Dompaire pour avoir refusé le serment schismatique.

Pendant trois ans il exerce en secret le saint ministère à Nomexy, Châtel, Portieux où nous le trouvons en février et en mai 1795.

Arrêté et conduit aux Annonciades à Épinal, il

---

(1) Archives municipales : BB. 25.

trouve moyen de surprendre la vigilance de ses geôliers et de s'enfuir (septembre 1796 (¹). Il retourne dans les environs de Châtel, administre les sacrements à Portieux jusqu'en 1801, et se retire à Nomexy en 1802, d'où on l'envoie comme desservant à Regnévelle.

Il est seulement là depuis quelques mois, et déjà il a su s'attirer toutes les sympathies de la population. Néanmoins il en est bientôt déplacé et cède sa cure à un protégé de l'administration locale. D'ailleurs la préfecture lui trouve trop d'intransigeance sur les principes : l'abbé Robert n'a jamais voulu entrer en communion avec les assermentés et, à en croire une note de son dossier, il aurait « couru les campagnes pour exciter contre les prêtres du parti opposé au sien. »

« Ce qui paraît inexcusable aux yeux du préfet devient une recommandation auprès de son évêque. L'abbé Robert ayant manifesté le désir d'être nommé à Claudon, plutôt qu'à Isches, Mgr d'Osmond répond à son provicaire : « Il est de ces ecclésiastiques aux désirs desquels on aime à se rendre. »

La nomination a lieu, mais la préfecture ne désarme pas. L'abbé Robert n'occupait pas ce poste depuis un an, que celle-ci formulait des plaintes contre lui et demandait son changement. « On le croit trop près de Regnévelle, où il entretient, dit-on, des

---

(¹) Chatrian : Kd. 72.

correspondances propres à fomenter la division », écrit à ce sujet M. Georgel.

Il fallait le déplacer une seconde fois ; l'abbé Robert sentant la fausseté de sa situation demanda lui-même son changement (15 messidor an XI. — 4 juillet 1803).

Le provicaire avait pensé à lui pour Fontenoy, mais réflexion faite, on le fit seulement permuter avec l'abbé Gaudel alors curé de Damas-aux-Bois. Il arriva dans sa nouvelle paroisse dans le courant du mois d'août et y fut reçu avec toutes sortes de démonstrations (1).

Joseph PIERSON.

Ainsi que l'abbé Robert, l'abbé Joseph Pierson comptait de nombreux parents à Châtel ou nous trouvons même à la date du 1ᵉʳ octobre 1748 la naissance d'un sien cousin qui porte le même prénom.

Lui, était né à Zincourt, alors annexe de Vaxoncourt, le 9 février 1730. Devenu curé de Fraimbois, il résigne sa cure le 1ᵉʳ janvier 1790, vient se retirer à Châtel et en est expulsé au mois de juillet 1792 comme prêtre insermenté.

Nous ne savons s'il eut l'honneur d'être enfermé aux Annonciades ; peut-être le serment de l'Egalité

---

(1) D'après la correspondance de Mgr d'Osmond.

qu'il prêta dans la suite suffit-il à le préserver. En l'an VI et en l'an VII il est retiré dans sa famille à Zincourt, puis sur la fin de la Révolution il vient habiter Frizon, où il termine ses jours.

Malgré l'affirmation de Chatrian qui nous dit, à la date du 30 août 1799, que l'abbé « Pierson ancien curé de Frimbois est mort depuis peu à Frizon où il s'était retiré avec sa servante », il est certain qu'il vivait encore le 24 prairial an X (13 juin 1802) [1] : le juge de paix de Châtel le signale alors à la préfecture comme n'étant pas capable de remplir aucune fonction pastorale à cause de son âge et de ses infirmités.

Pierre BELLOT.

Né dans les environs de Vandeleville [2], le 21 septembre 1748, l'abbé Pierre Bellot était vicaire résident à Pallegney au moment de la Révolution. Il refuse le serment constitutionnel et en compagnie de ses deux amis et voisins, l'abbé Dupoirieux curé de Domèvre-sur-Durbion et l'abbé Gremillet curé de Villoncourt, il gagne la Prusse Rhénane, et arrive à Trèves le 21 mai 1791. Il quitte cette ville pour Loïssenkirschen, parvient à Steinbach au mois

---

[1] Archives des Vosges : V. 114.
[2] Canton de Colombey. (Meurthe-et-Moselle).

d'octobre 1794 où pendant onze mois il reçoit du bon curé la plus bienveillante hospitalité. Le 17 septembre 1795 il se présente au presbytère de Alt-Otting, mais il n'y reste que quelques jours, se dirige sur New-Otting et y tombe malade. Rétabli sur la fin d'octobre, « il va voir son évêque à Landshutt » et de là se dirige sur l'abbaye de Bayern, près de Munich, où il attend la fin de la persécution (¹).

Inscrit comme prêtre déporté, il profite de la loi qui autorise ceux-ci à rentrer en France, et arrive chez sa mère au commencement de septembre 1797. Mais il est à peine rentré depuis huit jours, qu'il est arrêté par la garde nationale d'Igney. Voici le procès-verbal qui en est dressé et que nous avons recueilli aux archives des Vosges ; c'est une lettre du sieur Philippe, de Châtel, commissaire du Directoire exécutif de ce canton, écrivant à l'administration centrale du département des Vosges, (27 fructidor an V — 11 septembre 1797).

« Citoyens administrateurs.

« J'allais faire partir mon exprès pour vous rendre compte de l'exécution de votre arrêté du 24 présent mois, portant destitution d'aucuns membres de cette administration, lorsque la garde nationale de la commune d'Igney est arrivée escortant un prêtre que j'ai d'abord reconnu et qui est l'abbé Bellot,

---

(¹) Chatrian : Kd. 72.

ci-devant vicaire à Pallegney, commune de ce canton. La garde s'était saisie de son portefeuille que j'ai fait mettre sous bandelettes en présence de ladite garde et dudit curé Bellot, lequel je vous adresse, suivant que le prescrit l'article V de votre arrêté du 25 fructidor.

« Il m'a déclaré qu'il était déporté et qu'ayant eu connaissance de la loi qui permettait aux prêtres déportés de rentrer sur le territoire français, il était revenu dans ses foyers dans le canton de Vandeleville, ci-devant district de Vézelise, département de la Meurthe; qu'ignorant la loi qui défend de voyager sans passeport et celle du 19 présent mois qui révoque celle qui rappelle les prêtres déportés, il allait tranquillement et avec confiance du côté d'Épinal, lorsqu'il a été arrêté à Igney par la garde nationale et conduit à la municipalité de Châtel. Qu'il y a dans son portefeuille un sermon manuscrit qui ne lui appartient pas, lui ayant été remis par le ci-devant curé de Pugney, l'abbé Guyot, pour le remettre à l'abbé Bernard ci-devant curé de Gugney-sousVaudémont. Qu'il a aussi des lettres qui lui ont été remises par le citoyen Aubry de St. Diez, l'une pour Mirecourt, l'autre pour St.-Maurice, que le surplus des papiers sont des certificats dans lesquels doit être celui de la déportation. Que depuis son retour, (il y a environ huit jours), il n'a fait aucune fonction ministérielle ny même dit de messes, qu'il n'avait d'autre dessein que de revenir dans sa patrie en vertu de la loi, et que puisque cette loi était révoquée, il se soumettait à retourner d'où il venait et à évacuer le territoire de la République dans le délai fixé, et qu'à cet effet il espérait qu'on voudrait bien lui délivrer un passeport.

« J'ai donné des ordres pour tenir icy ledit citoyen Bellot en arrestation jusqu'à ce que l'administration aura statué à son égard, après avoir vu les papiers trouvés sur luy.

« Salut et respect.

« Philippe, commissaire du Directoire exécutif. »

A partir de ce moment, nous le perdons complètement de vue jusqu'en 1802. Il est alors rentré à Pallegney où, dit une note officielle il était aimé avant la Révolution. Un an plus tard, il est remplacé dans cette paroisse par l'abbé Jean-François Durand.

Avant de partir pour l'exil, il avait confié à sa bonne, Marie G..., la garde de son mobilier ; celle-ci se maria à un tissier de Vaxoncourt, Ambroise C..., et lorsque, de retour dans sa paroisse, l'abbé Bellot vint réclamer son bien, il fut accueilli par une fin de non recevoir.

En sortant de Pallegney il devint curé de Mazirot et mourut en retraite le 30 novembre 1832.

L'abbé MARCHAND.

Né à Charmois l'Orgueilleux, il était vicaire-résident à Pallegney en 1786, mais avait quitté ce village au moment de la Révolution pour une paroisse voisine de son pays natal. Il refuse le serment constitutionnel et vient se retirer quelque temps à Châtel. C'est là qu'il reçoit le 26 février 1792 la lettre suivante de l'hospice de Maréville :

« C'est avec la douleur la plus déchirante que j'apprends que vous avez été forcé d'abandonner nos pauvres catholiques. Les voilà donc enfin livrés à la merci des loups ravisseurs, les voilà donc abandonnés à eux-mêmes, au milieu des plus violentes persécutions ; mais que dis-je, livrés à eux-mêmes, je me trompe : j'ai confiance que leur foi les soutiendra au milieu de leurs épreuves, ils invoqueront le Seigneur et ses miséricordes, ses grâces viendront à leur secours. Encore un moment de patience, et bientôt les armes de leurs ennemis et des nôtres se tourneront contre eux-mêmes.

« J'apprends que vous êtes à Châtel, c'est ce qui hâtera mon retour pour aller m'informer au long auprès de vous de tout ce qui s'est passé à votre égard. Vous ne savez peut-être pas encore où je suis. Je suis avec l'abbé Mathieu à Maréville.

« Au premier jour, nous allons chez nous et chez vous pour faire faire des Pâques s'il est possible. Nous passerons à Châtel où nous comptons vous joindre, si vous y êtes encore. Sans ce projet, nous vous engagerions à venir nous joindre pour un peu vous désennuyer de toutes vos fatigues. Vous croiriez entrer dans un autre monde tant on est tranquille ici.

« J'envoie dans votre paroisse et dans la mienne d'excellentes brochures intitulées la Foi du charbonnier Ardennois, un exemplaire à Mme et à Mlle de Vaudechamp avec une lettre un peu serrée, un exemplaire à M. votre frère, maire.

« Au premier beau temps, à peu près dans huit jours, nous sommes à vous. Je ne suis plus long que pour nous recommander à vos prières et vous embrasser, mon confrère et moi. Adieu.

« Maréville le 26 février 1792. »

La lettre n'est pas signée, mais il est fort probable que le correspondant n'était autre que M. Vaudechamp, curé de Charmois, dont nous trouvons une autre lettre signée, jointe à la précédente.

L'abbé Marchand fut le compagnon d'exil et de prison des abbés Didelot. Son frère [1] donnait refuge chez lui à des prêtres réfractaires. Il est dénoncé, sa ferme envahie par les patriotes de Xertigny et d'Uzemain qui mettent la maison au pillage, puis la brûlent et la démolissent.

Ils sont d'autant plus furieux qu'ils ont fait corvée : le prêtre caché est parti de la nuit et le maître de la maison est à Nancy porter des secours à son frère incarcéré dans les cachots de la Républi-

---

[1] Père de la mère de feu M. Jeanmaire, chancelier de l'évêché de Saint-Dié.

que. Sa femme avertie à temps s'est réfugiée au bois avec ses cinq enfants et les révolutionnaires ne peuvent que *mitrailler* la forêt.

Le généreux chrétien, sa mission héroïque remplie près de son frère, s'en revient le soir par les bois. Il rencontre une femme du pays.

— Rien de nouveau ?

— Si ! si ! les patriotes ont flambé la ferme de l'aristocrate ! Elle ne le connaissait pas.

Au moment où l'aîné des abbés Didelot portait sa tête sur l'échafaud à Mirecourt, l'abbé Marchand regardait dormir l'autre près de lui, dans la prison, quand il le vit se réveiller en sursaut comme sortant d'une vision et disant : Il vient d'arriver un grand événement : ils ont guillotiné mon frère !...

On comprend qu'après cela l'abbé Marchand ait conçu pour la Révolution un dégoût qu'il ne cherchait point à déguiser. Aussi voyons-nous M. Georgel écrire à Mgr d'Osmond le 23 germinal an XI : « J'ai voulu l'employer ; M. le Préfet m'a prié d'attendre ; il le croit fanatique et assure qu'il a déclamé contre le Concordat » (¹).

Le préfet était renseigné par le maire de Bayecourt (²) où l'abbé Marchand exerçait alors le saint ministère ; il le dénonçait comme « semant le trouble dant la commune, attendu qu'il veut rebénir

---

(¹) D'après M. l'abbé Pierfitte, curé de Poleux.
(²) Archives des Vosges : L. V. 114.

l'église et qu'il ne cesse de crier contre les assermentés ».

Cependant le 3 floréal suivant, le provicaire détache Rabiémont et Villers de la paroisse de Vroville et s'entend avec Villers pour faire un petit traitement au prêtre qui desservira leur église. C'est l'abbé Marchand qu'il y envoie : « On me défend de lui donner un titre de desservant, mais pas de l'employer autrement! » dit-il à Mgr d'Osmond.

Le 7 thermidor an XII, il était nommé curé d'Hennezel où il ne fit que passer, pour venir bientôt après desservir Nonville et Belmont jusqu'en 1826. Il se retira alors dans sa famille où il mourut en décembre 1827.

Claude-Joseph et Augustin DOMBROT [1]

« Claude-Joseph, fils légitime de François Dombrot et de Jeanne Cosserat son épouse, de la paroisse de Vennezey, est né le vingt-deuxième du mois de mai 1751 ; il a été baptisé le même jour. Il a eu pour parrain Dominique Cosserat, garçon demeurant à Haillainville, et pour marraine Anne Xoual, épouse de François Drand de la paroisse de Saint-Boing. (Acte de Baptême).

Avec son frère puîné, Augustin, né le 23 janvier

---

[1] Biographies empruntées textuellement aux *Ecclésiastiques de la Meurthe pendant la Révolution française*, par M. l'abbé Mangenot.

1755 (¹), Claude se prépara au sacerdoce. Déjà tonsurés en 1777 les deux frères suivaient les cours de la faculté de théologie de l'Université de Nancy. A l'ouverture du séminaire de cette ville, qui eut lieu le 13 novembre 1780, ils y furent admis pour se préparer à la prêtrise qu'ils reçurent le 23 décembre suivant, samedi des Quatre-Temps. Par ordre de Mgr de Montauban, les nouveaux prêtres ne quittèrent le séminaire que le 28, après les fêtes de Noël.

Le 20 janvier suivant l'aîné était nommé vicaire commensal à Laxou; quinze jours plus tard, le plus jeune devenait vicaire commensal à Amance. Au mois de mai 1787, l'abbé Claude-Joseph fut nommé par un chevalier de Malte à la cure de Faverolles (Haute-Marne), sur la recommandation de l'abbé Jean-Pierre Voinier, diacre de Dommartin-sous-Amance à qui elle avait été offerte. Il s'y rendit au mois de juillet suivant.

Pendant le cours de la Révolution, les deux frères tinrent une conduite digne de véritables prêtres. Augustin qui desservait Laître-sous-Amance, prononça le dimanche 23 janvier 1791, un serment restrictif. « Je jure, dit-il, de remplir mes fonctions avec exactitude, d'être fidèle à la nation, à la loi et au roi et d'accepter la Constitution, autant que ma conscience et ma religion me le permettent, exceptant formellement tout ce qui est du ressort de la

---

(¹) D'après Chatrian il serait né à Rozelieures.

puissance spirituelle de l'Eglise catholique, apostolique et romaine, dans le sein de laquelle je veux vivre et mourir. » Quand, le 10 juillet suivant, on lui présenta la lettre pastorale de Lalande, il professa ne pas pouvoir la lire au prône.

Egalement insermenté, le curé de Faverolles fut dépossédé de sa cure et revint dans sa famille où il fut bientôt rejoint par le vicaire d'Amance. Ils émigrèrent de bonne heure, et le 8 mai 1792, ils partirent de Vennezey pour gagner l'Allemagne. Ils arrivaient à Tréves le 12 septembre, avec l'abbé Urbain Munier, vicaire-résident à St.-Remi-aux-Bois (¹).

Le 5 mars 1795, ils quittèrent Tréves et se rendirent à Cologne, parce que cette ville offrait plus de ressources aux prêtres émigrés. Pendant leur séjour à Cologne, leur maison paternelle fut le théâtre d'une perquisition, opérée le dimanche 21 avril 1795 par les gardes nationaux de Vennezey. On trouva dans une malle des vêtements ecclésiastiques, un missel et 98 brochures, qui appartenaient au vicaire d'Amance, La malle, déposée chez le maire, fut communiquée le 24 avril, au comité de surveillance de Lunéville qui dressa aussitôt un inventaire détaillé de son contenu. Vérification fut faite le lendemain. On ne remarqua rien qui pût donner lieu à une dénonciation; les brochures étaient de vieille date et roulaient sur le serment de 1791.

Chatrian nous apprend les diverses étapes des

(¹) Oncle maternel de feu M. Vautrin, curé de Vincey, son parent.

deux frères dans le pays de l'exil. Le 25 octobre 1794, avec l'abbé Raoul, curé d'Eumont, ils arrivent de Cologne à Munich ; mais le 12 novembre suivant le gouvernement bavarois les envoya à treize lieues de là, dans la petite ville d'Aicha. Le 31 décembre 1796, ils y reçurent une lettre de leur mère. Madame Dombrot annonçait à ses fils que la tranquillité régnait alors dans le département de la Meurthe, qu'ils pouvaient revenir chez elle et qu'ils y seraient en sûreté à la condition de se tenir cachés et de ne visiter les parents et les amis qu'avec circonspection.

Cédant au désir de revoir la patrie, les deux prêtres quittèrent bientôt Aicha, et le 5 avril 1797, Chatrian apprenait qu'ils étaient partis de Munich pour retourner en Lorraine.

Le coup d'Etat de fructidor ne leur fit pas reprendre le chemin de l'exil ; tandis que leurs confrères lorrains revenaient à la file à Munich, ils se déterminèrent à rester à Vennezey. Le 2 mars 1798, leur ancien compagnon d'émigration, l'abbé Munier, vicaire de St.-Remi-aux-Bois, recevait de leurs nouvelles. Ils vivaient cachés chez leur mère tranquilles et contents.

Cependant les deux frères ne se confinaient pas toujours dans la maison de leur mère ; ils se répandaient dans les villages voisins de Vennezey, ils dépassaient même les frontières du département de la Meurthe et pénétraient dans les paroisses vosgiennes qui étaient à proximité.

L'abbé Nicolas Cosserat s'était joint à ses cousins. Leur présence à Vennezey fut dénoncée, et dans une perquisition opérée dans le cours de messidor an VII (juin 1799), le vicaire de Moriville et le curé de Faverolles furent arrêtés et amenés à Nancy.

Le vicaire d'Amance, qui probablement était absent, échappa à toute recherche et continua sa vie de missionnaire. Il semble avoir pris Châtel comme centre de son ministère pastoral pendant les années 1801 et 1802 [1].

A son retour de déportation, son frère Claude-Joseph fut nommé à Einvaux sur la demande des paroissiens. Il y fut vexé par le Père Poirson, chanoine régulier, ancien curé d'Einvaux, marié et maire du village. Ce maire fit interdire l'église, et le curé qui s'était retiré quelques jours peut-être auprès de son frère à Châtel, devint curé de Clayeures.

Quant à l'abbé Augustin Dombrot il devint vicaire à Châtel en 1803, et fut nommé à la cure de Pallegney, le 25 février 1806. Après vingt-cinq ans de ministère

---

[1] M. l'abbé Mangenot n'admet pas comme M. Thiriet (*Le séminaire de Nancy*), que l'abbé Augustin Dombrot ait été, ainsi que son frère, déporté à l'île de Ré ; or, sur une liste donnée par la *Semaine Religieuse du diocèse de Saint Dié* (1er avril 1792), il figure comme tel, de même que M. Nicolas Cosserat. Pendant les années 1801 et 1802 il administre les sacrements dans tous les villages des environs de Châtel : Rugney, Portieux, Moriville, Pallegney. (D'après les archives de ces paroisses). — Il va même exercer le saint ministère, jusqu'à Rambervillers où il est abrité par une sœur converse, nommée sœur Justine Mayet, originaire de la Haute-Saône, qui le suite en qualité de gouvernante, lorsqu'il devient curé de **Pallegny**. (D'après M. l'abbé Mengin, curé actuel de Pallegney).

dans cette paroisse, il se retira à Châtel auprès de son parent et ami l'abbé Nicolas Cosserat. C'est là qu'il mourut le 8 mai 1842, à l'âge de 87 ans ; on voit encore sa pierre tombale dans le cimetière de la paroisse.

Joseph DORON.

Né à Domèvre-sur-Durbion le 25 mai 1731, il devient vicaire de Châtel où il compte de nombreux parents, (1761), s'y retire chez le chantre Aubert au commencement de la Révolution et en est expulsé le 21 juillet 1792.

PRÊTRES RÉGULIERS.

Jean-François DURAND.

Dans une lettre du 16 ventôse an XI, Mgr d'Osmond parle de ce religieux comme d'un « très bon sujet. »

Né à Châtel le 16 octobre 1744, Jean-François Durand était entré chez les Chanoines réguliers de la Congrégation de Notre-Sauveur et se trouvait vicaire de Mattincourt depuis 1764 lorsqu'éclata la Révolution. Trompé par les conseils que donnèrent à Louis XVI les archevêques de Bordeaux et de Vienne au sujet de la Constitution civile du clergé, le R. P. Durand prêta le serment et fut envoyé à Docelles avec un traitement annuel de 700 livres. Mais il ne tarda pas à s'apercevoir qu'il faisait fausse route. Il rétracta son serment, donna sa démission et vint se retirer chez sa mère le 13 octobre 1791 avec l'intention de se fixer à Châtel (¹).

Quelques mois plus tard il émigrait. Pendant trois ans, il vit réfugié dans l'abbaye de Wetten-Hausen (²) qu'il quitte au commencement de décembre 1796, pour s'installer dans une petite ville de la Bavière (³).

A son retour d'exil nous le trouvons remplissant les fonctions pastorales à Pallegney et le 6 ventôse an XI, l'abbé Georgel le propose à Mgr d'Osmond pour le vicariat de Mirecourt, poste, paraît-il, très envié.

D'après M. l'abbé Pierfitte il serait mort à Pallegney le 15 février 1806, néanmoins son acte de décès ne figure pas dans les actes de l'état-civil.

Jean-François-Pierre SAUCEROTTES.

Parmi les religieux natifs de Châtel il est certain qu'il tient la première place. Fils d'un avocat du

---

(¹) Archives municipales.
(²) Près d'Ulm, en Souabe.
(³) Chatrian : Kd. 72.

bailliage, Pierre Saucerottes, et de Catherine Forquin, Jean-François-Pierre, plus connu sous le nom de Père ou de Frère Pierre était entré chez les Capucins.

Pendant les années 1785, 1786 et 1787, nous le trouvons comme conventuel à Toul d'où il sort pour devenir successivement Gardien à Mirecourt et à Charmes (10 août 1789), Définiteur de son ordre en Lorraine, et enfin Gardien du Couvent de Châtel.

On sait avec quelle énergie il préserva tous ses religieux de la contagion du schisme et refusa toute compromission avec le culte constitutionnel. Lors de l'expulsion (3 juillet 1791), il déclara devant la municipalité de Châtel l'intention où il était de s'établir dans cette ville. Il ne pouvait y être longtemps en sûreté : le curé Clément et les sans-culottes n'avaient pas oublié les événements de la Fête-Dieu, et le bon capucin jugea prudent de gagner l'étranger.

D'abord émigré à Versen-Salzbourg (1794) (¹), il vient à la fin de cette année s'établir à Munich où il trouve de nombreux compatriotes (²).

A son retour d'exil, M. Georgel l'envoie comme desservant à Girmont (1802), mais son prédécesseur M. Jeandot y a des partisans qui lui font subir toutes sortes d'avanies et l'obligent à se retirer à Châtel

---

(¹) Chatrian : Kd. 91.
(²) Ibid. : Kd. 70.

(29 floréal an XII — 19 mai 1803) jusqu'au moment où M. de Thumery l'envoie à Frison (19 février 1805). M. Georgel en informe alors Mgr d'Osmond : « Au départ de M. Tocu, lui écrit-il, M. le curé de Châtel a envoyé à Frison M. Saucerottes qui n'avait pas réussi à Girmont malgré ses vertus et sa science ecclésiastique. Il restera ([1]) ».

François COLLARDEL.

Chatrian le fait naître à Châtel le 24 novembre 1735 ; c'est à tort, et les Archives des Vosges nous le donnent comme ayant Vaxoncourt pour pays d'origine. Néanmoins il appartient à l'une des anciennes familles de Châtel, et c'est dans cette ville qu'il passe la plus grande partie de la Révolution caché chez son frère Joseph.

D'abord instituteur, il est ordonné prêtre à Toul en 1761 et sort bientôt du diocèse, d'après Chatrian, pour devenir curé en Provence ([2]).

Nous le trouvons, au moment de la Révolution, comme tiercelin au couvent de Bayon, et à l'expulsion des religieux il est établi à Vézelise. Du mois de mars au 26 juillet 1793, il habite Épinal qu'il quitte

---

([1]) M. de Thumery pouvait donc faire encore quelques placements.
([2]) Chatrian : Ke. 11.

encore parce qu'il n'a plus de quoi vivre et se retire chez son frère à Châtel après avoir déclaré à la mairie qu'il a l'intention d'y fixer définitivement sa résidence (¹).

Le 25 pluviôse an III (13 février 1795) il pétitionne pour réclamer son traitement, mais le Département n'admet pas sa requête « attendu qu'il n'a prêté que le serment de la liberté et de l'égalité à Epinal, le 18 mars 1793 (²). »

En 1802 et en 1805 il vit encore retiré à Châtel où il n'exerce aucun ministère : il paraît d'ailleurs s'en être abstenu pendant tout le cours de la Révolution. C'est ce qui expliquerait la tranquillité relative dans laquelle il vécut, ainsi que le jugement original qu'en donne Chatrian lorsqu'il dit de lui : « On ne sait s'il est chair ou poisson. »

Jean-Baptiste (?) VAUDEL.

Entré chez les Capucins sous le nom de Frère Justin, nous le trouvons comme conventuel à St.-Nicolas en 1787 et 1788 (¹), et au moment de la Révolution il fait partie de la maison de Châtel sa ville natale. Après l'expulsion des religieux il ne tarde

---

(¹) Archives municipales.
(²) Archives des Vosges : L. 990.
(³) Chatrian : Kd. 90.

pas à être arrêté et Chatrian nous apprend qu'il meurt interné à Paris le 21 août 1792, à l'âge de 84 ans (¹).

Les Archives des Vosges signalent un prêtre du nom de Jean-Baptiste Vaudel dont le Directoire accorde la main-levée de ses biens (8 brumaire an IV) pour être remis à ses héritiers naturels qui habitent Châtel. Il s'agit sans doute du Frère Justin (²).

Alexis BABEL.

Fils de Joseph Babel et d'Anne Thiriet, il naquit à Châtel le 13 septembre 1742 et fut baptisé par un prêtre délégué nommé C. Bailly de Dinviller. Il refuse le serment constitutionnel, vit ensuite caché au sein de sa famille, et, afin d'échapper à la prison, prête plus tard le serment de l'égalité devant l'arbre de la Liberté (³).

« Ex-définiteur des Cordeliers de Lorraine, écrit au préfet le juge de paix de Châtel (24 prairial an X), il est d'une conduite irréprochable, mais sa santé est dans un tel état de langeur qu'il ne pourrait pas dire une messe basse. (⁴) »

Il mourut à Châtel en 1806.

(¹) *Ibidem* : Kd. 70.
(²) Archives des Vosges : L. 1003.
(³) Archives des Vosges : L.
(⁴) *Ibidem* L. : V. 114.

Laurent GRANDCOLAS.

Natif de Châtel, il entre de bonne heure chez les bénédictins, devient sous-prieur et maître des novices à l'abbaye de Munster, et quitte ce monastère, lors de l'expulsion des religieux, pour se retirer dans sa famille (23 août 1791). Il émigre ensuite, mais à partir de ce moment nous le perdons complètement de vue.

Jean-Baptiste CHEVRESSON (¹).

« Jean-Baptiste Chevresson était fils de Nicolas Chevresson, fondeur de cloches, et de Anne Henriot. Il naquit le 30 septembre 1730 à Illoud-sous-Bourmont, paroisse qui appartenait alors au diocèse de Toul et qui fait maintenant partie du diocèse de Langres. Son frère aîné, Nicolas-Joseph, était au début de la Révolution curé de Mirecourt. Leur sœur, qui était restée à Mirecourt après le départ du curé y fut l'objet, le 12 octobre 1791, d'avanies ignobles de la part de la populace ameutée.

Jean-Baptiste fit son noviciat chez les chanoines

(¹) Extrait textuellement des *Ecclésiatiques de la Meurthe pendant la Révolution*, par M. l'abbé Mangenot.

réguliers sous le père Bernard et prononça ses vœux solennels le 11 novembre 1759. Vicaire d'abord à Lunéville, puis à Marainvillers, il fut nommé en 1770 directeur des religieuses de Notre-Dame à Châtel-sur-Moselle, à la place du père Charles Hénaut.

En 1773, les religieuses étaient divisées à son sujet et Mgr Drouas, évêque de Toul, écrivit, le 19 septembre, une lettre sévère pour les blâmer de leur conduite. Plus tard le père Chevresson eut des concurrents dans cette charge et fut évincé en 1776, par un ancien jésuite.

Il devint alors second vicaire à Lunéville et il occupa ce poste de 1776 à 1783. Dès la première année, il prêcha à la paroisse St-Jacques les dominicales de l'Avent et du Carême. Sa Congrégation avait succédé aux Jésuites, expulsés de la Lorraine, dans l'obligation de prêcher les missions fondées par le roi Stanislas. Aussi, dès 1777, tout en gardant le le titre de vicaire, le père Chevresson fut-il adjoint aux missionnaires et partagea-t-il leurs travaux dans les paroisses rurales. Châtrian nous apprend qu'il collabora aux missions de Vomécourt-sur-Madon et de Borville, 1779, de Saint-Mihiel, septembre 1781, de Rambervillers et de Valfroicourt, 1783. On lui réservait les prédications extraordinaires de la paroisse ; ainsi, en 1780, il prêcha les Quarante-heures.

Il fut dangereusement malade, en 1781. Au mois de

septembre 1783, le père Chevresson prit l'administration de la cure de Chaumousey; mais ce ne fut pas pour longtemps, car au mois de juin de l'année suivante, il fut nommé supérieur des missionnaires en résidence à Saint-Mihiel.

En 1786, il se fit entendre dans les chaires de Saint-Mihiel, de Tantimont et de Charmes-sur-Moselle. Le 11 septembre de la même année, il fut nommé prieur de Dommartin-les-Ville et bientôt il fut l'unique membre de cette maison fondée en 1664 et unie à la congrégation de Notre-Sauveur, en 1687.

C'est dans ce poste que la Révolution le trouva. Il refusa le serment schismatique et dut quitter la vie religieuse. Après avoir séjourné dans le district de Mirecourt, il déclara le 3 février 1792, vouloir résider à Nancy. La pension qu'il y touchait s'élevait à 1000 livres. Au commencement du mois d'août, il partit brusquement pour une destination que nous ne connaissons pas. Après une assez courte absence, il revint à Nancy avec la ferme résolution de n'en plus sortir, prêt à y vivre caché dans un grenier ou une cave. Les gardes nationaux vinrent le prendre, le 11 brumaire an II (1er novembre 1793), chez Madame Sauvet, rue de la Salpêtrière. Il se rendit à la première réquisition de la force armée et fut incarcéré aux Carmélites par ordre d'un officier municipal.

Comme il était insermenté et qu'il n'avait point d'infirmités, il fut désigné pour la déportation. Ses biens furent confisqués au profit de la Nation.

Le 12 floréal an II (1ᵉʳ mai 1794) sur le *Bon-Homme Richard*, on lui enleva 7 livres 5 sous en assignats. Il mourut sur *Deux-Associés*, le 17 août 1794, à l'âge de 53 ans, et fut inhumé à l'île d'Aix dans les sables du Moulin.

Le 6 août précédent, les livres du déporté avaient été transportés par les soins des bibliothécaires de Nancy au dépôt des bibliothèques confisquées. L'année suivante, Marie-Rose Gérard réclama à l'administration départementale de la Meurthe un lit et plusieurs effets qu'elle avait prêtés au père Chevresson.

Le 27 thermidor an III (14 août 1795). le Directoire du District de Nancy, sur l'attestation du gardien des Carmélites que ces meubles existaient encore, émit l'avis de les restituer. Le 4 fructidor (21 août), le Directoire du département y donna son approbation. »

Florentin VANNEQUÉ.

Dominicain natif de Portieux, annexe de Châtel, il vient se retirer dans cette dernière ville le 13 avril 1792 et y meurt deux mois après en refusant énergiquement de recevoir les derniers sacrements de la main du curé constitutionnel (17 juin).

Jean CONTAL.

Natif et conventuel de Châtel, il meurt en exil.

Telle est la belle phalange de prêtres séculiers et réguliers que Châtel peut être fier de compter au nombre de ses enfants. D'autres non moins nombreux se pressent à leur suite et demandent d'entrer dans le cadre de cette histoire, soit à cause du séjour plus ou moins long qu'ils ont fait dans notre petite ville, soit par suite du saint ministère qu'ils y ont exercé, soit enfin à cause des persécutions dont ils y ont été l'objet. Sans doute ils ne nous intéressent que secondairement; mais ils ont été à la peine, que leurs noms du moins soient à l'honneur !

Capucins conventuels de Châtel au moment de l'expulsion.

Dominique ALBA (Père ISIDORE). — Né à Vézelize, il entre chez les capucins, devient Gardien du couvent de Toul, Vicaire de celui de Rambervillers d'où il sort le 10 août 1789 pour entrer comme simple conventuel à Châtel. Il déclare s'y retirer (3 juillet 1791).

Voici son acte de sortie; les autres déclarations sont identiques :

« Cejourd'hui 3 juillet 1791, est comparu au greffe de la municipalité de Châtel-sur-Moselle le sieur Dominique Alba, natif de Vézelise, lieu de district dans le département de la Meurthe, cy-devant connu sous le nom de Père Isidore Capucin, en conséquence de l'article XI de la loi du 14 octobre 1790 sur les religieux, lequel a déclaré qu'ayant préféré cy-devant la vie commune de la maison des cy-devant capucins de Châtel-sur-Moselle, district de Rambervillers, département des Vosges ; les circonstances étant changées, il désire actuellement, obligé par une force majeure de quitter malgré lui cette vie commune, de mener une vie privée dans la ville et municipalité de Châtel-sur-Moselle, district de Rambervillers département des Vosges, y ayant ses plus proches parents, en foy de quoi il a signé le présent acte les jour, mois et an susdits.

Signé : Dominique Alba de Vézelise, cy-devant Père Isidore, capucin. »

C'était chez sa sœur Marie-Anne Alba, épouse de Nicolas Boyer, tanneur à Châtel, qu'il se retirait. Il n'y reste pas longtemps car nous le trouvons à Toul au mois de novembre suivant. « Il est là, dit Chatrian (1), gardant son habit, sa barbe, et y éprouvant des avanies, des insultes de la part des sans-culottes de cette ville, mais il tient bon avec une constance et une solitude qui édifient le simple et confondent les lâches confrères. »

Il part un des derniers pour l'étranger. Le 26 décembre 1795 il est à Hanau-sur-le-Mein, près de

---

(1) Chatrian Kd. 70.

Francfort, d'où il écrit deux lettres, l'une à sa sœur de Châtel et l'autre à une personne de Nancy, Françoise Baillet, rue du Manège, se plaignant de ne recevoir aucune réponse à ses nombreuses missives et ajoutant qu'il ne comprend pas qu'étant inscrit sur la liste des déportés, on ait, contrairement à la loi, vendu tous ses biens. Il a cependant envoyé à ses parents son acte de déportation, mais il soupçonne la poste de l'avoir intercepté. Il prie donc sa sœur d'en demander un duplicata à la municipalité d'Hornebach, près de Deux-Ponts, afin de rentrer en possession du profit de la vente de ses biens.

Comme on le voit, ces lettres étaient bien peu compromettantes, néanmoins elles sont ouvertes à leur arrivée sur le territoire français et envoyées à Paris au Ministre de la Police générale qui fait aussitôt prendre à Châtel des informations sur le civisme de Madame Boyer. M. Tanant, juge de paix, répond « qu'elle ne s'occupe pas d'autre chose que de son ménage. » Mais le Ministre n'est pas satisfait et enjoint de nouveau (26 pluviôse an IV) « de continuer à surveiller rigoureusement Marie-Anne Boyer quoiqu'elle paraisse retirée et très occupée des affaires de son ménage. La correspondance certaine avec le curé Alba exige qu'on use de tous les moyens pour découvrir la marche secrète que tiennent les ennemis intérieurs à l'effet de correspondre avec leurs partisans dans l'étranger » [1].

---

[1] Archives des Vosges : L. District de Rambervillers.

Avant même la réception de cet ordre de surveillance, Nirel avait déjà perquisitionné chez Nicolas Boyer et l'avait mis sous les verrous.

Nicolas MASSON, (Frère THÉOPHILE) — Natif de Nancy, il s'est retiré à Vézelise.

Didier Doublot (Père LOUIS) — Né à Lignéville le 8 novembre 1729, il s'établit au sortir du couvent de Châtel à la Neuveville-sous-Châtenois. Il avait été auparavant gardien à Remiremont.

Enfermé aux Annonciades il revient à Houécourt en 1795, subit une seconde réclusion à Mirecourt sur la fin de la même année, puis après un an d'incarcération retourne à Houécourt et se voit condamner à la déportation en Guyanne le 26 vendémiaire an VI (17 octobre 1797) [1].

Jean REINBACH (Père CONSTANT) — Natif et conventuel de Lunéville, Vicaire du couvent de Thiaucourt et successivement Gardien à Châtel et à Pont-à-Mousson, il déclare se retirer dans sa ville natale [2].

Parti pour l'Allemagne, nous le trouvons le 23 mai 1793 à Saint-Vaudel, sur les confins de l'Electorat de Trèves et le 12 février 1797 au monastère, de Dünkenpühl non loin d'Anspach. A son retour il devient succursaliste à Francheville (1803) [3].

---

[1] Semaine religieuse de Saint Dié. — Année 1896.
[2] Chatrian : Kd. 69.
[3] Ibidem : Kd. 70.

Nicolas LAMBERT (Frère JUSTIN) — Ancien Vicaire du couvent de Remiremont, il habite Grandvillers, non loin de Bruyères, sa ville natale.

Joseph-Christophe COLLARD (Père URBAIN) — Né à Varangéville où il se retire, ancien vicaire du couvent de Châtel, il meurt déporté à Rochefort (¹).

Nicolas LAVAL (Frère ROMARY) — Frère lai à Châtel, il se retire à Vitrimont son pays d'origine.

Jean-Dominique MENZIN (Frère IGNACE) — Né à Langley près de Charmes il se dirige sur Avillers, district de Mirecourt (8 juillet 1791).

Pierre JANIN (Frère CANDIDE) — Il était de Laval, annexe de Champ où il vient habiter (10 juillet 1791).

Claude-Philippe LE NOBLE (Père HYACINTHE) — Natif de Remoncourt, et ancien Gardien du couvent de Châtel, il se retire à Craon, district de Vézelise (22 juillet 1791).

François FRANÇOIS (Frère SÉBASTIEN) — Il se retire à Nancy sa ville natale (29 juillet 1791) et meurt en déportation à Rochefort.

? ? (Frère SÉRAPHIN) — Natif de Bermont et frère lai à Châtel.

(¹) Chatrian : Kd. 91.

Joachim DIDION (Frère JUSTIN) — Mort á Châtel le 17 juin 1792 á l'âge de 92 ans.

? ?   (Père ZACHARIE) — Conventuel de Châtel mort en détention á Nancy (¹).

Pierre-Gérard-Léopold FERRY (Frère MELCHIOR) — « Né á Bruyères vers 1767, frère convers de l'ordre des capucins au couvent de cette ville, passe en 1791 á la maison de réunion conservée á Châtel. Le 3 juillet il déclare se fixer dans cette ville, mais il la quitte au bout de quelques jours et rejoint ses confrères á la maison de Toul.

De nouvelles tracasseries l'obligent, ainsi que les RR. PP. Collin, Poirson et Mathebs á gagner les cordeliers de Nancy en avril 1792. Mais, sitôt le roi prisonnier, un décret du 14 août détruit toute association et les pauvres franciscains, dispersés de force le 29 septembre, vont quêter logement chez les simples fidèles.

Au commencement de 1793, nous retrouvons á Bruyères les trois frères Huraux, Ferry et Janin, de Laval, (dont il vient d'être question), cachés comme jardiniers, les deux premiers chez la veuve Clément, le troisième au service de Toussaint Lavaux. Poursuivis le 7 mai, les frères Huraux et Ferry tombent aux mains de la gendarmerie et sont reclus á Épinal,

---

(¹) *Ibidem* : Kd. 69.

tandis que le frère Janin s'échappe et va contracter à Metz un engagement dans la cavalerie.

En avril 1794, nos deux convers sont jugés bons pour la déportation ; frère Eloi (Huraux) succombe le 13 octobre, tandis que le frère Melchior survit aux tortures du Washington (¹) et reçoit nouvelle de sa libération à Saintes vers le mois de mars 1795 (²). »

Prêtres séculiers de passage à Châtel pendant la Révolution.

Claude-Nicolas BÉGIN. — Né et baptisé le 21 octobre 1753, Claude-Nicolas était fils de Claude Bégin et de Rose Collin (³). Après son ordination (1778), ne trouvant pas à se placer avantageusement, dans le diocèse, il accepte une place de précepteur à Nancy, devient ensuite vicaire, puis sacristain-prêtre de

---

(¹) Semaine religieuse de St. Dié. — La persécution révolutionnaire par M. l'abbé Lahache (1896).

(²) Ajoutons à cette liste Claude RICHIER (Père Félix), enfermé depuis vingt-un ans dans une cellule particulière du couvent, comme ne jouissant pas de toutes ses facultés. D'abord conduit à la maison de santé de Maréville (22 décembre 1791), il est recueilli, le 31 mai 1792, par un de ses parents, M. l'abbé Villers, curé de Bussy-la-Côte.

(³) Chatrian - Kd. 79.

Poussay. Pendant la Révolution il est saisi comme insermenté, déporté á Rochefort et jeté sur le *Washington*. Il échappe heureusement á la contagion qui règne sur les pontons, et á son retour (Avril 1795) nous le trouvons á Châtel ([1]), exerçant activement le saint ministère et se cachant sans doute au sein de la famille Collin. De lá, il porte les secours de la religion dans les villages voisins, particuliérement á Rugney (1796. 1798, 1800) et á Portieux (1801, 1802). Expulsé en Suisse au coup d'Etat du 18 fructidor, il en revient bientôt, se retire á Charmes aprés la Révolution et y meurt en 1806 ([2]).

Jean-Baptiste LÉVÊQUE. — Curé de Nomexy au moment de la Révolution, il est élu, le 21 février 1790, président de l'Assemblée mnicipale ([3]). Un décret du 22 juin suivant l'oblige á démissionner; il s'en réjouit en pensant qu'il lui sera « enfin permis de céder au

---

([1]) *Ibidem* : Kd. 91.

([2]) D'aprés M. l'abbé Eug. Mangenot, professeur au grand séminaire de Nancy.

([3]) Le lendemain, à l'ouverture de la séance, il en remercie ses électeurs :

« Vos suffrages, Messieurs, m'ont déféré l'honneur de présider cette assemblée : je sens tout le prix de cette marque de votre estime ; mais avant d'user de la prérogative qu'elle me donne, je dois commencer par remplir le devoir important que la loi m'impose. Je jure de maintenir de tout mon pouvoir la Constitution du royaume, d'être fidèle à la Nation, à la Loi et au Roi, de choisir en mon âme, et conscience les plus dignes de la confiance publique et de remplir avec zèle et courage les fonctions civiles et politiques qui pourront m'être confiées. » (Archives municipales de Nomexy : D. 1. 1⁰ feuillet).

mouvement qui depuis longtemps le sollicitait de se rendre tout entier aux occupations du ministère pastoral. » (14 novembre 1790) (¹).

Deux mois plus tard, il se présente devant la municipalité de Nomexy et déclare refuser le serment constitutionnel. L'acte qui en est dressé doit être cité in-extenso (²) :

« Çejourd'huy, vingt-huit janvier mil sept cent quatre-vingt onze, à onze heures avant midi, s'est présenté devant nous Joseph Nardin, secrétaire de la Municipalité de Nomexy, Monsieur Jean-Baptiste Lévêque, curé de la commune et paroisse dudit Nomexy, lequel nous a déclaré que sa conscience ne lui permettait pas de faire le serment prescrit par le décret du 27 novembre 1790, sans y mettre des restrictions, et l'Assemblée nationale ayant déclaré qu'elle n'en admettait aucune, il se trouvait dans l'impossibilité de faire le susdit serment ; que c'était là pour lui le sujet d'une peine sensible ; mais que s'il se voyait privé de la satisfaction de donner un témoignage public et solennel de son patriotisme, il était une consolation que personne au monde ne pourrait lui ravir : le sentiment de sa fidélité et la pensée que le vrai patriotisme dont on l'accusera peut-être de manquer, Dieu le verra toujours au fond de son cœur, et ses paroissiens dans sa conduite.

(¹) *Ibidem* : D. 1. 11ᵉ feuillet.
(²) *Ibidem* : D. 1. 14ᵉ feuillet. — Renseignements dus à l'obligeance de M. Haumonté, instituteur honoraire à Nomexy.

Fait au secrétariat de la municipalité de Nomexy, les heure, jour, mois et an que dessus.

Signé : Lévêque, curé de Nomexy. — J. Nardin, secrét. greffier. »

M. Lévêque fut donc obligé de quitter le presbytère et de céder la place à un intrus, le Père Pacifique (Nicolas Maire, de Moriville), ex-capucin-vicaire du couvent des Tiercelins de Bayon. Après avoir habité quelque temps Châtel, il partit pour l'Allemagne, (en 1795 il était à Neukirschen près de Bonn) (¹), et redevint curé de Nomexy en 1804.

Jean-Joseph ROUSSEL. — Né à Igney, il est vicaire de Rabiémont lorsqu'il refuse le serment constitutionnel, se retire dans sa famille et gagne bientôt l'étranger probablement en compagnie de son curé, l'abbé Barbier. Il essaye de revenir au mois de janvier 1793 (²), se cache à Igney, Frison, Châtel, mais voyant la difficulté d'y exercer avec fruit le saint ministère, il retourne à Trèves (³).

Abbés GRANDJEAN et HENRY. — Retirés à Châtel, chez le sieur Collardel, jusqu'au mois de juillet 1792, ils en sont expulsés à cette date (⁴).

(¹) Chatrian : Kd, 72.
(²) Chatrian : Kd. 70. — Il parvient cependant à se faire rayer de la liste des émigrés le 29 messidor an IV.
(³) *Ibidem.*
(⁴) Archives municipales.

N. SCULPTER. — Il administre les sacrements á Moriville (1799, 1801), á Portieux (1798, 1799, 1800), á Rugney (1799) (¹).

J. Stanislas GOUYER. — Nous le trouvons á Moriville en 1797 et 1798.

Charles-François-Xavier LOTTINGER. — Il exerce á Portieux (1797, 1798).

P. GRÉGOIRE. — *Item* (1797).

N. HOUSSELOT. — *Item* (1799, 1800, 1801).

G. RENARD. — *Item* (1801) (²).

Charles-Alexis TABOURIN. — Caché á Châtel en 1799 (³).

Religieuses du couvent de Notre-Dame.

Marie-Catherine THÉVENOT. — Religieuse de chœur, elle déclare quitter le couvent pour s'établir

---

(¹) Archives paroissiales de ces villages.
(²) Voir les *Ecclésiastiques de la Meurthe* par M. l'abbé Mangenot, p. 406.
(³) *Ibidem*. p. 410. — Comme ces derniers ecclésiastiques n'intéressent notre histoire que d'une façon tout à fait secondaire, nous avons pensé qu'il nous suffisait de les citer pour mémoire.

à Châtel ainsi que toutes ses consœurs (17 novembre 1792). Au mois de décembre suivant elle est sur le point de retourner à Belfort, son pays d'origine, mais elle hésite et se décide à rester à cause des dangers du voyage, de la rigueur de la saison et de son âge avancé (68 ans). Cependant elle ne se trouve pas suffisemment en sûreté à Châtel, et, le 10 messidor an IV, (28 juin 1796), elle quitte cette ville pour aller s'établir à Morvillars.

Elisabeth BAUMET et Marguerite CHAFFAUT. — Le 9 floréal an X (29 avril 1802) elles font promesse de fidélité à la Constitution de l'an VIII « attendu que le gouvernement a déclaré ne prétendre, par cette Constitution, attaquer la religion catholique et romaine dans laquelle elles veulent vivre et mourir. »

Françoise GAFFE. — Née à St.-Germain, district de Belfort, elle se retire chez ses parents pour cause de maladie (16 octobre 1792), mais elle est dans la disposition de reprendre plus tard ses fonctions d'institutrice lorsque sa santé le lui permettra. Les trois religieuses qui suivent se retirent dans leurs familles pour le même motif, (23 octobre 1792).

Anne VAULTRIN de Del.

Jeanne-Baptiste MARCHAND de la Rouge-Goutte.

Elisabeth L'HOMME de Vassemont.

Anne DERAZEY.

Libraire THOUAND d'Épinal.

Marguerite et Gertrude BOULANGER. — Le 23 ventôse an II (13 mars 1794), Marguerite Grandpaire, veuve Boulanger et Marie Marmot se présentent devant la municipalité assemblée et déclarent avoir engagé Gertrude Boulanger, fille de la première, à prêter le serment voulu par la loi du 9 nivôse précédent. Elles affirment que si la religieuse ne l'a pas prêté « c'est totalement contraire à leurs intentions.

Victoire BAUMET.

Anne GUINANCE.

Madeleine BRETON.

Barbe BRUYÈRES. — Nous ignorons si elle était parente de Anne Bruyères de Châtel, religieuse bénédictine à Vergaville, qui déclare, le 19 juin 1792, se retirer dans sa ville natale.

Citons en terminant :

Jeanne VILLAUME et Jeanne LA CASNE, sœurs des capucins du couvent de Châtel, qui retournent aussi dans leur pays au mois de juin 1793.

Autres personnes victimes de la Révolution.

Jean-Philippe de MARCHAL. — Le 6 avril 1793, il est désarmé par l'administrateur du district, Pierre Choserat, et le 4 pluviôse an II (23 janvier 1794) l'ex-curé Clément pose les scellés sur ses biens et en dresse l'inventaire comme père d'émigré. Arrêté quelque temps après, il meurt en détention (an III) [1].

Claude-François de MARCHAL. — Il souscrit pour une somme de 100 livres à la contribution patriotique (10 juillet 1791), mais le 4 août suivant le Directoire trouve cette somme insuffisante et la porte à 200 livres, attendu qu'il jouit comme ancien lieutenant d'une pension de 800 livres. Le 2 mai 1793 il pétitionne pour qu'on lui rende les armes saisies chez lui [2].

Antoine-Nicolas MARCHAL. — Le séquestre a été mis sur ses biens et sa bibliothèque conduite à Rambervillers. (3 thermidor an III) [3].

Charles-Alexis MARCHAL. — Claude Ponsin réclame, le 2 messidor an II (20 juin 1794), une somme de 96 livres qui lui est due par Charles-Alexis Marchal émigré [4].

---

[1] Archives des Vosges. L. 990.
[2] Ibidem : L. District de Rambervillers.
[3] Ibidem : L. 981.
[4] Ibidem.

Nicolas-Etienne MARCHAL. — Le 18 floréal an II (7 mai 1794) il est condamné à mort par le tribunal criminel du 1er arrondissement de l'armée des Pyrénées séant à Bayonne. Ses biens sont acquis à la Nation et le citoyen Choserat est chargé d'y apposer les scellés [1].

Jean-Baptiste VAUDEL. — N'ayant pu obtenir l'approbation du District pour le certificat de civisme que lui avait délivré la municipalité, il cesse ses fonctions de garde-à-cheval (14 mai 1793) [2]; déjà le 6 avril précédent il avait été désarmé. Enfermé presqu'aussitôt après, il pétitionne pour demander sa mise en liberté, et le 8 brumaire an IV, il se voit de nouveau refuser un certificat de civisme, attendu qu'il a un fils prêtre émigré [3].

Jean-Léopold PÉRINÉ. — Enfermé une première fois, il pétitionne le 4 octobre 1793 pour demander sa mise en liberté [4]. Enfermé une seconde fois, il est délivré par décret du 13 vendémiaire an III (4 octobre 1794).

Grégoire DIEUDONNÉ. — Le 16 mai 1793, il pétitionne pour être rayé de la liste des suspects et trois semaines après il subit un désarmement de la part du citoyen Choserat [5].

---

[1] Archives des Vosges : L. 360.
[2] *Ibidem* : L. 1003.
[3] *Ibidem*.
[4] *Ibidem* : L. District de Rambervillers.
[5] Archives des Vosges : L. 1003.

Nicolas-Gabriel FRANÇOIS. — Il pétitionne (26 pluviôse an II — 14 février 1794) pour demander son élargissement et celui de toute sa famille ; sur la pétition envoyée, le Directoire ordonne une enquête sur le civisme du réclamant.

Claude FRANÇOIS. — Il est désarmé par Nirel, le 6 avril 1793. Item pour :

Claude-Joseph GENIN, — et

Pierre-René DIEUDONNÉ.

Pierre-Charles DROUOT. — Ancien conseiller au baillage de Châtel, il va se retirer à Nancy le 9 août 1792. Dénoncé au Directoire des Vosges comme disparu de Châtel, il apprend bientôt qu'il est inscrit sur la liste des émigrés ; il revient donc à Châtel et pétitionne pour être rayé (20 février 1793), en présentant un certificat de résidence à Nancy [1]. Cette pièce annule l'effet de la dénonciation [2], mais aux yeux de Nirel il passe néanmoins pour un contre-révolutionnaire et subit de sa part un désarmement brutal contre lequel il proteste en vain le 7 juin 1793 [3]. L'année suivante il est écroué dans le couvent des capucins de Châtel ; on lui rend la liberté le 13 vendémiaire an III (4 octobre 1794).

Cependant il se voit porter de nouveau sur la liste

---

[1] Archives des Vosges : L. 961.
[2] *Ibidem* : L. 1003.
[3] *Ibidem* : L. 961.

des émigrés, et ses biens sont mis sous séquestre. Mais la dénonciation lancée contre lui est évidemment mensongère et la municipalité elle-même pétitionne en sa faveur. Considérant, déclare-t-elle, qu'il est de notoriété que le pétitionnaire n'a pas émigré et que c'est mal à propos qu'il a été porté sur la liste des émigrés, qu'il est en provision pour obtenir sa radiation définitive, que le Ministre de la police générale a chargé le commissaire de mettre le pétitionnaire sous la surveillance de la municipalité, estime qu'il y a lieu d'arrêter que les scellés apposés en son domicile seront levés ainsi que le séquestre mis sur ses biens sous le cautionnement offert, estime aussi qu'il n'y aurait aucun inconvénient à accorder une permission au même pétitionnaire pour aller vaquer à ses affaires dans les cantons avoisinants où sa présence peut être nécessaire (¹). » (29 brumaire an VI — 18 novembre 1797).

Dix jours après, il obtenait sa radiation définitive.

Gorges-Nicolas COLIN — et ses deux fils :

Antoine et Jean-Baptiste COLIN, — dont nous avons eu occasion de parler dans le cours de notre récit, en particulier lors des premières arrestations opérées par les révolutionnaires de Châtel.

Maurice AIGRETTE. — Destitué comme suspect de ses fonctions de maître de poste (10 septembre

---

(¹) Archives municipales.

1792), il est rayé de la liste des émigrés le 8 frimaire an VI (28 novembre 1797).

Jean-Baptiste Abdon THOMAS (¹). — Frère des abbés Thomas, il subit deux incarcérations successives, la première avec François-Bernard son frère et la seconde avec Antoine et Jean-Baptiste Colin et

Claude NINOT. —

Nicolas BOYER. — Il est désarmé par Nirel le 6 avril 1793 ; sa femme, Marie-Anne Alba qui est accusée d'entretenir une correspondance suspecte avec son frère Dominique Alba, capucin émigré, est écrouée à la maison de détention de Châtel d'où elle sort le 13 vendémiaire an III.

George MENGIN. — Destitué pour incivisme, le 16 frimaire an II (6 décembre 1793), de ses fonctions de maire et de membre de la municipalité, il est écroué aux Capucins de Châtel et n'en sort qu'après dix mois de détention (13 vendémiaire an III — 4 octobre 1794).

Joseph COLLARDEL. — *Item.*

Laurent COCHER. — *Item.*

Jean-Baptiste GERBAUT. — *Item.*

(¹) Son père Jean-Baptiste Thomas pétitionne en même temps que Anne-Catherine Valentin, pour réclamer des effets vendus à l'encan. (Archives des Vosges : L. 961.)

Joseph MOINEL. — *Item*.

Jean JAVEL. — Tracassé, ainsi que nous l'avons vu, par les révolutionnaires de Châtel, il déclare quitter cette ville le 19 septembre 1793 et se retirer à Moriville.

Thomas BOULAY. — En sa qualité d'ancien domestique de M. Antoine Symon, il est désarmé par Nirel le 6 avril 1793. D'ailleurs, par sa femme Marguerite Final, il est le beau-frère de Joseph Final, émigré. Il pétitionne, mais en vain pour empêcher la vente des biens de ce dernier et de ceux de sa mère Marie-Françoise Mougenot(¹). Celle-ci revient à la charge le 15 floréal an IV, mais sa requête est encore rejetée malgré « son affirmation d'avoir tout fait pour détourner son fils d'émigrer (²). » C'est que, sur les entrefaites, sa fille, Marguerite Final, s'était, comme on le verra, fortement compromise.

René-George GAUDEL. — Le 3 mai 1793, il proteste près du Directoire départemental contre le désarmement que Nirel s'est permis d'opérer dans son domicile. On refuse d'admettre ses raisons « attendu que ce n'est pas suffisant d'être officier de la Garde nationale de Châtel et que d'ailleurs les réponses de l'État-Major de ladite Garde nationale ajou-

---

(¹) Archives des Vosges : L. 961.
(²) *Ibidem* : L. 1003.

tent aux soupçons que produit naturellemeut la qualité de ci-devant noble (¹). »

Pour éviter une incarcération certaine, il se présente à la mairie et « déclare déposer, d'après l'invitation faite le jour même à son de caisse de la part de la Société populaire, la copie des lettres de noblesse qui est la seule pièce de ce genre qui soit en sa possession (²). » (8 nivôse an II — 28 décembre 1793).

Charles-Joseph-Hyacinthe de BOUVIER. — Marié à Suzanne-Charlotte Cosserat (18 décembre 1764), il est rayé de la liste des émigrés et obtient la main-levée du séquestre de ses biens, le 20 septembre 1794 (³). Déjà il avait été rayé le 11 mars 1793 comme habitant Châtel, mais ayant quitté cette ville pour Nancy, on avait profité de ce changement de résidence pour l'inscrire de nouveau.

Elisabeth JEANDIDIER. — Mariée à Pierre Robin, elle est arrêtée pendant l'absence de son mari qui voyageait alors pour son commerce (⁴).

Marie-Thérèse COSSERAT, dame de VALENTIN de la TOUR. — La charrette qui emmenait Elisabeth Jeandidier s'était arrêtée devant la maison de Mlle

---

(¹) *Ibidem.*
(²) Archives municipales.
(³) Archives des Vosges : L. 1003.
(⁴) Sa fille, Marie Robin fut baptisée dans une cave en 1797.

COSSERAT et les sans-culottes étaient entrés lui signifier d'y venir prendre place. Pendant que sans aucuns ménagements ils la font asseoir à côté de sa compagne d'infortune, une brave femme, Marguerite FINAL, épouse de Thomas Boulay, et plus connue sous le nom de La Billon, ne peut s'empêcher de s'écrier : « Ah ! mon Dieu, peut-on arrêter de si braves gens !. » Mais l'exclamation a porté et en un clin d'œil nos bandits l'ont chargée, elle aussi, sur la triste charrette (1).

Anne DURAND, veuve AIGRETTE. — Le 3 pluviôse an II (29 janvier 1794), elle demande la mainlevée de ses biens séquestrés (2). Déjà elle avait été désarmée par Nirel le 6 avril 1793.

Marie-Anne MUNIER, épouse de Grégoire DIEUDONNÉ. — Elle est poursuivie, comme on l'a vu, pour avoir manqué à une cérémonie révolutionnaire (16 nivôse an III. — 5 janvier 1795).

Veuve Louis-Ignace GAUDEL et ses filles. — Après avoir subi le désarmement opéré par Nirel, le 6 avril 1793, elles sont dénoncées comme mère et sœurs de prêtre émigré, l'abbé Louis-François Gaudel de Nomexy. Leurs biens sont donc séquestrés et vendus aux enchères (pluviôse an II); les commissaires-priseurs se sont même emparés de tous les effets de la

---

(1) D'après la tradition.
(2) Archives des Vosges : L. 961.

religieuse Libaire Thouand qui recevait chez ces dames une généreuse hospitalité. Cette spoliation ne suffit pas encore à nos révolutionnaires : ils demandent au Directoire de faire procéder à la vente de leurs propriétés. Heureusement, le Département n'accède pas à leurs désirs grâce à une démarche de la municipalité, et répond le 13 thermidor an IV (31 juillet 1796) :

« Considérant que le fils de la pétitionnaire Louis-François Gaudel est un prêtre insermenté qui a fait sa résidence à Nancy jusqu'au 12 septembre 1792 [1] et qui n'est présumé ne s'être éloigné du territoire français que parce qu'il y était contraint en exécution de la loi du 27 août 1792 pour ne point encourir la peine y portée, sa résidence à Nancy étant bien constatée par le certificat joint ; — considérant enfin que Louis-François Gaudel ne se trouve compris dans aucune liste d'émigrés, estime que la pétitionnaire n'est dans aucun des cas prévus par les lois du 17 frimaire an II, et 20 floréal an IV, que conséquemment elle ne doit pas être inquiétée dans la jouissance plénière de ses propriétés. »

Veuve DIEUDONNÉ. Il s'agit probablement de la

---

[1] Il y a ici contradiction entre les Archives municipales où nous trouvons cette pièce et Chatrian qui nous donne l'abbé Gaudel comme arrivant à Trèves au commencement de 1792 ; faisons cependant remarquer que la municipalité, qui s'intéressait au malheureux sort des dames Gaudel, avait très bien pu dresser à dessein un certificat de résidence favorable à leur cause.

mère de l'abbé Dieudonné. Le 2 ventôse an II (20 février 1794), les sieurs de Collardel, Drouot, fils, Durand et Contaux réclament des effets saisis lors de l'inventaire fait chez elle (¹).

Anne FRANÇOIS, veuve ROBERT. — Un de ses fils, Barthélemy Robert de Nomexy, demande au Département la levée des scellés apposés au domicile de sa mère, à cause de ses trois frères portés sur la liste des émigrés (²).

Françoise GRANGÉ, veuve DUPOIRIEUX. — Ses biens sont mis sous séquestre le 19 ventôse an II (9 mars 1794); peut-être serait-elle la mère de l'abbé Jean-Joseph Dupoirieux, ancien vicaire d'Épinal et curé de Domèvre-sur-Durbion avant son émigration à Trèves (³).

Jeanne PARISOT, veuve J.-B. JACQUES. — Mère de l'abbé Jean-Baptiste Jacques, elle s'attira, en cette qualité, la rancune féroce des sans-culottes de Châtel avec lesquels nous l'avons déjà vue plusieurs fois aux prises.

A peine son fils a-t-il gagné l'étranger qu'elle est l'objet de leurs poursuites ; les dénonciations arri-

---

(¹) Archives des Vosges : L. 961.

(²) *Ibidem* : L. 961 et 1003.

(³) Après plusieurs mois passés dans cette ville, il se réfugie à Euling près de Siedburg et devient ensuite aumônier d'une abbaye de religieuses bernardines à Zuzendorff dans la Franconie.

vent au Directoire et les démarches qu'elle tente elle-même pour faire rayer son fils de la terrible liste des émigrés ne réussissent qu'à la compromettre davantage ; aussi son arrestation ne se fait pas attendre (pluviôse an II — janvier 1794).

Et pendant que nos révolutionnaires procèdent à la vente de son mobilier et de tous les biens de son fils, la pauvre femme manque du nécessaire dans sa prison : il lui faut même tendre la main à ses bourreaux afin de ne pas mourir d'inanition et leur demander « des deniers pour subvenir à son entretien pendant son arrestation. » (13 messidor an II — 1er juillet 1794 ([1]). On a vendu ses deux vaches, ses moutons, et même ceux de Dieudonné Galland qui ne formaient qu'un seul troupeau avec le sien, et lorsqu'on lui fait grâce, elle n'a pas de quoi vivre. Devenue veuve quelques mois avant son incarcération, elle avait déjà vu partager les biens de son mari entre ses enfants non émigrés et l'État.

A sa sortie de réclusion, elle demande donc de rentrer en possession de sa maison et autres meubles qui n'ont pas été vendus et qui sont toujours séquestrés. Malgré le dénuement absolu de la pauvre femme, le Directoire fait la sourde oreille et pendant près de deux ans elle vit en véritable mendiante.

Heureusement pour elle et pour toutes les autres victimes de la municipalité révolutionnaire, des

---

([1]) Archives des Vosges : L. 961.

hommes d'ordre comme MM. Georges-Nicolas Colin et Dieudonné-Henry-Joseph Cosserat reprennent pour quelque temps la direction des affaires de la commune. Ceux-ci, touchés des malheurs de la pauvre veuve s'interposent eux-mêmes en sa faveur auprès du Directoire départemental, déclarant « que Jean-Baptiste Jacques, ex-curé de Saint-Hilaire, département de la Meurthe, fils de la pétitionnaire, a été déporté et qu'il n'y a pas de liste au secrétariat de la municipalité pour constater s'il est porté sur la liste des émigrés ; — Qu'il est notoire que les vaches et génisses de la pétitionnaire ont été vendues par encan public ; — que suivant la commune renommée, le nommé Thomas a aussi versé à la caisse du District 2000 livres pour prix de l'office d'huissier audiencier au ci devant baillage de Châtel, à lui vendu après le décès du mari de la pétitionnaire, qu'enfin la pétitionnaire, cassée de vieillesse, est dans le plus grand besoin... » (16 frimaire an IV — 7 décembre 1795).

Il fallut encore pétitionner six mois durant, pour recevoir une réponse définitive. Enfin le 12 prairial an IV (1er juin 1796), le Directoire reconnaît le bien fondé de la pétition de la veuve Jacques, et décide qu'on lui rendra tout l'argent provenant de l'enchère de ses biens et versé dans les caisses de l'État, déduction faite des frais de vente.

Ainsi, tout a cédé à vil prix, et l'on fera encore une forte retenue : 3128 livres ont été versées dans

la caisse du receveur, elle en recevra à peine moitié,
1654 livres.

Deux autres victimes des passions antireligieuses et révolutionnaires méritent d'attirer plus particulièrement notre attention et la courte biographie que nous leur consacrerons sera comme le complément naturel de cette histoire et nous donnera l'occasion de jeter un coup d'œil rapide soit sur la restauration du culte à Châtel, soit sur les faits les plus saillants qui s'y passèrent sous le premier Empire : nous voulons parler de l'honorable M. Dieudonné-Henry-Joseph Cosserat de Rouveroy et de M. de Thumery, curé de Châtel après la Révolution.

Dieudonné-Henry-Joseph COSSERAT de ROUVEROY.

Monsieur Cosserat est loin d'être un inconnu pour nos lecteurs : ils ont pu admirer, dans le cours de ce récit, la dignité, la droiture de caractère et les convictions profondément religieuses de cet ancien magistrat qui fut toute sa vie l'honneur de notre petite ville.

Frère puîné de l'abbé François-Xavier-Henry-Joseph Cosserat, mort en exil, il naquit le 1er juillet 1758, entra comme son père, dans la magistrature et lui succéda dans les fonctions de procureur du roi au bailliage de Châtel. D'une aménité exquise et d'une intégrité à toute épreuve, son tribunal ressemblait plutôt à un tribunal d'arbitrage et de conciliation, et lorsqu'à son grand regret il se voyait obligé de prononcer un jugement, on pouvait être sûr de le trouver marqué au coin de l'équité et de la plus stricte justice.

Une bonne femme se présente un jour à sa porte et demande à être reçue en consultation. Accueillie avec bienveillance, elle est conduite au salon : c'est, dit-elle, un procès qu'elle veut intenter et dont elle ne peut prévoir l'issue. Elle en explique le motif et tous les détails, puis ouvrant doucement un panier qu'elle a déposé à ses pieds et qui renferme deux magnifiques poulets, elle demande en grâce à M. Cosserat de vouloir bien s'intéresser à sa cause et la mener à bonne fin.

— Voyons un peu, dit le juge, en s'emparant du panier qui lui est offert. Il se lève, s'approche de la fenêtre comme pour examiner plus attentivement... En un clin d'œil la fenêtre est ouverte et les poulets délivrés de leurs entraves prennent leur volée dans la rue. Puis, rapportant le panier vide à côté de la bonne femme :

— Et maintenant, Madame, nous pouvons continuer l'examen de votre affaire. »

La leçon fit du bruit dans la petite ville et ne servit

pas peu à conquérir à l'intègre magistrat l'estime de ses concitoyens (¹).

Il était tout naturel que le vénérable curé, M. Symon, songeât à lui confier l'exécution de ses dernières volontés. C'était se compromettre gravement alors que d'accepter une telle charge : mais l'intérêt des pauvres de Châtel et celui des infortunés prêtres exilés était en jeu; Monsieur Cosserat n'hésita pas.

Elu maire de Châtel aux élections du 4 juillet 1790, il est bientôt investi (1ᵉʳ décembre) de fonctions non moins honorables mais plus en rapport avec ses goûts et ses anciennes attributions. Cependant, il ne peut, d'après la loi, cumuler ses nouvelles fonctions de Juge de paix et de maire ; en conséquence il se démet de celles-ci.

Un magistrat aussi intègre, aussi intransigeant sur les principes et aussi chrétien que M. Cosserat ne pouvait plaire longtemps aux fauteurs de désordre de Châtel et aux voltairiens du Directoire départemental : ils se hâtent de profiter d'une absence momentanée qu'il s'est permise pour lui envoyer sa destitution (1ᵉʳ décembre 1790) (²).

Nous savons d'ailleurs quelle protection il accordait aux prêtres fidèles et avec quelle obligeance il avait mis à leur disposition toutes les maisons qu'il possédait à Châtel et dans chacune desquelles il avait érigé un oratoire.

(¹) D'après la tradition.
(²) Archives municipales.

Comme on le pense, il n'est pas moins dévoué aux religieuses de Notre-Dame : quelques jours avant leur expulsion, la populace se porte furieuse sur le monastère : c'en est fait des pauvres filles. M. Cosserat devance l'émeute, arrive le premier au couvent, donne l'alarme et fait descendre tout le monde dans les caves. Il y a là d'anciens souterrains du château qui protégeront la fuite ; il les connaît à fond et se charge de trouver une issue éloignée de la tourbe envahissante.

Après quelques minutes d'une fuite précipitée dans ces dédales obscurs, on arrive à la poterne qui débouche sur le Durbion, près de la tour de la Fontaine : les religieuses étaient sauvées !

Lui ne l'était pas : les sans-culottes de Châtel lui font payer cher son dévouement et son intervention incessante en faveur des persécutés. Ils l'inscrivent tout d'abord sur la liste des émigrés (mars 1793) [1], puis Nirel va le 6 avril procéder à son désarmement et le 3 août suivant le curé Clément ayant appris qu'il se trouve encore chez M. Cosserat des meubles de M. Symon, s'empresse d'aller s'en emparer et de les transporter à la cure ; enfin, au mois de nivôse an II il est arrêté et écroué dans les prisons de la ville.

Ses biens vont être séquestrés et vendus aux enchères : heureusement un homme de cœur et de dé-

---

[1] Il obtient une radiation provisoire le 23 septembre 1793. — Archives des Vosges. Délibération du District.

vouement, M. Pierre Robin, en a pris la garde par suite d'un achat simulé. Les pièces du contrat sont en règle et il ne reste plus à la rapacité de la République que le mobilier de M. Cosserat et la maison qu'il habite. Il faut donc s'en contenter, et les scellés sont apposés.

Et maintenant le Directoire a bien autre chose à faire que de prendre en considération les pétitions que M. Cosserat lui adresse soit pour demander son élargissement (1er ventôse an II — 19 février 1794), soit pour réclamer 900 livres qui lui sont dûs par Antoine-Nicolas Marchal émigré dont on a vendu les biens (1er messidor an II — 2 juillet 1794) (1). Mais vient-il à déclarer, pour les sauver de la confiscation générale qui se prépare chez lui, qu'il a encore dans son secrétaire plusieurs capitaux appartenant à M. Symon de La Treiche de Bourmont et provenant de la succession de son frère, aussitôt le Directoire s'en empare

Après neuf mois de la plus stricte détention, il sort de prison par décret du 13 vendémiaire an III (4 octobre 1794); mais c'est seulement le 15 nivôse an VI (4 janvier 1798) qu'il obtient la levée définitive du séquestre apposé sur ses biens meubles et immeubles, et cela grâce à un cautionnement très important et sans compter encore qu'il est obligé de payer tous les frais

Sous l'Empire, M. Cosserat fut nommé Juge de

---

(1) Archives des Vosgos : D. 961.

paix à Épinal, mais cette marque de confiance ne le conquit pas pour cela au nouveau gouvernement. Essentiellement royaliste, il n'avait vu dans l'avènement de l'Empire qu'une prolongation du régime révolutionnaire et l'application mitigée des principes de 1789. Aussi avec quelle joie n'accueillit-il pas la nouvelle de la restauration définitive de la royauté (13 juillet 1815).

Aussitôt informé, il part pour Châtel et affiche sur la porte de sa maison une proclamation qu'il vient de rédiger et qu'il a intitulée « *Le Roi aux Français* » Le maire qui ignore les changements politiques survenus envoie par deux fois son sergent de ville lacérer la proclamation. A peine celui-ci a-t-il le dos tourné qu'une troisième feuille apparaît et attire le maire lui-même.

Mais M. Cosserat est sur sa porte pour le recevoir et lui interdire de porter la main sur l'affiche séditieuse. Le maire a beau lui faire remarquer qu'il agit d'après les observations du conseil municipal, peu lui importe, on ne touchera pas à sa proclamation. Décontenancé le maire se retire et en réfère aussitôt à la préfecture qui répond le soir même.

« Nous ne pouvons qu'approuver les observations que vous avez faites à M. Cosserat. Ce n'est que de ce jour que nous avons été autorisés nous-mêmes à faire arborer le drapeau blanc.

Nous écrivons à M. Cosserat une lettre d'après

laquelle nous pensons qu'il sera plus circonspect à l'avenir.

Signé : Piers. — Bruillard. »

Toujours sous le coup de l'émotion profonde et de l'écœurement qu'avaient provoqués en lui les excès révolutionnaires d'un certain nombre de ses compatriotes, M. Cosserat jugea que la faute devait être suivie d'une réparation éclatante. Toute la population de Châtel est convoquée le 19 mars 1816 en assemblée générale et invitée à souscrire la rétractation suivante composée et transcrite sur le registre des délibérations par M. Cosserat lui-même.

« Le Conseil municipal de Châtel-sur-Moselle, département des Vosges, convoqué par M. le Maire à la demande d'un nombre considérable des citoyens et en suite de la permission de M. le Maître des requêtes, préfet du département des Vosges, et à lui réunir les fonctionnaires publics, militaires en activité et non en activité et autres habitants de cette ville soussignés.

Jurent devant le Dieu tout-puissant qu'ils n'ont jamais adhéré de fait ni de volonté aux principes impies et séditieux introduits en France par une minorité factieuse, qu'ils regardent la mort du roi très chrétien Louis XVI et celle de la reine Marie-Antoinette son auguste épouse, comme le plus exécrable de tous les crimes.

Qu'ils reconnaissent que tous les fléaux que Dieu

a versés sur leur malheureuse patrie en sont la juste punition et que leur plus grand regret est de n'avoir pu donner jusqu'à la dernière goutte de leur sang pour détourner les coups horribles qui ont fait tomber deux têtes aussi chères que sacrées.

Ils reconnaissent que la France n'est point complice de ces exécrables assassinats, que quelques monstres ne sont pas les Français et que l'opprobre de ces attentats ne tombe que sur leurs auteurs bannis avec justice du sol de cette France qu'ils ont voulu souiller en versant le sang le plus pur et le plus digne de tous les regrets.

A l'effet de quoi M. le maire est invité à adresser copie de la présente déclaration à M. le Maître des requêtes, préfet du département des Vosges, en le suppliant de la faire parvenir aux pieds du trône. »

C'était, en même temps qu'une réparation, une profession de foi royaliste : *ô tempora! ô mores!* nous relevons parmi les centaines de signatures qui y sont apposées les noms des plus ardents révolutionnaires d'autrefois !

Dix ans plus tard M. Cosserat mourait à Châtel à l'âge de 68 ans (2 mars 1826).

Jean-Louis-Nicolas de THUMERY.

Pour réparer les ravages causés par l'impiété révolutionnaire et par les scandales du trop fameux curé Clément, il fallait, lors de la réorganisation du culte à Châtel un pasteur plein de zèle, de dévoûment et de vertu, un pasteur qui sût conquérir par sa vie austère et entièrement sacerdotale l'estime de tous les paroissiens et faire oublier autant que possible les honteux excès du constitutionnel : ce pasteur, Monseigneur d'Osmond le trouva dans la personne de M. l'abbé Jean-Louis-Nicolas de Thumery.

Fils de Joseph de Thumery et d'Anne-Marguerite Grosjean, le nouveau curé était né à Châtel même, le 29 septembre 1751 [1]. « Après avoir passé sa première jeunesse, dit Chatrian, dans une grande innocence de mœurs et avoir fait de solides études au collège de St-Claude à Toul où il remporta bien des prix et où il se fit généralement aimer et estimer tant de ses maîtres que de ses condisciples, il entra au séminaire épiscopal où il fit de même ses études de philosophie et de théologie avec distinction. Alors Monseigneur Drouas lui imposa les mains. Revenu prêtre à Charmes, il se livra à la retraite et à l'étude et se forma au ministère à l'école de son curé prêtre également vertueux, zélé et instruit. Son éminente piété, jointe à la douceur et à l'uniformité de son caractère, le rendait aussi aimable que respectable à tous ceux qui le voyaient et le fréquentaient. »

---

[1] Archives municipales.

Comme vicaire de Charmes, il vécut au sein de sa famille à Essegney, village éloigné seulement de 1500 mètres, puis fut élevé à la dignité de chanoine de St-Dié (1779), et enfin nommé examinateur synodal (¹).

Le Chapitre de St-Dié, qui avait assisté à regret à l'érection du diocèse et qui voyait disparaître successivement toutes ses prérogatives, avait dépêché le jeune chanoine à Paris afin de sauvegarder et mettre en sûreté ses droits ; mais celui-ci ayant été éconduit à la Cour, le Chapitre, sans doute pour se venger de cet échec, le nomma à son retour curé de St-Dié (décembre 1787). Dans de telles conditions, ce choix ne pouvait être agréable à Mgr Chaumont de la Galaizière qui refusa de le ratifier.

Arrive le serment schismatique : M. de Thumery le rejette de toutes ses forces, *inde iræ* dans le clan des patriotes. Il est donc obligé de se cacher, et pour ne pas susciter davantage les mauvaises passions il juge même prudent de se retirer à Neuve-Eglise en Alsace (octobre et novembre 1792) (²). On le croit émigré, et dès le 29 octobre il est inscrit comme tel sur la liste du District de St-Dié, puis sur celle du Département le 12 novembre suivant (³).

(¹) La première partie de cette biographie est particulièrement nourrie des notes qui sont tirées des manuscrits de Chatrian et que nous devons à l'obligeance de M. l'abbé Mangenot, professeur au grand séminaire de Nancy.

(²) Archives des Vosges : L. 373.

(³) *La persécution Révolutionnaire*, par M. l'abbé Lahache. — (Semaine religieuse de St-Dié, 1896.)

A cette nouvelle il se hâte de retourner à St-Dié et parvient à se faire rayer en envoyant au Directoire des certificats constatant une résidence non interrompue sur le territoire français (1er décembre 1792) [1].

Enfermé à l'évêché de St-Dié avec sept autres prisonniers (avril 1793), il parvient à s'échapper le 1er septembre [2] et n'a garde d'obéir à l'injonction du représentant du peuple Guyardin qui prescrit aux fugitifs de se rendre dans la huitaine à Épinal, sous peine d'être déclaré émigré. Pendant un an il parvient à se soustraire à toutes les recherches, puis il est arrêté en avril 1794 et conduit au chef-lieu du département.

Son arrestation est à peine connue, que les patriotes de St-Dié, ses ennemis, pétitionnent près du District pour demander sa déportation; ils profitent de leur pétition pour y faire parade des sentiments patriotiques qu'ils ont manifestés depuis que le prêtre incriminé est sous les verrous.

Le District qui craint une mystification ou qui feint d'y croire, peut-être afin de sauver M. de Thumery, « estime qu'il n'y a pas lieu à délibérer, attendu que les pétitionnaires n'ont signalé leur patriotisme qu'après l'arrestation (du prisonnier), dans un moment où l'on pouvait écarter l'idée de la trahison de sa

---

[1] Archives des Vosges : L. Pièce non classée.
[2] *Les Vosges pendant la Révolution*, par Félix Bouvier, p. 236.

part puisqu'on lui en avait ôté les moyens; que les circonstances portaient même à croire que cette pétition n'avait eu lieu qu'à la sollicitation de Thumery et pour le dégager de son arrestation (¹) ».

Cependant, le Département prononce bientôt contre lui la peine de la déportation et à la fin d'avril il est tiré de la maison d'arrêt d'Épinal, dirigé sur Rochefort et jeté sur le *Washington* où il subit toutes les tortures de la captivité la plus cruelle et la plus inhumaine.

Il échappe heureusement à la contagion qui règne sur les pontons, est libéré à Saintes au commencement de 1795 et revient à Charmes avec deux compagnons d'infortune, MM. Abram de Zincourt, comme lui chanoines de la cathédrale de St-Dié.

Son arrivée dans la ville provoque une allégresse universelle; il est accueilli avec des démonstrations extraordinaires de respect. Monseigneur de St-Dié, qui apprend son retour, lui envoie, le 4 avril 1795, des lettres de vicaire général pour gouverner le diocèse en son absence et diriger les prêtres qui y travaillent. Après quelques mois passés dans sa famille et employés à l'exercice du saint ministère, il retourne à St-Dié et réconforte, par sa présence, tous les bons catholiques de la ville. « Il y est, dit Chatrian, dans le plus grand crédit, et Maudru dans le plus grand mépris. »

(¹) Archives des Vosges : L. f. 23.

M. de Thumery essaye cependant de ramener à l'orthodoxie l'évêque intrus : quelques lettres courtoises sont échangées, même plusieurs entrevues ménagées. Toute la ville s'en réjouit et l'on se prend à espérer la cessation du schisme. Mais la mauvaise foi de Maudru rompt les négociations et pour se donner le beau rôle il feint d'avoir été calomnié par son contradicteur ou par ses partisans.

« Citoyen, lui écrit-il le 13 juin 1795, (il se) débite dans les sociétés que je cherche à vous nuire et que je vous ai dénoncé : l'esprit de haine et de discorde a seul inspiré ces propos. Non, citoyen, je n'ai jamais conçu de semblables projets..... Disposé à tous les sacrifices convenables pour la paix de l'Eglise, je ne l'affligerai jamais en inquiétant ceux de ses dignes Ministres qui comme vous, citoyen, *se conduisent d'après l'Evangile, conformément aux Lois de la République.* »

M. de Thumery répond le surlendemain par une lettre pleine de bonté et de douceur ; et faisant appel aux bons sentiments qu'il a encore pu remarquer dans le cœur de l'intrus, à sa religion, à son désir de la paix, il l'adjure de mettre un terme au schisme qui désole le diocèse.

A la lecture de cette lettre, Maudru se sent profondément ému :

« Votre réponse, écrit-il trois jours après, m'a sensiblement touché ; vous m'y parlez avec une franchise vraiment fraternelle. Vos vœux seront accomplis, le Schisme qui nous afflige cessera si vous daignez me faire connaître mon erreur. Je vous jure que jamais je n'ai cru m'être écarté des règles de la foi ni des principes de l'Eglise. »

Hélas ! la suite est loin de confirmer les espérances que pouvaient faire naître les premiers lignes :

« Il est vrai, ajoute-t-il, que je n'ai pas été partisan des protestations ultramontaines; que la doctrine du grand Bossuet fut toujours ma boussole, *et que je suis esclave des libertés gallicanes*..... Le Souverain Pontife nous instruira, et jusques-là personne n'a le droit de nous condamner et de troubler la société des vrais Fidèles en nous traitant de Schismatiques. »

Une lueur d'espoir restait encore à M. de Thumery : il s'empresse d'aller le trouver, de lui démontrer que la question a été tranchée, que Rome s'est prononcée contre le serment constitutionnel, et il lui en laisse la preuve certaine dans les brefs de Pie VI qu'il lui remet entre les mains.

La mauvaise foi de Maudru allait enfin éclater au grand jour: ces brefs de Pie VI qu'il a « examinés avec la plus sérieuse attention » et qui le condamnent, sont pour lui apocryphes. « Le respect, dit-il, que je dois au Souverain Pontife et dont je suis pénétré pour Pie VI, m'empêche de les lui attribuer. » Puis il en vient à ressasser les vieilles théories gallicanes.

M. de Thumery comprit cette fois à qui il avait affaire et mit fin à la discussion.

Nous avons vu Maudru protester contre l'imputation d'une dénonciation lancée contre le nouveau vicaire général ; en effet, une plainte était arrivée sur le bureau du Directoire du District. « Et cependant, au dire de M. Bouvier lui-même, M. de Thumery se conduisait à St-Dié avec infiniment de circonspection et de prudence, mais il exerçait le culte dans son domicile de St-Dié, ne cachait pas son intolérance et par son esprit de prosélytisme excitait les campagnes. » Néanmoins avant de sévir le Directoire signala l'affaire à la Convention et tout en resta là (1795) (¹).

Durant les deux années qu'il passe dans la ville épiscopale, son action est des plus heureuses sur les prêtres assermentés du voisinage ; sa parole persuasive, ses enseignements sur la vraie discipline de l'Église, l'exemple de ses vertus et de sa vie vraiment apostoliques lui conquierrent l'estime et les sympathies d'un grand nombre d'entr'eux. « Il paraît, dit Chatrian, qu'il a reçu 68 rétractations dont 24 sont de curés ou de vicaires. »

Le 12 Janvier 1797, il écrit de St-Dié pour rassurer Dom Marchal sur la validité des pouvoirs qu'il lui a conférés, il lui annonce qu'il est sur le point de quitter son poste pour un voyage de quinze jours d'une absolue nécessité. Un mois après, 16 février,

---

(¹) Le 16 août 1795, M⁹ʳ Chaumont de la Galaizière lui confirme ses pouvoirs en y ajoutant quelques instructions, mais se refuse à lui donner pour coadjuteur le P. Mathieu, tiercelin, qu'il ne connait pas ou Augustin Leroy curé de Mandray, trop âgé, trop faible, et « le camarade de tous les jureurs du val. » (Sem. religieuse. 1796).

nouvelle lettre au même religieux pour certaines décisions particulières.

Quelqu'une de ses correspondances administratives tomba-t-elle aux mains de la police, c'est probable, car le 24 juillet M. de Thumery est enfermé « comme faisant les fonctions de délégué de l'évêque catholique » (¹). Il est bientôt relâché et ne cesse pas pour cela d'administrer secrètement le diocèse (²) ; sa résidence est toujours à St-Dié où, dit Chatrian, on peut aller le trouver sans entrer dans la ville.

La révolution du 18 fructidor an V (4 septembre 1797) allait amener une recrudescence dans la persécution : le 6 septembre, M. de Thumery est de nouveau arrêté, conduit à Épinal, condamné à la déportation (16 septembre) et sur sa demande conduit aux frontières de la Suisse.

Il gagne successivement Constance et Ratisbonne, ne restant que quelques jours dans chacune de ces villes, et se réfugie définitivement près de son évêque, à Anspach en Bavière (22 octobre 1797). Mais Anspach est en plein pays protestant et les deux exilés ne peuvent y dire la messe que très rarement ; la chapelle catholique est d'une pauvreté extrême ; elle n'a ni fonds ni revenus, et pour avoir l'autorisation d'y célébrer il faut verser chaque fois six kreutzers :

(¹) Le 8 juillet, il déclarait exercice du culte à St-Dié.
(²) Le 22 août 1797, troisième lettre de St.-Dié à Dom Marchal portée par M. Chachey ; M. de Thumery annonce qu'il ira le samedi suivant à Rambervillers.

cette modique rétribution était au-dessus de leurs moyens. C'est dire dans quel état voisin de la misère M. de Thumery dût végéter dans cette ville pendant près de deux ans. Le 22 août 1799, il est de retour à St-Dié où il dessert la paroisse catholique dans un oratoire particulier et s'occupe de l'administration du diocèse jusqu'à l'installation du nouvel évêque de Nancy auquel Pie VII confiait les trois départements de la Meurthe, de la Meuse et des Vosges (13 juin 1802).

Quelques mois plus tard M. de Thumery était nommé à la cure de Châtel (1). Monseigneur d'Osmond

---

(1) Certains bourgeois de Châtel voyaient avec peine les pourparlers engagés à son sujet ; mais quelles raisons alléguer pour empêcher la nomination. Le futur curé avait, paraît-il, le nez fortement aquilin, ce fut à leurs yeux l'empêchement dirimant !...

Une délégation part pour Nancy. Introduite devant Monseigneur, le juge de paix qui la conduisait prend la parole et sollicite l'évêque de ne pas donner suite au projet de la nomination de M. de Thumery. Il rendait justice aux qualités de l'homme et aux vertus du prêtre, mais il partageait les craintes d'un certain nombre de pères de famille dont il n'avait pas hésité à se faire l'écho près de Sa Grandeur.

— Les pères de famille peuvent être sans crainte sur l'éducation de leurs enfants, ils seront entre bonnes mains.

— Oh ! je le sais bien, Monseigneur, mais il ne s'agit pas précisément des enfants.

— Et de quoi s'agit-il ?

— De leurs mères, presque toutes jeunes femmes, vous comprenez.

— Je ne comprends pas du tout.

— J'avoue que M. Thumery n'est pas précisément contrefait, mais cette imperfection corporelle..... si légère qu'elle soit, n'est pas

jugea à propos de donner beaucoup de solennité à son installation; le préfet des Vosges y assista et, après l'évangile, reçut du nouveau curé le serment de fidélité au gouvernement. (20 pluviôse au XI — 9 février 1803).

Cependant les débuts de son ministère furent assez pénibles à Châtel : l'ouragan révolutionnaire n'avait laissé que des ruines à réparer. Heureusement, la municipalité comprit son devoir : malgré les dépenses extraordinaires que la commune s'était imposées durant les quatorze dernières années pour subvenir à l'entretien de tous les pauvres de la ville, elle sortait de cette terrible période sans un liard de dettes.

Il fallait créer des revenus à l'église, le conseil vote aussitôt des fonds pour rétablir des bancs dont

---

sans inconvénients dans un prêtre qui est chaque dimanche, à l'autel et en chaire, le centre de tous les regards des fidèles.

— Ah! oui, s'écria Monseigneur. Et avec un petit sourire il continua en fixant son clair regard sur le juge de paix, affligé lui d'une « imperfection corporelle » : et vous, à l'audience, n'êtes-vous pas aussi le centre de tous les regards des... citoyens de Châtel ?

— Sans doute, Monseigneur.

— Et depuis combien d'années ?

— Dix ans, Monseigneur.

— Et depuis dix ans est-il né beaucoup de bossus à Châtel ?

— Non, Monseigneur.

— Eh bien! mon cher Monsieur, soyez maintenant complètement rassuré : les difformités de naissance ne seront pas plus nombreuses.

Et la nomination de M. de Thumery fut maintenue.

la vente ou la location produira déjà quelque argent; pour remplir les tiroirs de la sacristie on fait appel à la générosité des habitants, puis on donne à M. de Thumery une subvention annuelle de 200 fr. pour se loger en ville en attendant la construction ou l'aménagement d'un nouveau presbytère (1803).

L'année suivante on procède à la formation d'un Conseil de fabrique, et l'on choisit quatre membres de la municipalité : MM. Dieudonné-Henry-Joseph Cosserat, Antoine Philippe, Grégoire Dieudonné et Claude Antoine.

M. de Thumery fait ensuite voter en commune les fonds nécessaires à l'entretien d'une sœur Vatelotte (de la Doctrine chétienne), chargée de l'éducation et de l'instruction des jeunes filles [1], et demande enfin la construction de la maison d'école nécessaire, de la maison de cure et d'une cloche.

La municipalité ne lui refuse rien : pour couvrir tous ces frais, elle demande l'autorisation de faire une coupe dans le quart en réserve, et vote l'achat non pas d'une cloche, mais de deux, plus cinquante francs qui seront annuellement affectés pour assurer à la paroisse une seconde messe le dimanche.

Touché de tant de bienveillance, et d'un empressement aussi louable à satisfaire ses moindres désirs, M. de Thumery, qui avait tout d'abord songé à quit-

---

[1] La sœur arrivait à Châtel au mois de prairial an XII (mai 1804).

ter Châtel, s'y attacha sincèrement, résolu à continuer le bien qu'il avait commencé ([1]).

Rien de bien saillant à signaler dans l'administration pastorale du vénérable doyen. On était alors aux plus beaux jours de l'empire ; les victoires succédaient aux victoires, c'était une suite non interrompue de *Te Deum*, et depuis la réunion de la Lorraine à la France, le sol de Châtel n'avait été foulé par la botte d'aucun ennemi.

Mais les jours de désastre arrivèrent : les années 1813, 1814 et 1815, jetèrent sur notre pauvre pays les armées coalisées de l'Europe qui ruinèrent tous nos bourgs et nos villages par d'incessantes contributions de guerre.

([1]) Déjà le 25 avril 1803, certaines négociations avaient été entamées avec la préfecture pour envoyer M. de Thumery à Mirecourt et le remplacer par M. Moine, curé de Lonchamps. « Il est mal à Châtel, sous bien des rapports, écrivait le provicaire mais il commence à y gagner la confiance. » La combinaison échoua, comme l'avait d'abord appréhendé M. Georgel, parce qu'il s'était toujours trop prononcé contre la Constitution civile du clergé. »

On pense alors à lui pour Plombières ; mais ayant eu l'occasion de rencontrer M. de Thumery, le provicaire rend compte de son entrevue à Mgr d'Osmond : « J'ai été à portée, lui écrit-il le 29 floréal an XI, (19 mai 1803), de demander à M. Thumery s'il quitterait volontiers Châtel ; il ne compte pas y vieillir, m'a-t-il dit, mais il n'aimerait d'en sortir que pour pouvoir rassembler sa famille et vivre avec elle. Sa maison canoniale de Saint-Dié l'y appelle sans cesse. D'après cela je ne sais s'il accepterait Châtenois qui l'éloignerait bien plus de Saint-Dié. »

Sur cette dernière proposition, M. de Thumery refusa énergiquement.

Sans vouloir nous attarder dans les menus détails de l'occupation étrangère qui concernent spécialement notre histoire, nous ne pouvons cependant passer sous silence un engagement qui eut lieu en 1814, à quelque distance de Châtel, entre un corps de Wurtembergeois et une division française.

Le récit en a été consigné dans les archives paroissiales de Thaon (¹) par M. Fiel, ancien curé de cette paroisse, qui avait recueilli tous les renseignements de la bouche même de M. Bourgeois, curé d'Igney à cette époque.

Dans le premiers jours de janvier 1814, Bussang est envahi par un corps d'armée wurtembergeois qui, dès le lendemain, prend la direction d'Épinal. A cette nouvelle, M. Humbert, préfet des Vosges, vole à Nancy et en ramène 4000 hommes sous la conduite du général Cassaigne, propriétaire du château d'Ubexy. Mais le général n'a sous ses ordres qu'une troupe de jeunes conscrits peu rompus aux fatigues et tous atteints de la fièvre et de la dyssenterie. Dans de telles conditions il courait au-devant d'un échec certain. En effet, nos pauvres soldats épuisés par les marches forcées et les maladies sont repoussés par un ennemi bien supérieur en nombre entre Épinal et Remiremont.

Ils battent en retraite, arrivent à Thaon, mais pour

(¹) Nos remerciements à M. l'abbé V. Durain, curé actuel, qui a eu l'obligeance de nous en donner communication.

comble de malheur se buttent à un corps de Cosaques qui, les tournant sur la gauche était venu leur couper la retraite et occuper le village. Nos conscrits qui ont les Wurtembergeois sur les talons continuent néanmoins leur retraite « au milieu des feux croisés de l'ennemi qui, de derrière les haies, les palissades et les murailles, tire pour ainsi dire à bout portant. »

« Mais, ajoute M. Fiel, hardis quand on ne les attaquait pas, les Cosaques se sauvaient comme un troupeau de moutons dès que deux ou trois cavaliers s'élançaient sur eux. C'est ce qui a eu lieu surtout sur le chemin de Domèvre, près du sentier qui gagne la Cornée. Placés là, ils tiraient sur les Français qui défilaient sur la route, lorsqu'un cavalier les mit en fuite comme une nuée d'oiseaux en se précipitant sur eux. »

La retraite de nos soldats avait été considérablement ralentie au milieu de toutes ces difficultés et le Prince royal de Wurtemberg arrivait avec le gros de ses troupes au moment où ils atteignaient le village d'Igney.

Pour soutenir le premier choc le général Cassaigne ordonne de former le bataillon carré au centre duquel il se place avec la seule pièce de canon dont il dispose, puis il continue sa marche. L'ennemi essaye à plusieurs reprises mais inutilement de percer nos rangs : a-t-il la hardiesse de s'approcher de trop près, aussitôt le bataillon s'ouvre et la vue du canon le met en fuite; l'on tiraille ainsi jusqu'à la Héronnière.

Le préfet d'Épinal, M. Humbert et le sous-préfet de Remiremont, M. de Mortemarre, sont au milieu de nos troupes. Tout à coup, un boulet couche sur le sol cinq des nôtres et fracasse la voiture et le cheval de M. de Mortemarre. Celui-ci se précipite aussitôt dans la forêt voisine, puis à travers champs et jardins parvient à gagner le presbytère d'Igney. Il y est reçu à bras ouverts, mais comment échapper aux Cosaques qui encombrent le village?

Tout à coup une idée vient au curé qui ouvre sa garde-robe et en retire une sorte de soutanelle.

— Vite, Monsieur le sous-préfet, mettez-moi cela, et surtout remplissez bien vos fonctions de sacristain.

Les officiers, qui envahissent presqu'aussitôt la maison, le prennent d'autant volontiers pour tel, qu'ils le voient, le lendemain, sonner les coups de la messe, allumer les cierges de l'autel et chanter au lutrin.

Pendant ce temps, nos troupes engagées sur tous les points opéraient leur retraite au milieu des plus grandes difficultés. Une nouvelle action à lieu à l'entrée de Nomexy; beaucoup des nôtres y sont faits prisonniers; le préfet lui-même tombe aux mains des Wurtembergeois.

Le Prince royal plein de bonté pour eux donna les ordres les plus formels pour qu'on leur prodiguât les soins que réclamait leur malheureux état; quant à M. Humbert, il fut ramené le soir même à Épinal sur une mauvaise charrette.

Heureusement pour le salut des nôtres qui perdirent relativement peu de monde, la plus grande partie de l'artillerie wurtembergeoise, sortant de la tranchée de Domèvre avait suivi la prairie qui aboutit aux pâquis de l'étang et s'était embourbée.

La nuit sépara les combattants : les Cosaques, au nombre de 1500, vinrent cantonner à Châtel où ils se reposèrent jusqu'au 14 janvier, réquisitionnant toutes les denrées nécessaires à leur entretien (11 janvier 1814) (¹).

Inutile de décrire les inquiétudes du vénérable pasteur durant cette terrible journée et l'empressement qu'il mit à se porter sur le champ de bataille pour donner aux malheureux blessés des soins et des consolations.

Les morts furent enterrés sur le lieu même du combat, à l'endroit appelé la *Basse de la Héronnière* et

---

(¹) Archives municipales : D. 8.

Quelque temps après (28 janvier), la ville est de nouveau chargée de subvenir à l'entretien d'un corps de cavalerie de 3000 Bavarois et d'un régiment d'artillerie qui y prennent leurs quartiers pendant quelques jours. Après cela, il lui faut encore fournir sa part aux réquisitions générales qui doivent être conduites à Épinal. Pour faire face à tant de dépenses, elle demande au préfet l'autorisation de faire une coupe extraordinaire. Le 28 octobre 1815, Châtel est de nouveau occupé par les troupes de la seconde invasion sous la conduite du chef d'escadron du 1ᵉʳ régiment de Hulans, le comte de Mauffer.

près de Nomexy ; seize autres soldats, tombés sur le territoire d'Igney, reçurent le lendemain une sépulture sommaire dans le cimetière de ce village.

Cependant, brisé par les ans, les fatigues et les émotions de toutes sortes, M. de Thumery ne pouvait plus remplir que difficilement les fonctions de son lourd ministère ; toute sa vie, il avait été à la peine, il méritait bien d'être un jour à l'honneur ; aussi, lors de la restauration du diocèse, devint-il l'un des premiers chanoines de la cathédrale de St-Dié. C'est là qu'il mourut le 28 février 1829, à l'âge de soixante-dix-huit ans (¹).

La Révolution avait trouvé à Châtel un prêtre digne de l'admiration de tous, un curé plein de zèle et de charité qui, pendant les trente années d'un ministère fructueux, avait su élever sa paroisse au rang des meilleures du diocèse. L'édifice qu'il avait construit avec tant de soins était achevé et il n'avait plus qu'à jouir du fruit de ses incessants labeurs, lorsque tout à coup deux terribles démolisseurs, la persécution et l'irréligion révolutionnaires, s'acharnèrent pendant dix ans à le renverser et à ne plus faire de cette œuvre magnifique, qu'un monceau de ruines. Dieu sait si les démolisseurs travaillèrent

---

(¹) Il léguait au grand séminaire de St. Dié sa belle et riche bibliothèque, qui servit de fond à la grande bibliothèque d'aujourd'hui.

avec rage! Nous les avons vus à l'œuvre. S'ils parvinrent à ébranler quelques pans de maçonnerie, aucune des pierres angulaires ne céda sous leurs efforts; leurs instruments de destruction trempés dans le schisme ou dans l'athéisme officiels s'émoussèrent bien vite sur le caractère granitique de nos prêtres vosgiens.

Néanmoins, pour reconstruire un édifice digne du premier, il fallait un restaurateur digne de l'architecte, un pasteur qui fît oublier par sa vie austère et laborieuse, par son zèle pour le salut des âmes, les scandales et la honteuse apostasie du curé constitutionnel : le choix de Monseigneur d'Osmond fut des plus heureux, et M. de Thumery nous apparaît ainsi que M. Symon comme une de ces mâles et belles figures que l'historien aime à comtempler et qu'il est heureux de donner en exemple aux générations futures.

Puissent nos Châtellois être toujours, comme leurs ancêtres, dignes de leurs dévoués et vertueux pasteurs.

APPENDICE.

LE PETIT SÉMINAIRE
de
CHATEL-SUR-MOSELLE.

LE PETIT SÉMINAIRE DE CHATEL.

Que devinrent après la Révolution les deux couvents des capucins et des religieuses de Notre-Dame, construits (1707 et 1706) sur l'emplacement de l'ancien château ? C'est ce qu'il nous reste à dire dans ce court appendice.

Dès son arrivée dans le diocèse de St-Dié (1824), Monseigneur Jacquemin s'était préoccupé de rapprocher de sa ville épiscopale le petit séminaire établi à Senaide en 1805 par le digne curé de cette paroisse Monsieur Pierre Ayotte. Déjà, certains pourparlers avaient été entamés à ce sujet ; mais le bon prélat comprenant combien il serait dûr au vénéré fondateur d'abandonner sur ses vieux jours une maison pour l'érection de laquelle il s'était tant dépensé, ajourna son dessein.

Cependant le séminaire de Senaide devenait de plus en plus insuffisant ; les pensionnaires y affluaient et l'on commençait à s'y trouver à l'étroit. Monseigneur Jacquemin revint alors à son premier projet.

Les bâtiments (¹) et la plupart des anciennes dépendances des deux monastères de Châtel allaient être mis en vente (²); aussitôt Monseigneur les achète (1827), fait abattre une haute et épaisse muraille qui empêchait toute communication entre les deux couvents et y envoie, à la rentrée du 15 novembre, le cours de philosophie, sous la direction de M. Werhle (³) qui amène avec lui M. Michel de Rehaincourt comme professeur de philosohie, et M. Gérard de Bult, comme professeur de mathématiques (⁴).

Mais le cours de philosophie n'avait quitté St-Dié pour Châtel qu'en attendant une installation suffisante au grand séminaire où il retourna d'ailleurs dès la rentrée suivante (novembre 1828).

Et maintenant allait-on amener définitivement à Châtel toutes les classes de Senaide? Les raisons qui, en 1824, avaient arrêté Monseigneur Jacquemin dans l'exécution de son projet ne militaient pas moins en 1828. On trouva un moyen terme, et par

---

(¹) Les chapelles des deux couvents avaient été démolies pendant la Révolution. (Chatrian: Kd. 88).

(²) Celui des capucins appartenait à M. Legrand et celui des religieuses à M. Masson.

(³) Joseph-Nicolas-Théodore Werhle, né à Rambervillers le 14 novembre 1802, ordonné prêtre le 26 mai 1826, avait inauguré le cours de philosophie au grand séminaire de St-Dié, en 1824, n'étant encore que sous-diacre. Il mourut le 27 avril 1881.

(⁴) MM. Lamy et Mathieu élèves du grand séminaire y vinrent comme répétiteurs.

reconnaissance pour les services inappréciables rendus au diocèse par M. Ayotte, par égard pour ce vénérable confesseur de la foi, il fut décidé qu'à Châtel se feraient seulement les classes supérieures d'humanités : Senaide subsisterait ainsi comme petit séminaire avec les classes élémentaires de latinité (¹).

Par une lettre du 16 novembre 1828, Mgr Jacquemin fait connaître à M. Ayotte la décision qu'il vient de prendre (²):

« Senaide et Châtel, disait-il, partageront longtemps l'avantage de préparer les plants de la vigne du Seigneur. Ne désirant, vous et moi, Monsieur, que le bien du diocèse, il y aura toujours entre nous cette différence, c'est que votre opération offre aux personnes instruites de vos ressources quelque chose de miraculeux, tandis que la mienne est purement humaine..... Vous pensez bien, Monsieur le supérieur, que j'ai été obligé de diviser, et je m'y suis prêté avec moins de répugnance, parce que j'ai vu dans cette opération un soulagement pour vous. »

Une lettre pastorale du 26 du même mois (³) annon-

(¹) Pour l'achat et l'aménagement du nouveau séminaire, Mgr Jacquemin ne voulut rien demander à ses prêtres, réduits pour la plupart au strict nécessaire. Mais sans aucune sollicitation, le clergé vosgien rivalisa de générosité avec le bon évêque qui y concourut lui-même pour une large part.

(²) L'ABBÉ MANGENOT : *Mgr Jacquemin, évêque de St-Dié.* Nancy 1892.

(³) *Ibidem.*

çait au clergé et aux fidèles l'ouverture du petit séminaire de Châtel (¹).

La maison jouissait de tous les avantages que la nature avait refusés à celle de Senaide. Environnée, dit M. Guinot, d'ombrages et de jardins spacieux, baignée par les flots de la Moselle, placée au centre du département des Vosges, sur une route très fréquentée, dans un pays fertile, elle est d'un accès facile pour tous les aspirants au sacerdoce. (²)

Au mois de novembre 1828, la rentrée s'opère donc avec les trois classes de troisième, seconde et rhétorique venues de Senaide et M. Werhle est maintenu comme supérieur (³).

1830 arrive et jette dans la maison, avec l'inquiétude que provoquent les événement politiques, le venin des idées lamenaisiennes qui amenèrent quelque trouble dans la communauté (⁴).

Cette année la place commençait à faire défaut, il

(¹) L'ouverture du séminaire avait été autorisée par ordonnance royale du 16 novembre 1828.

(²) La cour intérieure était, en effet, agrémentée d'arbres dont il reste encore aujourd'hui deux gros marronniers.

(³) Les professeurs étaient :
Rhétorique : M. Henry de Châtenois.
Seconde : M. Retournay de Vioménil.
Troisième : M. Pénant de St-Dié.
Grec et Mathématiques : M. Reibert, diacre. (*Archives du séminaire de Châtel*).

(⁴) La Révolution avait encore échauffé quelques têtes à Châtel : il y eut même une démonstration à main armée contre le séminaire.

fallait aviser. Mais l'argent manquait pour de nouvelles constructions et, de 1830 à 1836, la classe de troisième retourna à Senaide. •

A la rentrée de 1832, M. Joseph Coly, professeur de théologie au grand séminaire, arrivait comme supérieur. Hélas ! ce fut une année de deuil : beaucoup de séminaristes tombèrent malades et cinq d'entr'eux moururent chez leurs parents pendant les vacances de Pâques. Témoins de l'épidémie, les médecins déclarèrent les vieux bâtiments du séminaire inhabitables, malsains et conclurent à la nécessité de reconstruire et d'agrandir.

Grâce aux libéralités de Monsieur Mougeot (¹), vicaire général, on put se mettre immédiatement à l'œuvre, et, sur un plan dressé par M. Retournay, professeur de seconde, on relia les deux anciens monastères par un beau et vaste bâtiment (²). Des modifications diverses furent aussi apportées dans tout le reste de la maison et les travaux étaient complètement achevés en 1836. La classe de troisième revint alors reprendre sa place à Châtel.

(¹) Près de la grande salle de récréation une pierre gravée porte l'inscription suivante :

« HUNC LAPIDEM POSUIT CASTELLENSIS SEMINARII BENEFACTOR INSIGNIS DOMINUS MOUGEOT SANCTI-DEODATI VICARIUS GENERALIS ANNO 1835. »

(²) On y installa au rez-de-chaussée une chapelle avec sacristie, au premier une salle d'étude et au second un dortoir. La nouvelle construction rejoignait le vieux couvent des capucins à l'entrée de la grande salle de récréation.

Devenu chanoine titulaire en 1837, M. Coly (¹) fut remplacé par M. Augustin Pénant (²) qui ne fit que passer et à qui succéda M. Nicolas-Michel Petitnicolas (³), professeur de philosophie à St-Dié. Celui-ci arrivait à Châtel au mois d'août 1838 avec d'excellents professeurs : tout le personnel enseignant était renouvelé (⁴), et les trois années qui suivirent furent des plus florissantes pour les études.

(¹) Né à la Neuveville-sous-Châtenois en 1799, il professa la théologie au grand séminaire de 1824 à 1832, et après son passage à Châtel, il devint chanoine de la cathédrale de 1837 jusqu'à sa mort, arrivée le 7 janvier 1871. M. Coly, dit M. le chanoine L'Hôte à qui nous empruntons ces notes biographiques, avait une grande réputation comme confesseur et a laissé de précieuses recherches sur l'hagiographie de notre diocèse. (*M. l'abbé Charles-Hippolyte Morquin*, par M. l'abbé E. L'Hôte).

(²) Augustin Pénant était né à St-Dié en 1802. Il fut successivement professeur à Senaide (1823) et à Châtel (1828), curé de Châtel (1831), supérieur du séminaire de Châtel (1837), curé de Schirmeck (1838), chanoine titulaire (1844) et doyen du Chapitre (1874). Il est mort le 23 mai 1876.

(³) Nicolas-Michel Petitnicolas, né à Hurbache, canton de Senones, le 14 décembre 1808, fut successivement vicaire à Rambervillers (1832), professeur à Senaide (1832-1834) et au grand séminaire (1834-1838), supérieur du petit séminaire de Châtel (1838), curé de Ville-sur-Illon (1841), curé-doyen de Darney (1843) et chanoine titulaire en 1876. Il est mort le 3 janvier 1892.

(⁴) Déjà, sous l'administration de M. Pénant, M. Henry était devenu curé de Monthureux et M. Retournay, curé de Contrexéville. La chaire de rhétorique fut alors occupée par M. Mangenot de Charmes et celle de seconde par M. Verner, curé de Frizon.

Les nouveaux professeurs amenés par M. Petitnicolas furent :

Rhétorique : MM. Vuillaume qui vint seulement l'année suivante.

Seconde : » Mérat, diacre qui fut nommé deux ans après à la cure d'Adompt ; M. Jeanmaire prit la

En avril 1841, M. Petitnicolas était nommé curé de Ville sur-Illon. M. Florian Reiber (¹) lui succéda et pendant son court passage à Châtel (1841-1844) il eut le temps de construire la chapelle, premier essai de retour au style ogival dans le diocèse de St-Dié (²).

Sous les administrations précédentes on avait dû convertir en dortoirs une écurie et une remise de l'ancien couvent des capucins situées dans la cour, à droite de l'entrée; M. Reiber les fit abattre et sur l'emplacement planta un joli bosquet. Pendant que l'on construisait la chapelle, le séminaire hérita de la maison André (³) qui fait suite à la sacristie actuelle et où furent installés tout d'abord les appar-

---

		Seconde, M. Fourcaux la Troisième et M. Blandpied de Charmes fut chargé des Mathématiques.
Troisième	: »	Jeanmaire, prêtre de la dernière ordination.
Mathématiques :	»	Fourcaux (aîné). item. (*Archives du séminaire de Châtel.*)

La chaire d'Histoire fut créée deux ans plus tard et confiée à M. Fourcaux (jeune).

(¹) Florian Reiber, né à Plombières, le 2 octobre 1807, professeur au petit séminaire de Châtel (1830-1835), curé de Colles, puis supérieur du petit séminaire de Châtel (1841-1844), et curé-doyen de Schirmeck où il est mort le 27 mai 1880.

(²) On avait dû, pour faire cette construction, acheter de la famille Hacquart un vieux bâtiment et le jardin qui en dépendait. On put dès lors transformer l'ancienne chapelle en salle d'étude et aménager un dortoir dans la salle d'étude du premier étage.

(³) Augustin André, né à Taintrux, ancien chanoine régulier, ancien censeur au collège royal de Strasbourg, s'était retiré à Châtel où il mourut. La donation datait du 30 avril 1828, mais le bienfaiteur s'était réservé la jouissance jusqu'à sa mort.

tements du supérieur et plus tard ceux de Monseigneur et le parloir.

Monseigneur Manglard arrivant dans le diocèse nomma M. Reiber à la cure de Schirmeck et envoya à Châtel M. Sébastien-François Baudart (¹), curé de Vincey, qui n'y vint qu'à regret, ne se sentant, comme il le disait lui-même, aucun goût pour ses nouvelles fonctions (1844) (²).

Telle était la situation du séminaire de Châtel à l'arrivée de M. Charles-Hippolyte Morquin (1847) (³), professeur au grand séminaire.

« Le nouveau supérieur, dit M. le chanoine l'Hôte à qui nous empruntons cette page, était bien l'homme qu'il fallait (⁴).

(¹) Sébastien-François Baudart, né à Midrevaux (1808), fut successivement vicaire à Portieux (1833), curé de Lonchamp, près d'Épinal (1834), de Vincey (1836), supérieur du séminaire de Châtel (1844), curé de Removille (1847) et curé-doyen de Coussey (1857) où il mourut le 15 septembre 1880.

(²) 1846. — Pendant un voyage de vacances M. Fourcaux (jeune) meurt à Rome. Son frère quitte alors le séminaire et devient curé de Rugney. Il a pour successeur M. Volfrom, professeur à Senaide, et le cours d'histoire est confié à M. Constant, diacre.

(³) M. Beaudart devient curé de Removille et M. Blanpied curé d'Housseras où il est mort victime de son zèle.

(⁴) M. Morquin trouva comme professeurs :
Rhétorique : MM. Jean Vuillaume.
Seconde : Jean-Joseph Jeanmaire.
Troisième : George Volfrom.
Histoire : Nicolas Constant.
Mathématiques : Aubertin de Mattaincourt, devenu trois mois après vicaire d'Épinal et remplacé par M. Romary, de Grandvillers.
Chef d'étude : M. Champagne de Rebeuville : (*Archives du séminaire de Châtel*).

« Jusqu'alors on avait beaucoup dépensé pour refaire et défaire ; on comprit qu'il était temps d'en finir et l'on se décida de reconstruire les vieux bâtiments sur un plan conforme au nouveau.

« On commença par l'ancien couvent de Notre-Dame : le gros œuvre fut exécuté du 1ᵉʳ août au 1ᵉʳ novembre 1848 (¹) et le reste des travaux pendant l'hiver et le printemps suivants (²).

« A peine avait-on terminé qu'on s'occupait de renverser l'ancienne maison des Capucins. Au mois de mai 1849 les professeurs qui l'habitaient se transportèrent provisoirement dans la maison André et à la rentrée d'octobre 1850 ils pouvaient s'installer dans leurs nouveaux logements (³).

(¹) Les frais furent en partie couverts par le produit d'une quête prescrite par Mgr Manglard dans toutes les paroisses du diocèse. L'entreprise fut confiée à M. Petit de Charmes.

(²) La cuisine, le réfectoire et une salle étaient ménagés pour la rentrée. Le fourneau de la cuisine fut acheté à Paris. Le premier étage renfermait au midi : une salle de classe (classe de 5ᵉ actuelle), deux chambres pour le supérieur, deux chambres pour un professeur, une pour le chef d'étude et l'infirmerie. Au nord : un dortoir, la bibliothèque et un grenier pour la cuisine ; à l'est, la salle de rhétorique. Un vaste dortoir embrassait tout le second étage.

(³) Le personnel était le même que l'année précédente, sauf M. Auguste Marchal, de Tendon, aujourd'hui évêque de Sinope, qui occupait la chaire de mathématiques. Chef d'étude : M. Renard de Chamagne.

Le nouveau bâtiment érigé sur l'emplacement du couvent des capucins faisait suite à celui que M. Coly avait fait construire en 1835. M. Voirin de Nomexy en fut l'entrepreneur. On trouva les matériaux nécessaires en démolissant un énorme rempart qui était à l'extrémité du verger, et en diminuant de 1ᵐ 50, la largeur d'une

« L'année suivante, 1851 (¹), fut employée surtout à repaver la chapelle et à mettre en bon état les murs de clôture du jardin, et l'année 1852 (²), à l'organisation des dépendances, écuries, grange et halliers, que l'on fit construire à neuf sur des proportions bien plus vastes (³).

« En bon économe, M. Morquin savait toutes les ressources que procure à une maison une étable bien

---

épaisse muraille qui séparait le verger du potager. Les pierres de taille venaient d'Epinal.

Le bâtiment comprenait au rez-de-chaussée une vaste salle de récréation ; (M. Vuillaume devenu supérieur y ajouta un théâtre pour la distribution des prix); au premier, des chambres de professeur et au second un dortoir. La salle de récréation fut pavée avec des pierres de Pompierre, près de Neufchâteau.

1850. — Même personnel. — Chef d'étude : M. Grandidier, mort professeur à Lamarche.

On fait la terrasse à l'extrémité de la grande salle. Les constructions qui la soutiennent avaient été habitées par les capucins. Dans la partie inférieure du bâtiment qui porte des traces d'incendie, se trouvent encore quatre énormes cuves et deux pressoirs construits sur place avec la date de 1777.

(¹) 1851. — Même personnel. — Chef d'étude : M. Demaison de Mazelay. — M. Vuillaume habite près de la terrasse et conserve ce logement lorsque plus tard il devient supérieur; M. Jeanmaire au deuxième étage au-dessus de M. Vuillaume; M. Volfron au 1ᵉʳ ainsi que M. Marchal près de M. Vuillaume. M. Constant habitait l'autre bâtiment, près de M. Morquin.

(²) 1852. — Chef d'étude : M. Colin de Raon-l'Etape. — Pendant les vacances de cette année M. Constant devient prêtre auxiliaire à St-Dié, et M. Marchal est chargé de l'histoire et des mathématiques.

(³) Sur l'emplacement actuel des fumiers on apercevait encore les débris d'une tourelle; on les fit disparaître. (*Archives du séminaire de Châtel.*)

entretenue. Mais le profit en est bien plus grand, si l'on n'est pas obligé de louer les terrains.

« C'est dans ce but qu'en 1854 et en 1857, il fit, de ses propres deniers, l'acquisition des propriétés de *Chalumeaux* et *la Pucelle* d'une contenance d'environ quatre hectares. Non content d'améliorer ces terrains, il en a fait depuis donation aux petits séminaires du diocèse, par acte du 1er septembre 1874, à charge pour ceux-ci de payer la pension d'un séminariste pauvre.

« Ce n'est pas la seule libéralité qu'il ait faite aux petits séminaires. Par le même acte cité plus haut, il donnait encore une vigne d'environ vingt ares, achetée par lui en 1858.

« Quelques années auparavant, en 1855-56, il avait eu la satisfaction de ménager une entrée convenable au séminaire par l'acquisition d'une maison et d'une partie de la rue et par la construction de la porte actuelle.

« En 1859 et 1860, il agrandit les dépendances et termina les murs et la porte d'entrée de la basse-cour.

« M. Morquin avait bien travaillé à Châtel. Il semble qu'il avait acquis le droit de recueillir le fruit de ses treize années d'incessants labeurs, et qu'il pouvait se consacrer uniquement désormais à la direction morale et spirituelle de sa maison.

« Ce rêve, si jamais le digne supérieur crut devoir le caresser, ne se réalisa point.

« Mgr Caverot, d'accord avec le clergé du diocèse, avait pu apprécier son aptitude exceptionnelle pour les constructions, et son dévouement à toute épreuve. Il voulut utiliser ces qualités précieuses, pour l'établissement du séminaire, qu'il avait le projet d'établir à Autrey (canton de Rambervillers).

« M. Morquin avait conquis à Châtel l'estime universelle et, grâce à lui, le séminaire, auparavant objet d'envie plutôt que de sympathie, fut aimé de la population.

« La belle conduite du bon supérieur pendant l'épidémie du choléra, en 1854, ne fut pas étrangère à ce revirement d'idées. En reconnaissance de son dévouement pour les habitants de Châtel, le Conseil municipal de cette ville, par une délibération du 5 septembre de cette même année, 1854, vota des remerciements à M. Morquin *pour le zèle et l'esprit de charité qu'il avait mis dans l'accomplissement volontaire de son ministère de prêtre, en portant des consolations au chevet des malades, fonctions pénibles et dangereuses que M. Jeanpierre, curé de Châtel, avait été jaloux de ne pouvoir exercer jusqu'à la fin, le fléau l'ayant atteint lui-même...*

« Un peu plus tard le 27 mars 1855, toujours à la même occasion, M. le Préfet des Vosges adressait au respectable supérieur une lettre de félicitations qui fait l'éloge, non seulement de M. Morquin, mais de tout le clergé.

« L'ancienne abbaye des Chanoines réguliers de Saint-Augustin de Notre-Dame d'Autrey que Mgr Caverot acheta en 1858 pour remplacer le séminaire de Senaide, se trouvait alors dans un état de dégradation effrayant. Monseigneur manda M. Morquin et le pria de réparer et d'aménager l'ancienne abbaye.

« L'infatigable supérieur se mit aussitôt à l'œuvre et les deux années suivantes, sans négliger Châtel, il vint fréquemment à Autrey pour diriger et surveiller les travaux dont il était à la fois l'entrepreneur et l'architecte. »

La rentrée s'effectua le 17 octobre 1860 ([1]) avec les classes de Troisième, Seconde et Rhétorique envoyées du séminaire de Châtel qui recevait à son tour les classes élémentaires de Senaide avec M. Jean Vuillaume pour supérieur. ([2])

([1]) A signaler quelques changements dans le personnel :
1853. — M. Volfrom envoyé comme aumônier de l'hôpital d'Épinal (puis curé de La Neuville-les-Raon où il est mort en 1881), est remplacé par M. Nicolas-Auguste Gravier d'Auzainvilliers, qui devient en 1855 professeur de physique au grand séminaire de St-Dié, ensuite curé de Mirecourt (1858).
1855. — M. Auguste Marchal quitte le professorat pour le vicariat de Tendon.
M. Bastien, chef d'étude en 1853, devient professeur de Troisième et M. Poirel, de Vexaincourt, professeur d'histoire et de mathématiques.

([2]) La succession léguée à M. Vuillaume par M. Morquin était magnifique et l'installation du séminaire était complète et ne laissait plus rien à désirer. Le nouveau supérieur construisit cependant, derrière la chapelle, un vaste hangar destiné à mettre à l'abri le bois de chauffage. Plus tard, il fit de ses propres deniers l'acquisition d'une superbe propriété appelée Le Coteau, distante de 1500 mètres du séminaire, pleine d'ombre et de verdure et baignée par les eaux rapides de l'Avière. C'est là qu'il érigea en l'honneur de Notre-Dame de Lourdes une gracieuse chapelle où il repose depuis 1878, et qu'il bâtit un chàlet non moins élégant du haut duquel l'œil découvre toute la chaîne des Vosges. Cette magnifique propriété fut laissée en héritage au séminaire par le généreux supérieur.

Ici s'arrête notre tâche, car nous touchons à l'histoire contemporaine, et cette histoire nous n'avons pas à la faire puisque tous nos lecteurs la connaissent.

Depuis quelques années, elle a été confiée aux bons soins de M. l'abbé Joffroy de Nomexy.

A M. Vuillaume ont succédé M. Pierre-Jules-Arsène-Marie Vuillemin, curé de Remiremont depuis 1886, et M. Nicolas-Narcisse Gand, supérieur actuel.

FIN.

TABLE DES MATIÈRES.

Avant-propos 1

CHAPITRE I. — Le Souffle de la Révolution. 5
Quelques mots sur Châtel avant la Révolution. 7
Le Cahier des doléances. 8
La Garde nationale. 17
La famine. 20
Nouvelle organisation civile. 23
Conseillers généraux. 26
Maires. 27
Les Volontaires de la République. 27
Officiers en activité de service pendant les guerres de la République 30
Sous-officiers et soldats en activité de service pendant les guerres de la République 32
Officiers retirés à Châtel pendant leur retraite. 36

CHAPITRE II. — Le Culte constitutionnel. 41
Attachement des Châtellois à leurs capucins 44
Arrivée du curé constitutionnel. 48
Les troubles de la Fête-Dieu. — Expulsion des capucins. . . 63
Expulsion de M. l'abbé Symon, curé insermenté de Châtel. . 86
Expulsion des religieuses de la Congrégation de Notre-Dame. 96
Départ de l'ermite de Saint-Marin. 104
Le curé Clément après le départ de M. Symon. 106

CHAPITRE III. — Châtel pendant la Terreur. 115
Grégoire Nirel, commandant de la garde nationale. . . . 118
Les premiers exploits de Nirel. 120
La nuit du 29 juin. — Expulsion des prêtres insermentés. . 130
Les premières arrestations. — Spoliations sacrilèges. . . 138
Les élections municipales du 3 décembre 1792. 149

Nouveau désarmement des personnes suspectes. 158
Le Comité du Salut public. 167
La surveillance des dépêches. 171
Arrestation des suspects. 176
Les troubles provoqués par le refus d'un certificat de civisme. 180
Les fêtes civiques. 196
Vandalisme révolutionnaire. — Abolition du culte. . . . 198
Destitution de la municipalité. 205
Apostasie officielle du curé Clément. 210
La déesse Raison. 222
La Fête de l'Etre suprême. 224
Expulsion du curé Clément. 228
Les Fêtes décadaires. 234
Après la Terreur 239

EPILOGUE. — Les Victimes de la Révolution. 251
Prêtres séculiers. 257
Jean-Antoine Symon. 257
Louis-François Gaudel de Nomexy. 269
Pierre-Louis-Henri de Barville. 274
François-Xavier-Henry-Joseph Cosserat. 277
Antoine Dieudonné. 281
Joseph-Alexandre Rellot. 282
Dominique Vaudel. 284
Jean-Baptiste Jacques. 285
Joachim Cordier. 286
François-Bernard Thomas. 290
Joseph-Nicolas Thomas. 293
François Grandcolas 296
Nicolas Cosserat. 296
Nicolas Duguenot. 301
Joseph-Léon Barbier. 306
Jean-Charles de Rozières. 309
Claude Raidot. 312
Dominique (?) Collin. 316
Charles-Joseph de Marchal. 317
Nicolas Robert. 318
Joseph Pierson. 320
Pierre Bellot. 321
L'abbé Marchand. 324
Claude-Joseph et Augustin Dombrot. 328
Joseph Doron. 333

TABLE DES MATIÈRES.

Prêtres réguliers.	333
Jean-François Durand.	333
Jean-François-Pierre Saucerottes.	334
François Collardel.	336
Jean-Baptiste (?) Vaudel.	337
Alexis Babel.	338
Laurent Grandcolas	339
Jean-Baptiste Chevresson.	339
Florentin Vannequé.	342
Jean Contal.	342
Capucins conventuels de Châtel au moment de la Révolution.	343
Prêtres séculiers de passage à Châtel pendant la Révolution.	349
Religieuses du couvent de Notre-Dame.	353
Autres personnes victimes de la Révolution.	356
Dieudonné-Henry-Joseph Cosserat de Rouveroy.	368
Jean-Louis-Nicolas de Thumery.	375

APPENDICE. — Le petit Séminaire de Châtel. 397

www.ingramcontent.com/pod-product-compliance
Lightning Source LLC
Chambersburg PA
CBHW051829230426
43671CB00008B/886